सयानी दीवानी

[कहानी-संग्रह]

सयानी दीवानी

नूर ज़हीर

राधाकृष्ण प्रकाशन

ISBN : 978-81-8361-951-6

सयानी दीवानी

पहला संस्करण : 2020

मूल्य : ₹395

प्रकाशक

राधाकृष्ण प्रकाशन प्राइवेट लिमिटेड
जी-17, जगतपुरी, दिल्ली-110 051

शाखाएँ : अशोक राजपथ, साइंस कॉलेज के सामने, पटना-800 006
पहली मंज़िल, दरबारी बिल्डिंग, महात्मा गांधी मार्ग, इलाहाबाद-211 001
36 ए, शेक्सपियर सरणी, कोलकाता-700 017
वेबसाइट : www.radhakrishnaprakashan.com
ई-मेल : info@radhakrishnaprakashan.com

मुद्रक

बी.के. ऑफसेट
नवीन शाहदरा, दिल्ली-110 032

SAYANI DEEWANI
Stories by Noor Zaheer

हमेशा मेरा साथ देने वाले
डॉ. गार्गी चक्रबर्ती और सुमित चक्रबर्ती
को समर्पित

क्रम

चक्कर घिन्नी

वह दुबकी हुई एक कोने में बैठी थी, लेकिन ज़किया को बराबर यह एहसास हो रहा था कि वह कुछ कहना चाह रही है। वैसे महिलाओं का जमघट हो और सभी एक साथ बात न कर रही हों, ऐसा कहाँ सम्भव है? सभी लगातार काएँ-काएँ कर रही थीं और दो-तीन बार ज़किया को उन्हें डाँटकर, स्कूल के क्लास के बच्चों की तरह एक-एक करके बुलवाना पड़ा था। लेकिन जब भी उस पर नज़र जाती वह हलके से मुस्कुराकर नीचे देखने लगती। उसके दोनों तरफ़ बैठी औरतें कोहनी मार कर, "बोलो न! बोलती क्यों नहीं हो? तो फिर आई क्यों हो?" कहकर उसे उकसा चुकी थीं। लेकिन वह चुप रही थी।

तीन घंटे से ज़्यादा हो चुके थे। ज़किया ने यह दिखाते हुए कि मीटिंग ख़त्म हो गई है, अपने काग़ज़ात, डायरी, क़लम समेटना शुरू किया। जमघट भी उठा और अपने चारों तरफ़, चौकीदार बने, कील, खूँटी, दरवाज़ों पर टँगे बुरक़े उतार-उतारकर, शरीर और चेहरों को ढँकने लगा। ज़किया बरामदे में लगी चाय की मेज़ की तरफ़ बढ़ चली थी कि पीछे से आवाज़ आई "बाजी!" ज़किया ने अपनी उकताहट को पीछे धकेल, होंठ पर मुस्कुराहट चिपकाई और पलटी। ये हर मीटिंग में होता था; जमघट में से एक या दो पूरी सभा भर तो चुप रहती और जब सब उठ जाते तो अकेले में एक निजी बातचीत की उम्मीद करती। ऐसा होना लाज़मी भी था क्योंकि महिलाओं की सभा में भी औरतें खुलकर बोलने से हिचकिचाती हैं; आख़िर औरतों ने कुछ पहले ही तो ज़बान खोली है।

"बाजी आपसे कुछ पूछना था। आपने तीन घंटे से ज़्यादा शरीयत और भारतीय संविधान पर बात की, लेकिन आपने एक लफ़्ज़ भी हलाला पर नहीं कहा।" इतना सब वह एक झोंक में बोल गई जैसे उसने कुछ बेहूदा कह दिया हो जिसकी चर्चा

इज़्ज़तदार लोगों के बीच नहीं करनी चाहिए।

ज़किया रुककर पूरे एक मिनट तक उसका चेहरा निहारती रही। कितनी बार उसने चाहा था कि कुरआन के 'सूरा-ए-निस्सा' यानी महिलाओं से सम्बन्धित अध्याय के इस हिस्से पर बातचीत हो; लेकिन उसके काम का दायरा शरिया क़ानून और भारतीय संविधान में समानता और अलगाव तक सीमित था। बहुत कोशिश के बावजूद वह इससे मिलती-जुलती कोई धारा संविधान में ढूँढ़ नहीं पाई थी।

"क्या नाम है तुम्हारा?"

"सकीना।"

"बताओ, तुम्हें हलाला के बारे में क्या जानना है?"

वह चुप रही। ज़किया ने कुरेदा, "क्या शौहर ने तलाक़ दिया है?"

"जी"

"और अब पछता रहे हैं और तुमसे दोबारा निकाह करना चाहते हैं?"

"जी। पाँचवीं बार!" वह बुदबुदाई।

इस बीच कोई ज़किया के हाथ में चाय का कप पकड़ा गया था। वह हाथ से छूटते-छूटते बचा। ख़ुद पर क़ाबू पाते हुए ज़किया ने उसका हाथ पकड़ा और उसे एक कोने में ले गई। लेकिन बात शुरू करवाने के लिए अब उसे कुछ कहने की ज़रूरत नहीं पड़ी। सकीना जैसे इसी तन्हाई का इन्तज़ार कर रही थी। हकलाते, हिचकिचाते उसकी ज़िन्दगी की दास्तान उसके लबों से फूट पड़ी जैसे कोई फैलता हुआ नासूर फटकर सड़ते, बदबूदार पस और मवाद से मुक्ति पाना चाहे।

"बाजी, मैं चौदह वर्ष की थी जब मेरा निकाह अब्दुल रशीद के साथ हुआ। मेरे शौहर मुझसे ग्यारह साल बड़े थे, शराब के शौक़ीन थे और अफीम की लत भी थी। सभी को, मेरे अम्मी-अब्बा को भी उनकी इन आदतों का पता था, मगर तीन बेटियों के माँ-बाप भला क्या मीन-मेख निकालते और क्या देखते-भालते? वैसे मैं शादी से ख़ुश थी। ससुराल खाते-पीते लोगों का था; सास-ससुर के सिवाय बस एक देवर था जो मुझसे चार साल छोटा था। हर कोई यही कहता शादी हो जाएगी तो ये अपनी बुरी आदतें छोड़ देंगे; बीवी सब सँभाल लेगी।"

सकीना अजीब तरह हँसी, कुछ ख़ुद पर, कुछ इस समाज पर जो औरत से मर्द को सँभालने, सुधारने की उम्मीद तो इतनी करता है मगर उसे हक़ कुछ भी नहीं देता। औरत को अकेले यह जंग लड़नी है, और जीतनी भी है किसी शस्त्र या हथियार बग़ैर। वह अपनी तनाह हँसी के बाद ख़ामोश हो गई। ज़किया ने उसे मुद्दे पर लौटने के लिए पूछा, "तो तलाक़ कब हुआ?"

"पहली बार शादी के छह साल बाद। मेरे तब तक दो बच्चे हो चुके थे। वे रात देर से लौटे, नशे में धुत और खाना माँगने लगे। जहाँ वे आकर बैठे थे वही मैंने एक छोटी-सी मेज़ रख दी और खाने की थाली रख दी। वे कुर्सी पर ढहे पड़े थे, खाना देखकर उठने लगे, पैर टकराया और मेज़ उलट गई। मैं भी पूरे दिन के काम से थकी थी और घर में वह आख़री बना हुआ खाना था। चिढ़कर मैंने भी कह दिया, 'इतना क्यों पीते हो कि हाथ-पाँव पर क़ाबू नहीं रहता?' बस इतना कहना था कि हम पर चीख़ना, गलियाना शुरू कर दिया और फिर तीन बार तलाक़ कहकर हमें तलाक़ दे दिया।"

"लेकिन नशे में दिया तलाक़ तो माना नहीं जाना चाहिए।"

"ये तो हमें मालूम नहीं था, न मौलवी साहब ने ही हमें बताया। क्या जाने शायद उन्हें भी मालूम नहीं होगा। ख़ैर, हम अपने मायके आ गए। शुक्र है कि बच्चे छोटे थे और सास अक्सर बीमार रहती थी, इसलिए बच्चे हमारे साथ ही आए। जब नशा उतरा तो बहुत रोये, माफ़ी माँगी और मौलवी साहब के पास गए कि निकाह दोबारा पढ़वा दीजिए, हम सकीना से बहुत प्यार करते हैं, उसके बिना हम ज़िन्दा नहीं रह सकते। मौलवी साहब ने बताया कि ये नामुमकिन है—पहले सौ दिन इद्दत के गुज़रेंगे, फिर हमारा किसी और से निकाह होगा, वह हमें तलाक़ देगा फिर सौ दिन इद्दत के बीतेंगे, उसके बाद हमारी अब्दुल रशीद से शादी हो सकेगी। हमारे शौहर भला ये कैसे बर्दाश्त करते कि हम किसी और के साथ हमबिस्तर हों? वे हमारे मायके आए और बोले, 'कुछ दिन इन्तज़ार करो सकीना, हम कोई रास्ता निकालते हैं।' डेढ़ साल रास्ता निकालने में लग गया। एक दिन आए, बड़े ख़ुश ख़ुश और बोले, 'तैयार हो जाओ सकीना, मैंने रास्ता निकाल लिया है। तुम्हारी शादी अपने छोटे भाई तारिक़ रशीद से कर देंगे। उसने वादा किया है पहली रात के बाद वह तुम्हें तलाक़ दे देगा और फिर तलाक़ के बाद हम तुमसे शादी कर लेंगे।'

"हम घबराए! चार साल छोटे देवर को, एक रात के लिए शौहर कैसे मानें? लेकिन हमारे शौहर ने समझाया, ख़ुशामद की और हर ऐतराज़ को ये कहकर ख़ारिज़ कर दिया कि मैं कौन होती हूँ इस सुझाव को न माननेवाली जब मौलवी साहब इसे ठीक बता रहे हैं; आख़िर वह हमारे दीन के रखवाले हैं। मैंने भी सोचा कि जब मौलवी साहब को मंज़ूर है तो फिर ये रास्ता अल्लाह और दीन की नज़र में ठीक होगा।

"मेरे देवर से मेरा निकाह हो गया। देर रात वह मेरे कमरे में आया। किसी ग़ैर मर्द को अपना शरीर दिखाने से शर्मसार, मैं दीवार की तरफ़ मुँह किए बैठी थी।

कुंडी लगाने की आवाज़ तो आई लेकिन उसके क़रीब आने की आहट मेरे कानों में नहीं पड़ी। जब बहुत देर वह पास नहीं आया तो मैं पलटी; देखा वह हाथ जोड़े सिर झुकाए, गुनहगार-सा खड़ा है, जैसे दुनिया से आँखें मिलाने का साहस न कर पा रहा हो।"

'क्या बात है?' मैंने पूछा।

उसने नज़रें उठाईं और बोला, 'भाभी पलंग पर सो जाओ। मैं ज़मीन पर बिछी दरी पर लेट जाऊँगा। मैं इस पूरे मामले में राज़ी इसीलिए हुआ कि तुमको घर वापस लौटा सकूँ। तुम्हें हाथ लगाने के बारे में तो मैं सोच भी नहीं सकता। बस एक रात की बात है।'

"आपको सच बताऊँ बाजी, वह आख़री रात थी जब मैं चैन की नींद सोई। अगली सुबह मेरा फिर तलाक़ हो गया और इद्दत के सौ दिन पूरे हुए तो अब्दुल रशीद से मेरा निकाह हो गया।

लेकिन क्या इनसान की फ़ितरत बदलती है? कहते हैं कोयला धोकर सफ़ेद हो सकता है मगर इनसान का स्वभाव नहीं बदल सकता। उनके दोस्त वही थे, शराब और अफीम की लत वही थी। घर देर से लौटना, बेवजह झगड़ा करना और फिर मुझे मारना-पीटना। वही पुरानी ज़िन्दगी जिसमें बस एक बात नई थी; बीच-बीच में कहते जाते, 'तू तो एक रात मेरे भाई के साथ रही है, वह मुझसे सत्रह साल छोटा है। मैं बुढ़ा रहा हूँ और वह गबरू जवान है, तुझे तो उसके साथ ज़्यादा मज़ा आया होगा न? मेरे साथ जब होती है तब उसकी याद सताती है तुझे? क्या दोपहर में उसके पास जाती है, मौक़े से, जब अम्मी और बच्चे सोते हैं?'

"बाजी मैंने जब तक हो सका राज़ छुपाया; आख़िरकार मेरी बर्दाश्त की हद टूट गई और सच मुँह से फूट पड़ा, "तू क्यों मुझ बेचारी पर और अपने फरिश्ता जैसे भाई पर बेकार तोहमत लगाता है। उसने तो उस रात मुझे हाथ तक नहीं लगाया। वह तो रात में देर से इसलिए लौटता है ताकि मुझसे सामना न हो। उस वक़्त तो मेरे शौहर ने मुझे बाँहों में भर लिया और मुझे अपनी ज़िन्दगी, अपनी जान कहकर बुलाया। मैं अहसानमन्द थी कि उन्होंने मेरी बात का यक़ीन किया और घर में कुछ महीने शान्ति के गुज़रे। फिर एक शाम दोस्तों के साथ पीने-पिलाने में, किसी दोस्त ने छेड़ने को पूछा कि अब्दुल रशीद को, अपनी बीवी और उसके एक रात के शौहर के साथ एक ही घर में रहने से डर नहीं लगता? कौन जाने पीठ पीछे दोनों रंगरलियाँ मनाते हों? अब्दुल रशीद यह कैसे बर्दाश्त कर लेते? ग़ुस्से में कह दिया, 'मेरी बीवी सिर्फ़ मेरी है समझे; वह निकाह तो एक धोखा था, मेरी बीवी को

तो मेरे भाई ने छुआ तक नहीं।' बस डींग मार आए। ऐसा दावा, वह भी शराब के ठेके पर किया जाए, भला चारों तरफ़ कैसे न फैलता? और क़सबे भर में फैलकर मौलवी साहब के कान तक कैसे न पहुँचता? और पूरी बात जानकर भला यह कैसे हो सकता था कि वह दीन के सच्चे मुहाफ़िज़ होकर ऐसे क़दम न उठाते जिनसे साबित होता कि वह पैरों तले घास उगने नहीं देते?

अब्दुल रशीद से मेरा निकाह नाजायज़ करार दे दिया गया। मेरे लिए शुरू हुए फिर वही इद्दत के तीन माह दस दिन और साथ ही खोज मची एक ऐसे आदमी की जो मुझसे निकाह करके तलाक़ दे दे ताकि मैं अपने पहले शौहर से शादी कर सकूँ। ज़ाहिर है इस बार तो मेरा देवर नहीं हो सकता था, क्योंकि उस पर ऐतबार करना नामुमकिन था; ब्याहता बीवी को जो अछूता छोड़ दे वह भला मर्द कहलाने के क़ाबिल है?

एक और आदमी तलाश किया गया और उससे मेरा निकाह कर दिया गया। अगले दिन उस आदमी ने मुझे तलाक़ देने से साफ़ इनकार कर दिया। चौदह महीने मैं उसकी बीवी रही। मैं तो सदा के लिए उसी की हो रहती लेकिन अब्दुल रशीद ने इन बदले हुए हालात से समझौता करने से साफ़ इनकार कर दिया। वह मुझे बाज़ार में देख लेते, सब्ज़ी ख़रीदते, बच्चों को स्कूल छोड़ते, बुरक़ा पहचान लेते और फूट-फूटकर रोने लगते, जैसे कोई बच्चा मचलकर बेक़ाबू हो जाए; सड़क पर लोट जाते, ज़मीन पर सर मारने लगते, "हाय सकीना, कैसे तेरे बिना ज़िन्दा रहूँ? ओ मेरी ज़िन्दगी मेरे पास वापस आ जा।"

आख़िर मैंने ही अपने शौहर को समझा-बुझाकर राज़ी किया कि वह मुझे तलाक़ दे दे। छोटे-से क़स्बाई शहर का मैं एक तमाशा बन गई थी। लोग एक-दूसरे को ख़बर कर देते कि मनोरंजन शुरू हो गया है और भीड़ जमा हो जाती। लोग हँसते, फ़ब्तियाँ कसते और अब्दुल रशीद को 'मजनूँ' कहकर पुकारते। मेरे वजूद को हर तरफ़ से नोचा-खसोटा जा रहा था और मैं टुकड़े-टुकड़े होकर बिखर रही थी। ख़ैर समझा-बुझाकर जब तलाक़ हो गया तो सौ दिन की गिनती शुरू हुई, जब उस आदमी से शादी होगी जो मुझ से प्यार का दावा तो करता था लेकिन जो किसी भी तरह ख़ुद को 'तलाक़ तलाक़ तलाक़' कहने से रोक नहीं पाता था। निकाह होता, कुछ दिन ख़ुशी के बीतते और फिर वही पुराने ढर्रे की ज़िन्दगी शुरू हो जाती। ऐसा लगता जैसे उन्हें तलाक़ देने की लत पड़ गई है। पलक झपकते, बग़ैर किसी कारण के, कभी नशे में, कभी पूरी तरह होश में तलाक़ दे डालते। फिर एक और आदमी खोजते, शादी की सारी तैयारी ख़ुद करते, उस आदमी को भी नक़द रुपये

देते; एक बार तो ख़ुद मौलवी साहब ने मुझसे निकाह करके, छह रात मुझे रौंदा। मैं अक्सर इद्दत के दिनों की गिनती भूल जाती, मगर अब्दुल रशीद ठीक एक सौ ग्यारवें दिन मुझसे निकाह करने को मौजूद रहते।"

"तुमने कभी 'ख़ुला' की कोशिश नहीं की, कभी ख़ुद नहीं चाहा कि तुम तलाक़ यानी 'ख़ुला' ले लो और नए सिरे से ज़िन्दगी शुरू करो?"

"की न बाजी। पिछले तीन साल से कोशिश कर रही हूँ। मौलवी साहब कहते हैं कि इतना प्यार करनेवाले शौहर से मेरा तलाक़ चाहना बहुत बड़ा गुनाह है। और बाजी क्या आप नहीं जानतीं, कि ख़ुला चाहने और मंज़ूर हो जाने के बाद भी, तलाक़ कहना तो मर्द को ही पड़ता है। औरत जितना भी तलाक़ क्यों न चाहे, अन्त में शौहर ही इन लफ़्ज़ों को कहता है और उसे छुटकारा देता है। अब्दुल रशीद भी साफ़ इनकार करते हैं। मेरी मर्ज़ी से मुझे तलाक़ नहीं देंगे, अपनी मर्ज़ी से जितनी बार घर से बेघर कर दें। इस तरह से बाजी मेरी ज़िन्दगी के सोलह साल निकाह, तलाक़, इद्दत और हलाला के बीच चक्कर घिन्नी बने हुए बीत गए। अरे बाजी! क्या आपकी आँखों में आँसू हैं? ठीक ही है कि मेरे हाल पर अब ग़ैर रोएँ। मेरे अपने आँसू तो कब के सूख गए।"

ज़किया क्या कहती, कैसे बताती कि ये आँसू सिर्फ़ एक सकीना के लिए नहीं थे; ये उन अनगिनत औरतों के लिए थे जिनके सिरों पर तीन बार कहे तलाक़ की तलवार हमेशा लटकी रहती है, जो परेशान होकर अगर ख़ुद इस जीवन से छुटकारा पाना चाहें तो उनको हज़ारों कारण बताने होंगे। अगर वह कारण उलेमा मान भी ले तो भी तलाक़ उसे पति ही देगा और इसके लिए अक्सर औरत को अपने बच्चों से मिलने के हक़ को गँवाना होता है, पति को पैसे, मिलकियत देकर 'तलाक़' कहने के लिए मनाना होता है, महर तो ख़ैर कभी मिलती ही नहीं और निर्वाह राशि का तो सवाल ही नहीं पैदा होता।

ज़किया ने सर को एक झटका दिया; रोने से भला क्या हासिल होगा? यह वक़्त संघर्ष का है और सभी मुद्दों पर खुल के बात करने का है। उसने फ़ाइल खोलकर एक काग़ज़ निकाला और सकीना की तरफ़ बढ़ाते हुए बोली, "इसे पढ़ना, समझ में आए तो दस्तख़त करना। ये अपील है कि हमें बराबरी के सब हक़ चाहिए जो संविधान हमें देने का वादा करता है। लड़ाई लम्बी भी है और मुश्किल भी, लेकिन इस मोर्चे पर उतरना तो पड़ेगा।"

ज़किया बाहर की तरफ़ चल दी थी जब उसे फिर सकीना की आवाज़ में, 'बाजी' सुनाई दिया।

सकीना पास आ गई थी, पर्चे को हिलाते हुए वह बोली, "इसकी हम फोटोकापी करवा लें? दूसरी औरतों से भी बात करेंगे; और दस्तख़त जमा करेंगे। अरे सुनो सब—"

सकीना तेज़ी से चलती हुई, कुछ औरतों के साथ बाज़ार की तरफ़ बढ़ रही थी। ज़किया को बहुत धुँधली-सी एक राह दिखाई दे रही थी जो किस मंज़िल पर पहुँचाएगी इसका कुछ पता न था। लेकिन कोई बात नहीं, रास्ता अगर ख़ुद ही बनाना है, चलना भी उस पर ख़ुद ही है तो मंज़िल भी ख़ुद ढूँढ़ ही लेंगे।

नायिका अभिसारिका

बारिश इस क़दर तेज़ थी कि मालूम होता था जैसे आसमान ख़ुद को ख़ाली कर देने पर उतारू है। क़ब्र खोदना तो दूर की बात, क़ब्रिस्तान में खड़े हो पाना भी मुश्किल था। सिर्फ़ बारिश होती तो उससे मुक़ाबला करने के बारे में सोचा जा सकता था, लेकिन साथ आँधी भी ऐसी थी जैसे हर रुकावट को उड़ा ले जाने की ठानकर चली हो; काला आसमान अचानक चकाचौंध कर देनेवाली रोशनी से भभक पड़ता और फिर ऐसी घुप स्याही छा जाती कि लगता अब कभी उजाला नहीं होगा; कुछ लम्हों बाद जो गरज ख़ामोशी और अँधेरे को चीरती वह इनसान तो क्या कद्दावर दरख़्तों और क़दीम इमारतों का भी कलेजा कँपा देती। जनाज़े का आज उठना और दफ़न होना नामुमकिन था।

घटा उठने और बूँदाबाँदी शुरू होने के साथ ही सलीमा की गोद में पड़े हाथों ने कँपकँपाना शुरू कर दिया था। दो-तीन बार दूर बिजली कड़कने और बादल गरजने पर उसका पूरा जिस्म काँपने लगा था, जैसे उसे लरज़ा-सा आ रहा हो। जब तेज़ बारिश शुरू हुई और उसने दोनों बाज़ुओं से अपने आप को ख़ुद ही जकड़ लिया तब पास बैठी औरतों में से एक को ख़याल आया, "अये हये! सलीमा आपा की तो बिजली बारिश में रूह काँपती है! अल्लाह मारो! दरवाज़े-खिड़कियाँ बन्द करो फ़ौरन!"

भड़ाभड़ किवाड़ बन्द होने के साथ सलीमा की छोटी नन्द की फिर रुलाई छूट गई "बारिश, तूफ़ान में भाईजान कैसे छाती से लगाए रखते थे भाभी को।"

"हाय हाय! अल्लाह इसीलिए आज ऐसा कहर ढा रहा है कि दुखिया को यक़ीन हो जाए कि ज़िन्दगी का सहारा चला गया।" एक दूसरी ने टुकड़ा जोड़ा।

रोते-रोते औरतें अल्लाह से उसके लिए रहम की भीख माँग रही थीं कि

सलीमा जनाज़े के पास से उठी और सबसे बड़ी वाली खिड़की के पास जाकर उसे एक झटके से पूरा खोल दिया। बाहर मूसलाधार बारिश में उसने अपने दोनों हाथ लोहे की सलाखों के बाहर निकाले, इतनी आगे तक कि उसकी नाक बाहर आ गई और गाल और माथा सलाखों से चिपक गए। वह हथेली पर पड़ती बूँदों को तबर्रुक की तरह अन्दर लाती और अपने चेहरे पर मलती। सब यह तय करने की कोशिश कर रहे थे कि माजरा क्या है कि सलीमा ने हाथ अन्दर खींचे और ज़ोर से बड़बड़ाई—"काफ़ी नहीं! इतना काफ़ी नहीं!"

इससे पहले कि कोई कुछ समझ पाता सलीमा ने बाहर जानेवाला दरवाज़ा खोला और तीन सीढ़ियाँ उतरकर आँगन में जा खड़ी हुई। पल भर में वह सिर से पाँव तक भीग गई। फिर दोनों हाथ फैलाकर, चेहरा आसमान की तरफ़ उठाकर ऐसे खड़ी हो गई जैसे ख़ुद को बरसात को सौंप रही हो या तूफ़ान को अन्दर समो लेना चाह रही हो।

"क्या ख़ुदकुशी कर लेने पर उतारू है?" एक बड़ी बी ने पूछा।

"इतना चाहनेवाला, हर मुसीबत से बचानेवाला शौहर ख़त्म हो जाए तो औरत का ऐसा ही करने को जी चाहता है।" एक दूसरी, दुःख से सिर हिलाते हुए बोलीं।

लेकिन सलीमा को अन्दर लेकर आए कौन? सारी औरतें तो ख़ुद तूफ़ान से सहमी, डरी, दुबकी हुई-सी थीं और नई बेवा को कोई मर्द कैसे हाथ लगाए? अचानक सलीमा ने घूमना शुरू किया; नंगे सिर, बाल खुले, बेवा का सफ़ेद लिबास तरबतर, जैसे कोई प्रेत पहली बार ख़ुद को पहचान कर झूम-झूम उठे। हर चक्कर पर उसे उम्र के हर पड़ाव की बातें याद आ रही थीं। लखनऊ का वह बड़ा-सा बँगला जिसका काफ़ी हिस्सा, ख़ास करके ग़ुसलख़ाना में अँधेरा रहता था। अपने से चार-पाँच साल बड़े चचाज़ाद, मामूज़ाद भाइयों को वह टॉर्च जलाकर बाथरूम पहुँचाया करती थी। किसी भाई ने कभी उसकी चोटी नहीं खींची; बदला लेने को अकेला छोड़कर, टॉर्च लेकर भाग जाए तो? उस उम्र में उसके निडर होने पर सभी बड़े, ख़ास करके उसके अम्मी-अब्बा कितना फ़ख्र किया करते थे। सब तारीफ करते हुए कहते, "भई सलीमा को किसी चीज़ से डर नहीं लगता!"

वह बारह-तेरह साल की हुई तो आस-पास की सभी लड़कियों को अलग-अलग ख़ौफ़ और उनके नतीजे सताने लगे। एक चचेरी बहन छिपकली को देखकर बेहोश हो जाती, तो एक पेड़ पर लटकी चमगादड़ को देखकर। बावर्चीख़ाने में मदद करनेवाली राबिया से तो कॉकरोच का नाम भर ले दो कि उसे गश आने

लगता और चूहे से तो औरतज़ात का न जाने कौनसे जनम का बैर है? सलीमा दीवार पर रेंगती छिपकली को चप्पल तान के निशाना साधती, कॉकरोच को पैर के पंजे से पकड़ लेती, चूहे को दौड़ाकर मारने के लिए तो उसकी कॉलेज के हॉस्टल भर में धूम थी। हद यह थी कि वार्डन तक चूहा देखकर, "चूहा चूहा" चीख़ने के बजाय "सलीमा सलीमा" पुकारती। चमगादड़ के लिए तो उसके दिल में एक ख़ास जगह थी। कैसे यह बेआवाज़ अन्धी शय, न परिन्दा, न जानवर, बिना किसी चीज़ से टकराए, उड़ती जाती है। शाम के धुँधलके में वह उसका पीछा करती पेड़ों के झुरमुट में घुस जाती और जब ठोकर खाकर गिर पड़ती तो रुआँसी होकर भी चमगादड़ से कहती, "आज तुम फिर जीती मैं हारी; कल देखते हैं!"

खानदान अच्छा हो, पैसेवाला हो, लड़की एक ही हो, जो देखने में ख़ूबसूरत और पढ़ने में तेज़ हो तो माँ-बाप को उसकी शादी की ज़्यादा फ़िक्र नहीं होती। सलीमा के तेईस पार करने पर भी जब अच्छे रिश्ते नहीं आए तो फ़िक्र शुरू हुई; ख़ास करके इसलिए कि तीन साल बड़े भाई की शादी उससे पहले नहीं हो सकती थी। भाई ने ही हमउम्र लड़कों से पूछताछ की और अब्बा को बताया। रात देर तक अम्मी, अब्बा और भाई तीनों चुपके-चुपके बातें करते रहे। सलीमा को इस तरह की मीटिंगों से ज़रा डर नहीं लगता था, वह आराम से रात दस बजे अपने कमरे की बत्ती बुझाकर सो रही।

अगले दिन अम्मी ने उसे पास बिठाकर समझाया। अब रिश्तेदारी, कुनबे में नहीं, बाहर लड़के तलाश किये जाएँगे। बिरादरी के लड़कों का कहना है कि इतनी बेख़ौफ़ लड़की हमसे नहीं सँभलेगी। सलीमा हँस पड़ी, "हाँ मेरे लिए भी उन लड़कों को शौहर मानना मुश्किल है जिन्हें मैंने बचपन में मरे हुए चूहे-छिपकली से डराया हो।"

"अब जो लड़के देखने आएँ उन्हें न ये सब बताकर भगा देना," अम्मी ने बिगड़कर कहा, "और ज़रा उनके सामने डरी-सहमी रहना ताकि उन्हें लगे कि तुम्हें उनकी हिफ़ाज़त, उनकी देखरेख की ज़रूरत है। औरत के बेतुके ख़ौफ़ पर हँस पाने का, उसकी बेवजह घबराहट का मज़ाक़ बनाने का मर्दों को हक़ है। उन्हें हर वक़्त यह एहसास होना चाहिए कि अगर वह न हों तो न जाने तुम्हारा क्या हो?"

सलीमा ने बात मान तो ली मगर आदत कहाँ छूटती है। एक लड़के के साथ हज़रतगंज घूमने गई और गाड़ियों, रिक्शों, ताँगों, स्कूटरों की रेलमपेल में बेबाक़ी से सड़क पार कर गई। यह तो पीछे छूट गए, सकपकाए लड़के को

खड़ा देखकर ख़याल आया कि उसे, "हाय अल्लाह, उई अल्लाह!" करते हुए खड़े रहना चाहिए था। लड़का सड़क पार कराने के बहाने उसका हाथ भी पकड़ लेता और अपनी मर्दानगी भी साबित कर लेता। एक दूसरे लड़के के साथ गोमती नदी के किनारे टहल रही थी कि एक पुलिस कांस्टेबल ने कुछ पैसे ऐंठने के लिए उनसे पूछताछ की। सलीमा ने उसकी वो ख़बर ली कि वह और लड़का दोनों ही भाग खड़े हुए।

उम्र बढ़ रही थी; बड़े भाई तीस पार करके, उठते-बैठते उसे क़ातिलाना नज़रों से देखते, बाप रिटायर होकर ठंडी आहें भरते और माँ जो कभी उसकी हिम्मत और हौसले की वजह से अपनी ज़िम्मेदारियाँ उस पर लाद दिया करती थीं आज किसी शादी ब्याह, मिलने-मिलाने में उसे साथ ले जाने से कतरातीं।

जब अनीस से बात चलनी शुरू हुई तो सलीमा ने तय कर लिया था, जैसे भी हो इस बार वह कबूतर को हाथ से नहीं उड़ने देगी। वैसे अनीस कोई बुरे भी नहीं थे। रेलवेज में इंजीनियर थे, अच्छे खानदान के थे, उम्र पैंतीस को छू रही थी तो क्या हुआ सलीमा भी तो अट्ठाईस पार कर चुकी थी। सभी कुछ ठीक था और मँगनी की तारीख़ तय होनेवाली थी कि एक दिन, कॉफ़ी हाउस में बैठे-बैठे सलीमा की नज़र अनीस के बाज़ू पर बँधे काले धागे पर पड़ी। अनीस का यह बताना था कि यह उनकी माँ का बाँधा इमाम ज़ामिन है क्योंकि चार बहनों में वह अकेले भाई हैं, कि सलीमा हँस-हँसकर लोट-पोट हो गई। और इसी हँसी और उसके बाद हुई बहस में राज़ फ़ाश हो गया—सलीमा को किसी चीज़ से डर नहीं लगता।

सड़क के मोड़ तक आते-आते अनीस ने फ़ैसला सुना दिया था। वह किसी ऐसी लड़की से क्योंकर शादी करे जिसको ज़िन्दगी के उतार-चढ़ाव के दौरान उनके सहारे की ज़रूरत ही न हो।

वह अलविदा कहकर कुछ क़दम ही बढ़े थे कि शाम से घिरे आसमान में तेज़ी से बिजली कौंधी और ज़ोर की गरज के साथ बादल फट पड़े। पूरी ताक़त से चीख़ मारकर सलीमा गिरती-पड़ती अनीस की तरफ़ लपकी जो पीछे मुड़कर हैरानी से उसकी तरफ़ देख रहे थे और उनके सीने से लग गई। अनीस ने हँसते हुए उसे भींच लिया और बोले, "अच्छा जनाब, तो यहीं तक है आपकी दिलेरी!"

"मुझे पकड़े रहना, छोड़ना नहीं! मर जाऊँगी मैं इस आँधी तूफ़ान में, देखो मुझे थामे रखना, छोड़ मत देना!"

"नहीं नहीं, छोड़ूँगा क्यों भाई; चलो चलो, घर तो पास आ ही गया है। आँखें बन्द रखो और मेरा सहारा लिए-लिए चलती रहो। आओ-आओ, कुछ नहीं होने दूँगा मैं तुम्हें, भरोसा रखो!"

बत्तीस साल की ज़िन्दगी में अनीस ने इस बात का ख़याल रखा कि सावन-भादों में सलीमा अकेली न हो। बत्तीस साल वह अनीस को बता नहीं पाई कि उसका बारिश की ताल पर नाचने को जी चाहता है, बिजली के चमकने पर कैसे उसका दिल उछाले मारने लगता है, बादलों का गरजना यूँ उसके जिस्म को थरथरा देता है जैसा किसी मर्द के छूने से कभी नहीं होता।

धीरे-धीरे सलीमा का रक़्स थमा और वह मिलन की रात के बाद के थके, कुछ टूटे हुए, मगर मुकम्मल जिस्म को समेटे घर की तरफ़ बढ़ी। आज रात की पूरी, एक और ऐसी ही रात की दिल में आस लिए, हलके से सुरूर से ज़रा-सा मस्त, क्या ऐसी ही लगती होगी नायिका अभिसारिका प्रीतम से मिलन की रात के बाद?

कगार

घंटों बीत जाते हैं। कभी-कभी तो खाने-पीने की भी सुद नहीं रहती; थकान का भी कोई अहसास नहीं होता, नींद तो दूर की बात। कितनी ही देर वह एक जगह बैठी रहती, कभी बिना किसी इरादे के इधर-उधर टहल लेती है, फिर वहीं कहीं जगह बदल कर बैठ जाती है। वक़्त गुज़रने का कोई एहसास ही नहीं होता। जब होश आता है तो एक आविष्कार की तरह एक-एक अंग की ख़बर उसे मिलती है; गर्दन अकड़ गई है, कन्धे और पीठ दुःख रहे हैं, पाँव लटके रहने की वजह से हलके से सूज गए हैं जिसकी वजह से सैंडल तंग हो गई है; और साँस? शायद अपनी रफ़्तार से आ जा रही है। सुबह से शाम हो गई, यानी पूरा दिन बीत गया और कुछ काम नहीं हुआ।

काम? हाँ काम, जिसे वह काम मानती है। खाना पकाना, घर क़रीने से रखना, खाने-पीने की चीज़ें ख़रीदना, कपड़े-जूते ठीक रखना तो हमेशा उसके लिए बस ज़िम्मेदारी पूरी करना रहा है। काम तो वह होता है जिसे इनसान शौक़ से, पूरा मन लगा के, मजबूरी या किसी ज़बरदस्ती के बग़ैर करे। किताबें पढ़ना, अच्छे नाटक और फ़िल्म देखना, शास्त्रीय संगीत सुनना, आर्ट गैलरियों, अजायबघरों, संग्रहालयों के चक्कर काटना, पुराने खँडहरों में, बहार से सराबोर बग़ीचों में टहलना और सबसे बढ़कर लिखना। इसी सबको वह काम मानती थी; यही सब उससे दूर चला गया था और आज इतना ख़ाली समय होने पर भी उसके पास लौट नहीं रहा था। आख़िर क्यों?

क्यों उसके दिमाग़ को यह यादें आकर घेर लेतीं हैं कि वह बस उनके नागपाश में जकड़कर रह जाती है। यह यादें जो कहीं भी, कभी भी उसे आ दबोचती हैं; घर पर आकर उसकी ऐसी नाकाबन्दी करती हैं कि वह कहीं जाना-पहुँचना भूल जाती

है; कभी बाहर जकड़ लेती हैं तो घर लौटने का होश नहीं रहता। एक बार तो वह नेशनल आर्ट गैलरी में बन्द होते-होते बची। जो उसे सिर्फ़ जानते-पहचानते हैं वह मज़ाक़ उड़ाने लगे हैं। क़रीबी दोस्त उसे चिन्ता भरी नज़रों से देखते हैं; कोई-कोई उसका दिल बहलाने को उसे अपने घर बुलाते हैं या कहीं घुमाने ले जाते हैं; कुछ उससे कन्नी काटने लगे हैं; किसी हद तक सभी तरस खाते हैं। अकेली औरत जब ऐसी हरकतें करने लगे तो उसका कोई क्या करे?

अभी तक ग़नीमत था कि सब कुछ उसके दिल के अन्दर चल रहा था। हाँ, कभी कोई ऐसा ख़याल आता जो दिल को अपनी मुट्ठी में भींच, ख़ून की आख़री बूँद निचोड़ लेने पर उतारू हो जाता, तब ज़रूर चेहरे का भाव बदल जाता; कभी-कभी आँखें तीखी रोशनी से जलने लगतीं, कभी आँसुओं से भर जातीं; माथे पर बल पड़ जाते, होंठ भिंच जाते, दाँत रगड़ने की कर्कश ध्वनि करते और कभी, कन्धे शिथिल पड़ जाते, सिर झुक जाता, हाथ घबराकर चेहरे को ढाँप लेते और ख़ुश्क सिसकियाँ पूरे वजूद को झिंझोड़ने लगतीं।

वह समझती थी कि जबतक सब ढका-छुपा है वह सुरक्षित है। लेकिन अब दिल का हाल चेहरे और हाव-भाव में नज़र आने लगा था। इतनी अबूझ वह नहीं थी कि समझ न सके कि धीरे-धीरे ही सही वह उस कगार की तरफ़ खिसक रही है जिसके आगे पागलपन की गहरी खाई है। वह किसी क़ीमत पर इस अँधेरी, डरावनी खाई में गिरना नहीं चाहती थी। अभी तक, जब सब कुछ उसके दिमाग़ में चल रहा था और ज़बान पर नहीं आया था, तब तक ये मुमकिन था कि वह पूरा ज़ोर लगाकर, ख़ुद को समेटकर, खाई के मुँह से दूर रख सके। लेकिन अब ऐसा लग रहा था जैसे उबाल आने को है। अगर कहीं दिल में चल रही खलबली ज़बान के रास्ते उबल पड़ी और उसके उन्नीस साल पुराने, इतने जतन से छुपाए राज़ का भेद खुल गया तो?

नहीं! उसे किसी भी हाल में ऐसा नहीं होने देना है! मगर कैसे? क्या किया जाए? अगर किसी से सब कुछ कह दिया जाए? कहते हैं इलाज न भी हो तो भी, बस कह भर देने से दिल का बोझ हल्का हो जाता है। क्या इसीलिए उसकी छाती पर अतीत की सिल रखी है जो किसी सूरत हिल के नहीं दे रही; क्योंकि उसने कभी किसी से कुछ कहा नहीं?

तो फिर आज क्यों पलटकर इतना कुछ कह रही है? क्यों उन झगड़ों को जिनमें ख़ामोश रहकर उसने पारिवारिक जीवन को बचाने की कोशिश की थी, आज उन्हीं झगड़ों में अकेले लौटकर उन्हें निबटाने की कोशिश कर रही है? क्यों वह

तर्क दे रही है जो उस वक़्त देने चाहिए थे जब उस पर आघात किये जा रहे थे; धमकियाँ दी जा रही थीं; काम, बच्चे, घर, पैसे सब छीन लिए जाने का ख़ौफ़ दिखाया जा रहा था? आज क्यों वह झगड़े लौटकर आ गए थे जब झगड़नेवाला, देख-सुन पाने की स्थिति में ही नहीं था; तर्क-वितर्क से परे जा चुका था!

क्या इसलिए कि वह ख़ुद झगड़ों में शामिल नहीं हुई थी; एकतरफ़ा हमले को झगड़ा होना तो नहीं कह सकते; बहस या बातचीत भी बस एक के चीख़ने को कैसे कहे? जो झगड़े उस वक़्त नहीं अपनाए, कभी आत्मसम्मान में, कभी झुँझलाहट और ग़ुस्से की वजह से, कभी डर तो कभी सिर्फ़ सुस्ती और काहिलपन में, उन्हें आज क्यों निबटा रही है? क्यों उनकी यादों से पीछा नहीं छुड़ा पाती, क्यों अपनी ज़िन्दगी को आगे नहीं बढ़ा पा रही?

कहते हैं जो चला गया उसे माफ़ कर देना चाहिए। यह भी कहते हैं कि मौत सब ख़ामियों पर परदे डाल देती है और चले जानेवाले की सिर्फ़ खूबियाँ याद रहती हैं। वह चाहती थी कि ऐसा कर पाए। घंटों अपने दिमाग़ के तारों को इसी उम्मीद में सुलझाती, सहेजती कि शायद कोई ख़ुशगवार याद छूटकर आज़ाद हो और वह उसे थाम कर जी सके। वह चाहती है कि उसके दोनों बच्चे अपने पिता को इज़्ज़त के साथ याद करें। इस दिशा में क़दम भी बढ़ाती है; क़िस्से, कहानियाँ, ख़ुद सोच, गढ़कर अपने बच्चों को सुनाती है, "तुम्हारे बाबा ऐसा कहते थे, इस तरह करते थे, यूँ समझाते थे!" नहीं, सिर्फ़ बच्चों के दिल में पिता के लिए सम्मान जगाने के लिए नहीं करती यह सब। कहीं यह उम्मीद भी रहती है कि उसे ख़ुद को इन मनगढ़ंत यादों पर यक़ीन आ जाएगा और वह इस मृगतृष्णा के सहारे बची हुई ज़िन्दगी जी पाएगी।

एक झटके के साथ बस रुकी। पहाड़ी रास्तों पर गाड़ियाँ और बसें इसी तरह यात्रियों के अंजर-पंजर खदबदा देने के इरादे से रुकती हैं। रामपुर बुशहर तक़रीबन आ ही गया था। जोगेश्वरी माता के मन्दिर पर बस रुकी थी। यहाँ तो पहले स्टॉप नहीं था, याद करते हुए उसने गर्दन बढ़ाकर बाहर देखने की कोशिश की। दस-बारह लोग जमा थे और एक शोर-सा मचा हुआ था। क्या बस के नीचे किसी की मुर्ग़ी या बकरी आ गई थी? सड़क के दोनों तरफ़ पन्द्रह-बीस घरों वाले गाँव में जैसे, हिमालय भर में बिखरे हैं, ऐसा हादसा हो जाना आम बात थी। लेकिन लोग हँस भी रहे थे जैसे किसी का मज़ाक़ उड़ा रहें हों; ड्राइवर भी खीसें निपोर रहा था! एक्सीडेंट तो नहीं हो सकता। फिर चार-पाँच लोग एक ज़रा मोटी-सी, बेढब औरत को समझाते, पुचकारते बस के सामने से निकले।

औरत ख़ुद को छुड़ाने में हाथ-पैर मार रही थी, शायद गालियाँ भी बक रही थी जो एसी बस की बन्द खिड़कियों को पार नहीं कर पा रही थीं। उसके बाल खुले थे, आँखें जल रही थीं, चेहरा तमतमाया हुआ था। ठेल, खींच, धकेलकर उसे सड़क की निचली तरफ़ वाले गाँव को जानेवाली पगडंडी पर उतारा गया। कुछ क़दम चलकर वह एक नाशपाती से लदे पेड़ का सहारा लेकर खड़ी हो गई। नज़र ऊपर उठाकर उसने पेड़ का जायज़ा लिया। फिर अपनी कमर टेढ़ी करके, पेड़ के तने को अपना भारी-भरकम कूल्हा मारा। धक्के से दो नाशपातियाँ टूटकर गिरीं। उसने बस की खिड़कियों में, शीशों के पार से झाँकते लोगों को आँख मारी, जैसे कह रही हो, "अभी भी कमर मटकाती हूँ तो देखो क्या-क्या आन टपकता है!"

बस ड्राइवर हँसा और नौजवान बस कंडक्टर से बोला, "पागल है! नौ साल से इसे ऐसे ही देख रहा हूँ!"

जितनी देर हो सका वह खिड़की से उस पगली को देखती रही। रामपुर बुशहर उसका जाना-पहचाना शहर था। मामूली से होटल के मालिक टंडुप दोरजे ने, चार साल बाद भी उसे पहचान लिया था। टूरिस्ट सीजन न हो तो पहाड़ों पर आनेवालों की बड़ी आवभगत होती है। बड़ी-सी खिड़की के बाहर की हरियाली को अपने अन्दर सोखते हुए वह सोच रही थी कि वह यहाँ क्यों आई है? बौद्ध इलाक़े के किनारे पर कुछ दिन सुस्ता लेने या फिर ऊपर किन्नौर और सांगला घाटी में ख़ुद को कुछ देर के लिए खो देने? वहाँ सिर्फ़ बौद्ध मठों की ख़ाक छानना चाहती है या किन्नर कैलाश की परिक्रमा कर, किसी हद तक धार्मिक शान्ति पाने की आस लगाए बैठी है? उसने कभी नहीं माना था कि तीर्थों, धर्म स्थानों में शान्ति पाई जा सकती है; क्या मन बहलाव के इन साधनों को आज वह शान्तिदाता स्वीकार कर रही है? या वह यहाँ इसलिए आई है, क्योंकि वह यहाँ कभी अपने पति के साथ नहीं आई? इन पहाड़ों के साथ कोई ऐसी याद नहीं जुड़ी है जिसे वह नकारना चाहती हो। यहाँ से लौटकर उसके पास उसकी मर्ज़ी की यादें होंगी जिनके सहारे शायद वह पागलपन की कगार से ख़ुद को थोड़ी दूर सरका सके।

चाय पीकर उसने शहर का एक चक्कर लगाया। सड़क से नीचे ढलान पर, सतलुज के किनारे आम शहर बसा था। सड़क से ऊपर वाली ऊँचाई पर किन्नौर के राजा का महल था। रामपुर, किन्नौर की सर्दियों की राजधानी हुआ करता था। महल के बराबर ही सरकारी दफ़्तर थे। पुराने राजा और आज के राजा, दोनों ही आम जनता को पैरों तले रखे हुए हैं। शहर से ज़रा आगे बढ़कर एक बहुत बड़ा

मैदान था, जिसके अचानक, पहाड़ों की ऊँचाइयों के बीच नमूदार होने पर आँखें कुछ पल हैरान रह जाती हैं और जहाँ हर साल नवम्बर के महीने में लबी मेला लगता है। मैदान पार करते ही सड़क के दोनों तरफ़ चीड़, देवदार और सनोबर का घना जंगल शुरू हो जाता है जिसकी हरी, भूरी पगडंडियों पर चलने का उसे हमेशा से नशा रहा है।

दो दिन तो उसने हिमालय को वक़्त दिया कि वह उसकी आत्मा और चेतना दोनों में रच-बस जाए। तीसरे दिन तड़के सवेरे वह सराहन जाने के लिए बस स्टैंड पहुँची। पास ही बसे, छोटे-से गाँव सराहन जानेवाला रास्ता अद्‌भुत सुन्दर था और वहाँ का लकड़ी का मन्दिर, कलात्मक हाथों की कारीगरी और बारीक़ नक़्क़ाशी की मिसाल था। वह सुबह की पहली बस लेना चाहती थी, ताकि पूरा दिन वहाँ पर गुज़ार कर शाम की आख़री बस से लौट सके। बस स्टैंड पर इक्का-दुक्का लोग थे और वह इत्मीनान से कल का बासी अख़बार उलट-पलट रही थी कि मुँह के बल गिरते-गिरते बची। सँभली तो पीछे देखने के बजाय दौड़कर एक खम्भे की ओट में हो गई। न जाने किस साँड़ ने सिर मारा हो? खम्भे की आड़ से देखा तो पगली उसकी तरफ़ इशारा करके खिलखिलाकर हँस रही थी। आस-पास के लोग भी हँस रहे थे। ट्रैफिक पुलिस का एक सिपाही जो आवाजाही की कमी के चलते चाय की दूकान पर खड़ा इत्मीनान से बतिया रहा था, उसकी तरफ़ लपका। पगली उसे ठेंगा दिखाकर, दोनों हाथों से अपना घेरदार लहँगा समेटकर भागी। सिपाही रुक गया, वह भी रुक गई। फिर उसकी नज़र ट्रैफिक पुलिस के खोके पर पड़ी जो लावारिस-सा बीच सड़क में खड़ा था। न जाने पगली को क्या सूझी? पहले तो उसमें जाकर खड़ी हुई, फिर अलग-अलग तरह के फैशन मॉडलों के से पोज़ बनाने लगी, फिर बैठ गई और चौकड़ी मारकर ज़ोर-ज़ोर से नगाड़े के बोल बोलने लगी—धा-धा तिरकिट धा-धा तिरकिट, कुर्रर-कुर्रर किट धा-धा-धा! अचानक लेट गई, घुटने और गर्दन मोड़ कर, गडमड-सी। इससे पहले कि सिपाही कुछ करता वह उछलकर उठी और किसी के कुछ समझने से पहले उसने पूरी ताक़त से खोके को धक्का दिया। हल्का-सा खोका, जिसे ज़रूरत पड़ने पर आसानी से इधर-उधर किया जा सके, धड़ाम से गिरा और उसका दरवाज़ा और तिकोनी छत टूटकर अलग हो गए।

इस बार कांस्टेबल ज़ोर से चिल्लाया और पगली के भाग पाने से पहले, छलाँगे भरता हुआ पहुँचा और उसे धर दबोचा। पगली का बाज़ू उसने ज़ोर से मरोड़ा होगा क्योंकि एक तड़प भरी चीख़ सुनाई दी जिसके साथ ही एक थप्पड़

की आवाज़, जिससे चीख़ घुट-सी गई। वह कब पगली और सिपाही के बीच जाकर खड़ी हुई उसे ख़ुद पता नहीं चला। कुछ पल तो ख़ुद को वहाँ पाकर वह सकपका गई। फिर सँभलकर बोली, "औरत पर हाथ उठाते हो बेशर्म!"

"यह तो पागल है।" सिपाही ने ऐसे कहा जैसे पागल होना लिंगभेद को ख़तम कर देता हो और इसी कारण से उसे मारना जायज़ हो।

"औरत तो है न?" उसने तकरार की।

"देखिये मैडम, इसने क्या किया!"

"इसकी मरम्मत के पैसे तुम्हारी जेब से जाएँगे क्या?"

"एक-दो दिन में बारिश हो गई तो?"

"अपनी सरकार से कहो ज़रा मज़बूत खोके बनाकर दे। जिस तरह एक सूत पर ख़ुद टिकी है वैसे ही नाज़ुक खोके बनाकर देगी तो यही नतीजा होगा।" हिमाचल प्रदेश की सरकार के एक विधायक के बहुमत पर बने होने पर आस-पास खड़े लोग हँसे; सिपाही भी ज़रा खिसिया गया। वह पगली से बोली, "चाय पियेगी?"

"कुछ खिलाएगी?" पगली ने उल्टा सवाल किया। "मुझे भी भूख लगी है" दोनों बिना 'हाँ' 'न' कहे चाय की दूकान के सामने पड़ी बेंच की तरफ़ बढ़ीं। हिलती हुई बेंच पर बैठते हुए उसे लगा कि शायद यह ठीक नहीं किया उसने; पागल का क्या भरोसा, गर्म चाय उसके मुँह पर फेंक दे! ख़ैर अब तो क्या हो सकता था। उसने पगली की तरफ़ देखा जो सामने रखी चाय और नमकपारे भरी प्लेट को एकटक देख रही थी; एक रूखी-सी नज़र उसने दूकानदार की तरफ़ घुमाई और बोली, "उठना पड़ेगा क्या?"

चायवाला घबराकर बोला, "अजी नहीं जी, आप बैठो जी" और एक स्टील का प्याला लिए हुए लपका। पगली ने ग्लास की चाय कटोरे में उँड़ेली और प्लेट के आधे नमकपारे उसमें डाल दिए। उसकी हैरान आँखों से नज़र मिली तो पगली ज़ोर से हँसी और बोली, "सब जानते हैं मुझे ऐसे ही पसन्द हैं। तू खाएगी ऐसे? ए शोरे (छोरे) एक और कटोरा दे।" उसके जवाब से पहले ही पगली ने उसकी चाय और बचे नमकपारे कटोरे में उलट दिए। मजबूरन वह चाय में भीगे, गिलगिले नमकपारे चम्मच से खाने लगी। शायद उन भीगे नमकपारों की तासीर रही होगी या पगली की नीली, भूरी आँखों की पहाड़ी झील-सी गहराई का असर था कि उसकी कहानी ख़ुद-ब-ख़ुद उसके होंठों पर आ गई।

सराहन जाना तो टल ही गया था। दिल की गहराइयों से घटनाएँ कुरेदकर

निकालने के बाद उसे काफ़ी क्लान्त और टूटा हुआ-सा होना चाहिए था। अजीब बात थी कि वह एक हल्कापन और पाँच साल में पहली बार अपने अन्दर एक नई स्फूर्ति दौड़ती हुई महसूस कर रही थी। शायद वह जो घने जंगल के बीच पाई चट्टान पर बैठकर दिल खोलकर रो ली थी और पगली ने उसे चुप कराने की कोई कोशिश नहीं की थी; पगली तो लहक-लहककर एक लोकगीत गाने लगी थी, जिसे ठीक से सुनने और ठगड़ी बोली समझने की इच्छा में अपने आप ही उसका रोना थम गया था। या शायद हाँफ-हाँफकर चढ़ी, आधे मील की मुश्किल चढ़ाई पर जो वह फिसली थी और एक ही साँस में पूरा आधा मील नीचे आ गई थी और ऐसे हँसी ख़ुद पर कि दस मिनट तक याद कर-करके हँसती रही, जिसके दौरान पगली उसके साथ हँसती भी रही और उसके चारों तरफ़ नाच-नाचकर चक्कर भी काटती रही।

रात को जब वह होटल वापस पहुँची तो उसे कितने अरसे बाद पूरे दिन को डायरी में दर्ज करने का ख़याल आया। डायरी के पन्ने पलटते हुए उसकी मुलाक़ात आधी, पौनी, चौथाई कहानियों से हुई। इन कहानियों के सहारे वह अपनी कल्पना को टटोल रही थी कि एक झटके के साथ उसे ख़याल आया कि आज उसने एक बार भी अपने अतीत को याद नहीं किया है!

तो दवा काम कर गई। अपने दिल का हाल किसी से कह दो, किसी ऐसे से भी जो एक शब्द भी न समझे, तो भी जी हल्का हो जाता है। वह तो यहाँ आई ही इसलिए थी कि किसी पुराने पेड़ से या सदियाँ झेले हुए पत्थर को सब बता देगी। पगली से भी शायद इसी विश्वास से दिल खोल पाई थी कि यह तो पागल ठहरी, कहाँ कुछ समझेगी; इससे हर घटना, हर तफ़्सील, बेखटके बाँटी जा सकती है। श्रोता का पागल होना कथावाचक के लिए कितना भरोसा और इत्मीनान पैदा करता है!

नींद भी उस रात ऐसी गहरी आई कि सुबह तीन बजे आँख खुल गई और साढ़े पाँच बजे तक उसने एक कहानी पूरी कर डाली। अंगड़ाई लेते हुए उसने सोचा, इस वक़्त कोई चाय हाज़िर कर देता तो मज़ा आ जाता। दिल में ख़याल अभी पूरा भी नहीं हुआ था कि दरवाज़े पर दस्तक हुई। बड़े धीरे से जैसे कोई टोह भर ले रहा हो कि अन्दर वाले जगे हैं या सो रहे हैं?

इस वक़्त कौन हो सकता है? होटल के मालिक टंडुप दोरजे तो बिना माँगे चाय पिलाने से रहे। नाइट गाऊन पर शाल ओढ़ते हुए उसने स्लीपरों में पैर फँसाए दरवाज़े की कुंडी खोली। सामने पगली खड़ी थी। बड़े तपाक से हाथ बढ़ाते हुए बोली, "अच्छा है उठ गई है! चल!"

उसे अजीब-सा लगा; इतना मेल-मिलाप एक पागल के साथ वह नहीं चाहती थी। क्या किया जाए? कैसे छुटकारा पाया जाए इससे? पगली अन्दर आकर कमरे की चीज़ें उलट-पुलट रही थी। मेज़ के पास आकर रुकी, ध्यान से डायरी, क़लम और रजिस्टर देखा फिर सन्देह भरी नज़रों से उसे देखने लगी।

"नहीं नहीं, चिन्ता मत करो; यह तुम्हारे बारे में नहीं है।" पगली को ढाँढस बँधाते हुए वह ख़ुद भी चौंक गई थी। यह कैसे हुआ कि पगली के दिल में उभरता सवाल उसे समझ में आ गया? पगली के चेहरे पर इत्मीनान और सुकून फैल गया। मुस्कुराकर बोली, "तैयार हो जा, निकलते हैं।"

"कहाँ जाने के लिए?"

"अरे यह सोचना पैरों का काम है, हम क्यों सोचें?"

जवाब सुनकर घबराहट लौट आई। उसने इसलिए थोड़ी कल अपनी आपबीती सुनाई थी कि एक पागल उसके गले पड़ जाए? अब क्या किया जाए? आज उसके साथ बिता ले और कल रेकोंग पिओ की तरफ़ निकल ले?

पगली उसके चेहरे को एकटक देख रही थी। अचानक खिलखिलाकर हँसी, फिर पास आकर कन्धे पर हाथ रखते हुए बोली, "कुछ साल और टल जाएगा; पर तू ख़ुद ही सोच, समय क्यों बरबाद कर रही है।"

डर और घबराहट की एक लहर उसके पूरे जिस्म में दौड़ गई; पगली का दूसरा हाथ भी उसके कन्धे पर आ गया और एक पल उसे देखकर पगली ने उसे अपनी बाँहों में भर लिया। "डरपोक भी है और अकेली भी। मैं समझती हूँ इसीलिए तो आई हूँ।" पगली उसके बालों में उँगलियाँ उलझाते हुए बोली।

उसने पगली की छाती में मुँह छुपा लिया। पसीने, देवदार की छाल और सेब की आधी खमीर उठी शराब की मिली-जुली महक के साथ यह अहसास भी आया कि ठीक ही तो कह रही है पगली। पागलपन की राह पर पहला क़दम बढ़ा रही है वह। ऐसे में किसी ऐसे का साथ हो जो कुछ आगे तक सफ़र कर चुका हो तो अच्छा ही है। नई राह पर कुछ दूर तक मुरशिद का होना ज़रूरी है। उसके बाद जब अँधेरा बढ़ेगा और गिरते-पड़ते, ठोकर खाते, टकराते, सँभलते रहने के अलावा कोई दूसरा चारा नहीं होगा तब तो तन्हा चलना ही होगा।

सच तो यह है कि ज़िन्दगी, कगार के इस पार या उस पार, दोनों ही एक दिलचस्प यात्रा है जिसका कहीं, कोई नक़्शा मौजूद नहीं है। इस आवारगी को जिसे जीना कहते हैं, यही तो अनोखापन है!

बालूचरी

अकरम अली को अपनी आँखों पर यक़ीन नहीं हो रहा था। उस जैसे ग़रीब जुलाहे के दस्तरख़्वान पर इतने पकवान! इतनी भेंट तो कभी किसी ने नहीं दी; शायद आजतक कोई गाहक, इतना अमीर नहीं आया जितना यह सामने बैठा ख़रीदार, जो एक हाथ से दाढ़ी सहला रहा था और दूसरे से तस्बीह फेर रहा था। इसे कैसे पता चला? किसने इसे ख़बर दी होगी? सवाल दिल में आते ही अकरम अली ने ग़ुस्से से अपने बड़े बेटे शरीफ़ुद्दीन की तरफ़ देखा जो बाप से आँखें चुराकर उस अरब शेख़ की चापलूसी में लगा हुआ था। वैसे सुलगते लोबान की खुशबू और नई बालूचरी साड़ी की ख़बर फैलते देर नहीं लगती। बशीरहाट में सभी जानते थे अकरम ने एक नई बालूचरी साड़ी तैयार की है, लेकिन इसकी ख़बर कलकत्ता और इस शेख़ तक पहुँचाने की क्या ज़रूरत थी?

अपनी ही लाई हुई, आगे बढ़ी मिठाई की प्लेट को इशारे से इनकार करते हुए शेख़ ने मामूली मलमल में लिपटी हुई बालूचरी की तरफ़ हाथ बढ़ाया। अकरम अली ने ढँकी हुई साड़ी पर हाथ रखा। उसका सारा जिस्म जैसे झनझना उठा। कितनी आस से उसने इस साड़ी को करघे पर चढ़ाया था। सबसे नज़र बचाकर, अपनी बीवी के ज़ेवर बेचकर मुर्शिदाबाद गया था, रेशम के कोये ख़रीदने। उसने सोचा था ख़दीजा को तो मरे चार साल होने को आए, अब उसके ज़ेवर रखने से क्या फ़ायदा? एक-एक रेशम के कोये को उसने अपने सामने बँटवाया था और तार बनवाए थे। जब रेशम के धागे बन गए तब रंगाई में कितनी एहतियात बरती थी उसने। तभी तो ऊपर का मलमल हटाकर, पहली तह खुलते ही जैसे ही पल्लू सामने आया आस-पास खड़े लोगों की साँस थम गई और शेख़ के मुँह से यक-ब-यक निकला "सुभानल्लाह।"

अकरम अली के तीनों बेटों की बाँछें खिल गईं—शेख़ फँस गया!

काँपते हाथों से अकरम अली ने साड़ी की एक-एक परत खोलनी शुरू की। हर तह के साथ यादों का एक काफ़िला जुड़ा हुआ था—नीले रंग पर उसने कितनी बहस की थी—आकाश नील, समुन्दर नील, शंख नील या फिरोज़ी नील! तंग आकर ग़ुलाम नबी रंगरेज़ ने कहा था, "अरे बाबा, मोर के पंखों में इतने नील होते हैं क्या?"

अकरम अली हँस पड़ा था, "अरे इतने नील नहीं होते तो मोर नाचता क्यों है? क्या मोर बादल देखकर नाचता है? बेवकूफ़, वह अपने रंग दिखाने के लिए इतराता है!"

"तो नाचता मोर बनाना ज़रूरी है क्या?" ग़ुलाम नबी ने आगे हुज्जत की।

"वाह! जो नाचे न वह मोर काहे का, वह तो कौआ हुआ।"

बालूचरी बनाना कोई ख़ाला जी का घर नहीं है। इसीलिए बस दस या बारह साड़ियाँ ही बनाता है अकरम अली साल भर में। ज़्यादातर साड़ियाँ दुर्गा पूजा के लिए ख़रीदी जाती हैं। आस-पास की सार्वजनिक पूजा कमिटियों से लेकर कलकत्ता तक की पूजा कमिटियों में होड़ लगी रहती है; अकरम अली की बनाई बालूचरी हाथ लग जाए और पूजा में स्थापित होनेवाली दुर्गा ठाकुर के रूप को चार चाँद लग जाएँ। पूजा पंडाल में आनेवाले लोग भी झट पहचान जाते और एक-दूसरे से कहते—'अकरम अली तांती की साड़ी है ना?' अकरम का सीना गर्व से फूल जाता। लेकिन फिर भी कहीं ना कहीं दिल में एक काँटा-सा चुभता रहता। उसने तो साड़ी माँ को बेची है। भेंट तो उस भक्त ने की जिसने उसके दाम चुकाए। फिर वह दिल को समझाता और वादा करता, एक साड़ी वह ऐसी बनाएगा जो अपने आप में एक मिसाल होगी; बेशक़ीमती! नायाब! कारीगरी और कला की ऐसी मिसाल जो ख़ुद अकरम अली के हुनर को पार कर जाएगी; वह हाथ की नफ़ासत उसमें दिखेगी जो कला का दर्जा पाएगी। वह साड़ी जो वह देवी को बेचेगा नहीं; देवी को भेंट करेगा!

ढब की आवाज़ से अकरम अली का ध्यान टूटा। सामने दो हज़ार के नोटों का बंडल पड़ा था। जल्दी-जल्दी चार पाँच-पाँच सौ के और बंडल तख़्त पर गिरे। एक लाख से ज़्यादा साड़ी का दाम नहीं था। यह तो चार लाख थे। उसके दिल में एक टीस-सी उठी। यही रुपये पाँच साल पहले मिल गए होते तो ख़दीजा बच जाती। न उसकी जान बचा पाया, न ही उसकी ख़्वाहिश पूरी कर पाया। बेचारी दिल में बालूचरी पहनने की आस लिए इस दुनिया से चली गई। शेख़ ने एक और

गड्डी उसकी तरफ़ बढ़ाई। उसके पास खड़ा उसका सेक्रेटरी बोला, "यह तुम्हारी बख़्शीश है, तुम्हारे हुनर और मेहनत की दाद दे रहे हैं शेख़!"

"लेकिन मोहतरम, आपके देश में तो औरतें साड़ी पहनती नहीं। आप इसका क्या करेंगे?"

शेख़ सवाल समझ कर मुस्कुराया, "अगले महीने मेरी शादी है; हम लोगों में लड़की के लिए लड़के वालों की तरफ़ से अबाया भेजा जाता है। इस साड़ी को काटकर अबाया बनेगा; पल्लू से नक़ाब और ऊपर वाला हिस्सा। बहुत ख़ूबसूरत लगेगा इसका अबाया; शायद हमारी बीवी इसे पहली रात को ही पहनना चाहे।"

"आप मेरी साड़ी पर कैंची चलवाएँगे?"

"काटे बग़ैर तो बुरक़ा नहीं बन सकता।" शेख़ अपनी होनेवाली बीवी के लिए बहुत से क़ीमती तोहफ़े ख़रीद रहा था। बंगाल की नायाब सोने की नक़्क़ाशी के ज़ेवर ख़रीदने कलकत्ता आया था। वहीं उसे इस साड़ी की ख़बर मिली थी और इसी के लालच में इतनी दूर बशीरहाट आया था। सौदा हो गया था अब बेकार बातों में वक़्त गँवाना उसे खल रहा था।

अकरम अली खड़ा हो गया। सबको नज़र भरकर देखा और बोला, "बुरक़ा तो तन ढँकने के लिए होता है।"

"सभी कपड़ा तन ढँकने के लिए होता है।" शेख़ ने दुभाषिए के ज़रिये जवाब दिया।

"सभी का तो मैं नहीं जानता, साड़ी तन ढँकने के लिए नहीं होती।"

"तो फिर किसलिए होती है?" शेख़ ने तंज़ से सवाल किया।

"सदियों पहले इनसान जानवर की खाल और पेड़ की छाल से भी तन ढँक लेता था। इतना बेहतरीन सूत और रेशम, ऐसे-ऐसे रंग, इतनी कारीगरी, ऐसे नमूने ईजाद करने की क्या ज़रूरत थी? नहीं शेख़ साड़ी तन ढँकने के लिए नहीं, जिस्म का हुस्न उभारने के लिए होती है। साड़ी के पल्लू को आँचल करके सिर ढँकते हैं ताकि वह बार-बार फिसले और काले बालों की घटा लहराए और उसमें खिंची हुई सीधी माँग जैसे बिजली का कौंधा नज़र आए! पल्लू कन्धे पर यूँ डाला जाता है ताकि बार-बार ढलक जाए और सामनेवाले की नज़रें गले से गुज़रती, छाती के उभार से होती, कमर के ख़म पर रुकती, नितम्बों की गोलाइयों पर से फिसलती धड़ाम से ज़मीन पर आ गिरे।"

कुछ समझकर, कुछ न समझकर शेख़ हँसा, "तुम तो तांती कम और शायर

ज़्यादा मालूम होते हो। इसीलिए औरतों के पहनने की चीज़ बनाते हो, आशिक़मिज़ाज जो ठहरे।"

"जी हाँ, सुनते हैं पहले यूनान और रोम के मर्द भी साड़ी जैसा लिबास पहनते थे; लेकिन मर्दों का सीधा सपाट, लठ जैसा शरीर, साड़ी की ताब क्या लाता? मर्दों से साड़ी कब की छूट गई, औरतें आजतक पहन रही हैं।"

"ख़ैर वह सब मैं नहीं जानता, हाँ तुम्हारी साड़ी बेजोड़ है। मेरी बीवी इसका अबाया पहनकर बहुत ख़ुश होगी।"

"मैं अपनी साड़ी आपको नहीं बेचूँगा!"

अकरम के छोटे-से घर का आँगन खचाखच भरा हुआ था। बशीरहाट में कभी मर्सिडीज़ बेन्ज़ मोटरगाड़ी देखी नहीं गई थी। अन्दर हो रही बातचीत को सब दम साधे सुन रहे थे। जैसे ही अकरम अली ने साड़ी न बेचने का ऐलान किया बाहर जमा भीड़ जैसे अचानक फट पड़ी; जितने मुँह उतनी बात। एक पल को तो शेख़ भी हक्का-बक्का रह गया फिर सँभलते हुए बोला, "क्या क़ीमत हमने कम लगाई है?"

अकरम कुछ पल चुप रहा फिर साड़ी पर हाथ फेर और उसे बहुत सँभालकर मलमल में लपेटते हुए बोला, "यह साड़ी मेरी रूह है शेख़ साहब और रूह को काट-फाड़कर, टुकड़े-टुकड़े नहीं किया जाता, सुइयाँ चुभाकर छलनी नहीं करते आत्मा को मोहतरम!"

"क्या कह रहे हो अब्बा?" अकरम का दूसरा बेटा करीमुद्दीन बोला, "इतना पैसा तो हमने कभी देखा भी नहीं है!"

"चुप रह कूढ़ कहीं का। कितना तुझे अपना हुनर सिखाने की कोशिश की पर रहा तू जानवर का जानवर ही। तांत और रेशम आँकना तो दूर की बात, तुझसे तो करघे पर बैठा भी नहीं जाता। आधे घंटे में ही कहता है, 'हाय-हाय मेरी कमर दुःख रही है!' अरे कमर तोड़े और आँखें फोड़े बिना कहीं बालूचरी बनती है?"

"लेकिन बनाई तो बेचने के लिए है न?" शेख़ के सेक्रेटरी ने पूछा।

"आज तक जितनी साड़ियाँ बनाई सब बेचीं; यह नहीं बेचूँगा। यह साड़ी मैंने माँ दुर्गा के लिए बनाई है।"

"यह कौन हैं?" शेख़ ने शायद माँ दुर्गा को कोई दूसरा, ज़्यादा मालदार गाहक समझा।

"अब्बा, देवी को पहनाई गई साड़ी भी तो बरबाद ही होती है न। ठाकुर के साथ ही विसर्जन हो जाता है साड़ी का।"

ज़ोर की तड़ाक की आवाज़ आई और शमसुद्दीन गिरते-गिरते बचा, "ख़बरदार जो काफ़िरों जैसी बातें मुँह से निकाली। बेटी को सजा-सँवार कर ही तो ससुराल भेजा जाता है। मेरी बनाई हुई साड़ी पहनकर, दस दिन से बिछुड़े शिव को दुर्गा रिझाती है। तभी तो तपभंग होता है महातपस्वी का, सब मेरी बनाई हुई साड़ी के कारण ही तो।"

"इतनी साड़ियाँ एक साथ पहनती है देवी दुर्गा?" शरीफ़उद्दीन ने गाल सहलाते हुए पूछा।

"कितनी पहनती है, कैसे पहनती है, क्यों पहनती है यह तो देवी ही जाने। मैं बस इतना जानता हूँ कि मेरी बनाई साड़ी बहुत पसन्द करती है माँ, इसीलिए तो हर साल बेहतर से बेहतर साड़ी बन जाती है, देवी माँ की दया से।"

शेख़ उठ खड़ा हुआ। ग़ुस्से से उसका चेहरा तमतमाया हुआ था, "तुम मुसलमान होकर भी देवी-देवता को मानते हो—ताज्जुब है!"

अकरम अली के चेहरे पर न ग़ुस्सा था, न नफ़रत, न नाराज़गी, न हिकारत! एक मासूम-सी ख़ुशी उसके चेहरे पर खेल रही थी, जैसी कोई बच्चा, अपने घर के रोशनदान में दिए चिड़िया के अंडों में से बच्चे निकलते, बड़े होते और अन्त में पहली उड़ान भरते देख रहा हो। मलमल में लिपटी बालूचरी साड़ी को अपने सीने से लगाते हुए वह पूरे ऐतमाद से बोला, "आप इनसान होकर भी कला और फ़न का मर्म नहीं समझते—ताज्जुब है!"

वैलेंटाइन डे

मुम्बई आए उसे चार ही साल हुए थे, लेकिन लतिका को ऐसा लगता था जैसे वह हमेशा से यहाँ रहती रही हो। ऐसा नहीं कि उसे इलाहाबाद के घर की याद न आती हो। वह पुराने तरह का ऊँची छतों और बड़े से आँगन वाला बँगला, जिसके बाहरी सहन के आम और जामुन के पेड़ों पर गर्मियों भर कोयल इश्क़ के गीत गाती रहती थी और बरसात भर किसी-न-किसी शाख़ पर रस्सी का झूला पड़ा रहता था। कोयल की कूक और बेला, चमेली की ख़ुशबू से रची-बसी हवा में ये तय करना मुश्किल होता कि ज़्यादा मीठा क्या है। भला कौन होगा जिसे मुम्बई के कंक्रीट जंगल में, आठवीं मंज़िल के दो कमरे के फ़्लैट में टँगे रहने पर कभी-कभार उस खुली आबोहवा की याद न आए?

फिर भी मुम्बई की व्यवस्थित ज़िन्दगी जैसे उसके शरीर में जज़्ब हो गई थी। जैसे स्पंज में नमी जज़्ब हो जाती है, बराबर से हर पोर में। एक झटके से मिट गए वर्ग भेद ने उसे कितना इत्मीनान दिया था। कमाल तो यह था कि कोई नहीं पूछता कि वह अकेली अपनी बेटी के साथ यहाँ कैसे और क्यों आ पहुँची? कोई उसके अकेले होने पर झूठा अफ़सोस जता कर क़रीब आने की कोशिश नहीं करता, न फ़्लैट के अन्दर ताक-झाँक करके उसे यह बताने पर मजबूर करता कि उसकी सारी जमा पूँजी इस दो कमरे के घर को ख़रीदने में लग गई; फर्नीचर ख़रीदने के लिए उसके पास पैसे नहीं हैं। दुआ-सलाम, हाल-चाल पूछकर, एक-दूसरे की छोटी-मोटी मदद करके भी आप अपनी गुमनामी बनाए रख सकते हैं; यह एक अकेली औरत में कितना भरोसा और ढाँढस बँधाता है, यह उसने पहली बार महसूस किया। फिर हर लोकल स्टेशन के बाहर लगे बाज़ार और वहाँ मिलनेवाला हर ज़रूरत का सामान—ज़िन्दगी कितनी बाक़ायदा हो गई थी। पॉलिथीन में पैक की गई, तवे पर

बनी बारीक़ रोटियों और थेपला पर तो लतिका निहाल हो गई थी। घर जैसा खाना रात भर सड़कों पर मिल जाए, रात गए महिलाएँ अकेली आ जा सकें, दफ़्तर ख़त्म होने के दो, तीन घंटे के बाद नाटक और शास्त्रीय गान के कार्यक्रम शुरू हों, ताकि आप घर जाकर, कपड़े बदलकर, चाय नाश्ता और थोड़ा आराम करके आ सकें, इससे अच्छा और क्या हो सकता है? शरीर, विचारधारा और आत्मा सभी अपने क़ाबू में हो, वह फ़ैसला मानने के लिए बाध्य जो आपकी अपनी समझ और अपनी ज़रूरत के बलबूते पर आपने ख़ुद लिए हों, इससे ज़्यादा औरत का आत्मविश्वास किस सूरते हाल में बढ़ सकता है?

चौदह साल की अरुणा तो मानो फिर से माँ का गर्भ पाकर, उसके सुरक्षित जल में तैरने और डुबकियाँ लगाने लगी थी। लोकल ट्रेन से स्कूल आती-जाती, अपना और लतिका का हर महीने रेल का पास बनवा लाती, हर लम्बी छुट्टियों में अपने शौक़ के अनुसार कभी पॉटरी क्लास, कभी गिटार तो कभी रॉक क्लाइम्बिंग के ग्रुप में शामिल हो जाती। यह उसका स्कूल का अन्तिम साल था। उसने तय कर लिया था उसे किस कॉलेज में और किस विषय में दाख़िला चाहिए और उसी के हिसाब से बोर्ड्स की तैयारी कर रही थी।

लतिका को यह भी मालूम था कि स्कूल की जेल से छूटकर, कॉलेज की खुली हवा में क़दम रखने की ख़ुशी के साथ-साथ, अरुणा की ज़िन्दगी में एक और ख़ुशी भी थी। उसे पहला इश्क़ हुआ था। 'आई लव यू' का मेसेज किसी 'वी' ने भेजा था। लतिका ने मोबाइल दिलवाने से पहले बस एक ही वादा लिया था—अँधेरा हो जाए तो फ़ोन करोगी और कहाँ हो ज़रूर बताओगी! ज़्यादा देर होनेवाली हो तो साथ में कौन है उसका नाम और फ़ोन नम्बर दोगी। उसके कौन दोस्त हैं, किस-किस को उसने नम्बर दिया है, यह जासूसी करने की लतिका ने कभी कोशिश नहीं की, ना ही इसकी ज़रूरत समझी। वह क्या करती अगर अरुणा अपना मोबाइल उसकी मेज़ पर छोड़ जाए और मेसेज के साथ फ़्लैश होनेवाली रोशनी पर ख़ुद ही उसकी नज़र चली जाए? 'ऑलवेज' पर लतिका मुस्कुराई थी। इश्क़, जिसका बुखार जितनी तेज़ी से चढ़ता है उससे दुगुनी रफ़्तार से उतर जाता है; हीर-राँझा, लैला-मजनूँ, शीरीं-फरहाद के अम्मा-अब्बा अगर उन पर इतना ज़ोरो जबर न करते तो सभी आशिक़ आम ढर्रे वाली ज़िन्दगी पर लौट आते। दोनों तरफ़ की ज़िद ही तो इश्क़ की डोर को ऐसा तानती है कि छोड़ने और टूटने दोनों का ख़ौफ़ आन दबोचता है।

लेकिन यह 'वी' कौन है? विक्रम, विक्टर, या वसीम! मुम्बई में तो कोई भी हो

सकता है। क्या चोरी-छुपे अरुणा के मैसेज पढ़ने का फ़ैसला उसने इसीलिए लिया था कि 'वी' कहीं ईसाई या मुसलमान न निकल आए; या पारसी? अगर निकल आएगा तो वह क्या करेगी? अरुणा को समझाएगी? पराई क़ौम से नाता जोड़ना घातक साबित हो सकता है! कैसे कह पाएगी ये? उसने तो ख़ुद अपने पहले प्यार को यही सब सोचकर नकार दिया था। पारिवारिक दबाव में आकर जाति, बिरादरी, गोत्र, जन्मपत्री मिलवाकर शादी करने को राज़ी हो गई थी। नतीजा क्या हुआ था? अरुणा को सीने से लगाए सात साल मारी-मारी फिरी थी, दर-दर की ठोकरें खाईं, अपने पैरों पर खड़े होने की कोशिश में कितनी बार लड़खड़ाई, कितनी बार मुँह के बल गिरी। नहीं, जाति-धर्म की बात वह नहीं कर पाएगी!

एसएमएस की गिनती बढ़ रही थी—लगातार! अक्सर देर रात को भी फ़ोन आते। उसे सोया हुआ समझकर, अरुणा चुपके से उठकर दूसरे कमरे में चली जाती और देर तक बातें करती रहती। बातें चुपके-चुपके, फुसफुसाहट में होतीं और लतिका समझ जाती कि फ़ोन किसी और का नहीं 'वी' का है। इश्क़ को हमेशा छुपाना क्यों पड़ता है? अपनी फिराक़दिल, खुले दिमाग़वाली माँ से भी! ऐसी माँ को भी बेटी पर आती जवानी क्यों इस तरह मजबूर कर देती है कि वह चोरी-छुपे एसएमएस पढ़ने के मौक़े ढूँढ़ने लगती है? कब अरुणा नहाने गई है; कब घर आई सहेली को नीचे छोड़ने निकली है; कब—! उफ़! लतिका अपने पर झल्ला उठती लेकिन ख़ुद को रोक भी न पाती।

तीन दिन में, यह 'वी' कैसा इनसान है, अरुणा का उससे किस हद तक लगाव है, उसके साथ के कारण वह अपनी पढ़ाई का कितना नुक़सान कर रही है और प्रेम में धोखा खाने और दिल टूटने की कितनी सम्भावना है, इन सवालों पर फ़िक्र बढ़कर शदीद परेशानी की शक्ल ले चुकी है। बढ़ते हुए एसएमएस पर तेज़ी से तैयारी चल रही है, अट्ठारह वर्ष की अरुणा के जीवन का पहला वैलेंटाइन डे है। सत्रह वैलेंटाइन उसकी ज़िन्दगी में आकर गुज़र चुके हैं, लेकिन यह पहली बार है कि इसे मनाने की ज़रूरत महसूस हो रही है। लतिका को अपने पड़ोस की चाची का तकिया कलाम याद आया—'यह मुआ इश्क़ जो न करवाए सो कम है।'

पर चिन्ता का कारण यह तैयारी नहीं थी। अरुणा की वैलेंटाइन डे मनाने की तैयारी जिस हिसाब से बढ़ रही थी उतनी ही रफ़्तार से शिवसेना की धमकियों में तेज़ी आ रही थी। शिवसेना ऐसा करे तो भला जमात-ए-इस्लामी क्यों पीछे रहे? इन दोनों का साथ देने में दूसरे गुमनाम गुट भी सक्रिय हो गए। औरत अपनी

मर्ज़ी दिखाए, उस पर उँगली उठाने का हक़ तो किसी को भी है। अगर वह यह फ़ैसला कर ले कि वह अपना दिल किसे देगी तो जिसका जी चाहे उसकी लानत-मलामत करे। और कहीं वह इश्क़ करने को अपना हक़ माने, तब तो उस पर अंकुश न लगाना मर्दानगी का लुप्त हो जाना है। भला पुरुष प्रधान समाज यह कैसे सह ले? नारे, पोस्टर, लाठियाँ, टेम्पो भरे, हुल्लड़ मचाते लौंडे-लपाड़े, छोटे-बड़े जमघटों में भाषणबाज़ी, अख़बारों में बयान और चेतावनियाँ, सब कुछ मैदान में उतार दिया गया था।

पिछले साल भी ऐसी ही धमा-चौकड़ी मची थी। कोलाबा में एक दूकान के मालिक ने पूरी दूकान काग़ज़, प्लास्टिक और शीशे के लाल गुलाबी दिलों से सजाई थी। कितने दिल उस दिन फटे, टूटे, टुकड़े-टुकड़े और चकनाचूर हुए! वैलेंटाइन के कार्ड, कपड़े, केक, चॉकलेट रखनेवाली दूकानें लूटी और जलाई गईं। बायकला में तो इन लफंगों की घुसने की हिम्मत नहीं थी लेकिन बायकला तक पहुँचनेवाले हर रास्ते पर भद्दे, भोंडे नारे और पोस्टर लग गए थे। यह ऐलान हो रहा था कि यह विदेशी पर्व है, इसे सच्चे भारतीयों को नकार देना चाहिए और ख़ुद को राष्ट्रवादी साबित करना चाहिए। यानी ईसाइयों पर राष्ट्रविरोधी होने का और पराई सभ्यता को मानने का आरोप लगाया गया।

पिछले साल आम पब्लिक को ख़ौफ़ज़दा कर पाने की कामयाबी के बल पर इस साल की तैयारी और ज़ोर-शोर से हो रही थी। एक नई शब्दावली निकल आई है—लव जिहाद! जिसका मतलब था अल्पसंख्यक हिन्दू लड़कियों को प्यार के जाल में फँसाकर अपनी संख्या तो बढ़ा ही लेते हैं, बहुसंख्यकों को नीचा भी दिखा रहे हैं। लतिका के शरीर में कोफ़्त की एक लहर दौड़ गई थी। जैसे लड़की में अपनी तो अकल है ही नहीं; उसे कोई भी, कुछ भी समझा-बुझाकर, बेवकूफ़ बनाकर अपने जाल में फँसा सकता है। ज़ाहिर है उसे लड़की से सच्ची मोहब्बत तो हो ही नहीं सकती। यह भी तो हो सकता है कि लुच्चे-लफंगों की भीड़ का निशाना यह 'वी' हो!

अगर यह 'वी' विक्टर या वसीम हुआ तब क्या होगा? अरुणा और उस 'वी' का कहीं घेराव हो गया तो? भाग खड़ी हो, ऐसी इनसान अरुणा नहीं और ख़ुद को अकेला पाकर चुप रह जाए ऐसी भी नहीं। हर सवाल का डटकर जवाब देगी और खरी-खोटी सुनाने से भी बाज़ नहीं आएगी। ऐसा हुआ और भीड़ भड़क पड़ी तो? कौन जाने इश्क़ कितना गहरा है? यह तो वह बला है जो पलक झपकते में दिल की गहराइयाँ नाप लेता है। शायद अभी तक हलकी-फुलकी दिल्लगी हो जो 'वी'

को अकेला मवालियों से जूझते देख भड़क उठे। सड़क छाप गुंडों का क्या भरोसा? काम न काज, एक मासूम लड़की के साथ ज़बरदस्ती कर पाने पर ही अपनी पीठ ठोकेंगे। लतिका अन्दर तक काँप गई।

पिछले साल बंगलुरु से यह ख़बर आई थी कि वैलेंटाइन डे मनाते हुए एक जोड़े को किसी ऐसे ही दल ने पकड़ कर ज़बरदस्ती शादी करवा दी थी। उसे मालूम था जल्दबाज़ी में हुई शादी का नतीजा। यह 'वी' कोई भी क्यों ना हो, शादी के लिए अभी अरुणा मानसिक तौर पर तैयार नहीं थी। दिल में पहले से ही खलबली मची थी और दिमाग़ था कि आत्मा को दहलानेवाले ख़याल उछाल रहा था। नहीं, नहीं ऐसा कुछ नहीं होगा उसकी बेटी के साथ। वह नहीं होने देगी! क्या करेगी? दिल ने सवाल किया। अरुणा को समझाएगी—आज ही रात। हाँ, आज ही बात करनी होगी क्योंकि कल ही तो 14 फरवरी है। उससे कहेगी कि इस दिन को मनाना तो सिर्फ़ एक दिखावा है; इससे थोड़ी मोहब्बत कम या ज़्यादा होती है। मोहब्बत! तब तो उसे यह भी क़ुबूल करना पड़ेगा कि उसने अरुणा के एसएमएस चोरी-छुपे पढ़े। बिगड़ेगी बहुत! उसकी स्पेस में दखलंदाज़ी वह कैसे सहेगी? अपनी-अपनी स्पेस बनाए रखना और दूसरे की स्पेस का सम्मान करना तो लतिका ने ही अरुणा को सिखाया था। कहीं खफा होकर ज़िद पर उतर आई तो? नहीं! उसने तेज़ी से दौड़ते हुए दिमाग़ को रोका। उसे समझाना ही होगा कि कल बाहर जाना ठीक नहीं। यह तो कोई बड़ी माँग नहीं, इतना तो उसे मानना ही चाहिए।

फ़िक्र में दिल के सुलगने की महक बाहर भी आ सकती है इसका उसे पहले कभी तजुर्बा नहीं हुआ था। नहीं, यह तो टोस्टर में लगे टोस्ट थे जो धुआँ दे रहे थे।

"ओफ्फो आंटी जी! क्या करती हो रोज़-रोज़! हम आ रहे थे ना। आफ़िस से आते ही काहे को चाय पीने को माँगता?"

"अरे इतना लम्बा लोकल का सफ़र करके चाय की तलब नहीं लगेगी?" लतिका ने खिसियाकर कहा।

"साड़ी-आड़ी तो उतारने का, इत्ते में हम आ ही जाते—बैठो, हम सब करते हैं—ख़ाली-पीली काम बढ़ा दिया!"

दरभंगा, बिहार से आए मज़दूरों की बेटी, पुणे में जन्मी और मुम्बई में पली-बढ़ी मीरा, जो बम्बइया हिन्दी में पुरबिया का छौंक लगाकर बात करती थी। तीन साल से लतिका के घर में शाम सात बजे से नौ बजे तक काम करती थी। सुबह पाँच बजे से इस बिल्डिंग में आ जाती थी और पूरे दिन में छह घर निबटाती थी, अरुणा की उम्र की थी और इसीलिए उसे यहाँ आना शायद इतना पसन्द था। अरुणा उसे

अपने नेल पालिश लगाने देती, कभी-कभार क्रीम या पाउडर का डिब्बा दे देती। तीन सालों में उसने अरुणा और लतिका की देखभाल की ज़िम्मेदारी अपने ऊपर ले ली थी। शनिवार की सुबह दस मिनट को आती, सारे डिब्बे-शीशियों, फ्रिज का मुआयना करती और लम्बी-सी सूची बनाकर चली जाती। लतिका उसे आते-जाते पास के दूकानवाले को दे जाती। शाम को मीरा सारी चीज़ें गिनती, डिब्बे, बोतलों में भरती और जो न आया हो उसके लिए अरुणा का मोबाइल माँगकर किराने की दूकानवाले को फटकार भी देती।

तीन साल की मुद्दत में लतिका ने मीरा का पूरा इतिहास जान लिया था। बाप तो सदा का बेवड़ा या नशाखोर था। माँ ने उसकी दारू छुड़ाने की ग़रज़ से उसे धमकाने के लिए पीना शुरू किया और अब दोनों ठेके के आस-पास मँडराते हुए मिलते। माँ फिर भी दिन में कुछ काम-काज करके, अपनी दारू का ख़र्च निकाल लेती; बाप उसका और मीरा दोनों का पैसा, कभी चोरी-छुपे, कभी मार-पीटकर हड़प कर जाता। दो छोटे भाइयों का भी ख़र्च मीरा उठाती, इसीलिए उसकी अपनी पढ़ाई छठी में छूट गई—कहाँ से करना बाई? भाइयों को तो पढ़ानाइच है; ड्राइवर की नौकरी को भी आज दसवीं माँगता; यह बेवड़ा-बेवड़ी से क्या उम्मीद रखना!"

लतिका हाथ-मुँह धोकर, साड़ी बदल कर बाहर आई, मेज़ पर चाय का कप और सुनहरे टोस्ट उसकी राह तक रहे थे। नाश्ता देकर मीरा हमेशा रात के खाने में जुट जाती थी। जितनी देर में खाना तैयार होता, घर की सफ़ाई कर डालती। खड़े होकर बतियाने का वक़्त उसके पास कहाँ होता था? आज लतिका के बैठते ही उसने ख़ुद चाय का कप पास बढ़ाया, लतिका के चाय की चुस्की लेते ही बोली, "चीनी बराबर है न?" लतिका ने ज़रा हैरानी से उसकी तरफ़ देखा तो वह मेज़ पर क़रीने से रखी अचार, नमक, मिर्च की शीशियाँ बेवजह आगे-पीछे करने लगी। लतिका सतर्क हुई; यह तो कुछ बात करने के हाव-भाव थे। बात जो ज़्यादातर पैसे बढ़ाने के बारे में ही होती थी। लेकिन अभी दो महीने पहले तो पगार बढ़ाई थी, इतनी जल्दी दुबारा बढ़ाने की माँग तो नहीं होनी चाहिए। हो सकता है कुछ पेशगी चाहिए हो। लतिका चाय की प्याली रखकर उसे देखने लगी। अजीब बात है, मीरा नज़रें चुरा रही थी। लतिका को ज़रा हैरानी हुई। काम की मुस्तैदी और वक़्त की पाबन्दी से ज़्यादा लतिका को मीरा की साफ़गोई पसन्द थी। जो कहना होता धड़ल्ले से कह देती। यह क्या नई बात थी? क्या सारी लड़कियाँ एक उम्र पर पहुँच कर ज़माने से नज़रें चुराने की वजह पा लेती हैं?

लतिका ने गला साफ़ करते हुए, चाय का एक बड़ा-सा घूँट भरा और बोली "कुछ कहना है तुझे मीरा?"

"हाँ, बकि आप ग़ुस्साएँगी तो नहीच ना?"

"बात सुनने से पहले कैसे कह दूँ", लतिका मुस्कुराई, मीरा फिर भी हिचकिचाई, फिर ज़रा सा झेंपते हुए बोली "ऐसा है न आंटी जी, इस महीने हम दो छुट्टी तो कर लिए हैं, पन अपुन को कल का छुट्टी माँगता।

"क्यों, कल छुट्टी क्यों चाहिए? इतनी छुट्टी आधे महीने से पहले ही कर ली तूने।"

"पूरे दिन की नहीं, बस शाम को करेगी। अरुणा रहेगी दिन में तो आकर झाड़ू कटका कर जाएगी।"

"अच्छा तो सबका काम करेगी तू, बस मेरा ही नागा करेगी?"

"आपका पूरा काम शामीच को होता न आंटी जी, मेरे को भी शामीच माँगता।"

"क्यों जो शाम को करना है वह दोपहर में कर ले।"

"नहीं होएँगा न आंटी जी। वह शामीच को आने को सकता।"

"कौन शाम को ही आ सकता है? किसकी बात कर रही है?"

"अपुन का बॉयफ्रेंड। कल लवर्स डे है ना आंटी जी।"

"तेरा बॉयफ्रेंड है? तूने बताया नहीं।"

"है न बाई, चार महीने से पहचानतवाला था। अभी पीछू बोला मैं तेरे को गर्लफ्रेंड मानता हूँ, तेरे को चलेगा तो बोल। सच्ची बोलूँ बाई मेरे को तो पहलेइच वह पसन्द होता, मैं बोल दी—चलेगा। कल अपुन दोनों चौपाटी जाएँगे और पीछू फ़िल्म देखेंगे—हॉल पर! वह भी आज छुट्टी माँगेगा, पर मैं— "

वह बोले जा रही थी और उसके हर लफ़्ज़ के साथ लतिका को जैसे ढाँढस बँधाती जा रही थी। एक इत्मीनान-सा उसके वजूद को ढाँपे ले रहा था, अजीब-सा सुकून, जैसे कोई परेशानी की वजह, जिसे वह बहुत बड़ी और संगीन समझ रही हो, बिलकुल छोटी-सी बल्कि बिलावजह की फ़िक्र साबित हुई हो; जैसे तेज़ बारिश जब न थमने का नाम ले रही हो और कोई भीगते हुए जाने का इरादा कर ले, तो अचानक कोई दोस्त अपनी गाड़ी लिए सामने आ रुके, या कोई बड़े डरते-डरते डायबिटीज की ब्लड रिपोर्ट देखे और शुगर को नार्मल की हद में पाए।

अपनी भागती हुई सोच को आवारागर्दी से रोकते हुए उसने अपने दिल को खँगालना शुरू किया। आख़िर मीरा की दिल्लगी से अरुणा को लेकर परेशानी क्यों अचानक हलकी हो गई? उसने फिर से मीरा का चेहरा जाँचा, जो अपने पहले इश्क़

की दास्तान सुनाने में, दिल की हर भावना, हर पेचोख़म का आईना बना हुआ था। जवाब सामने था—जो फ़ैसला लेना सिखाता है, जो चुनाव करने पर मजबूर करता है, जो हौसले को नई उड़ान देता है और मर्द और औरत में बराबरी की पहली सीढ़ी होता है—उस इश्क़ का जश्न जवानी मना रही थी! करते रहे शिव सेना और जमात इस्लामी और क्रिश्चियन ब्रदरहुड जो उनका जी चाहे! हर किसी की ज़िन्दगी में अगर जवानी का एक वक़्त तय रहेगा तो यह जश्न तो मनता ही रहेगा!

दरबदर

शहर धुआँ-धुआँ था। कभी आग मन्द पड़के बुझने के क़रीब होती तो ताज़े ख़ून के छीटें फिर से उसमें जान फूँक देते। कौन घायल हुआ, कौन मारा गया, कौन लापता है, किसी को कुछ ख़बर नहीं। ऐसे हालात में सिद्दीकी परिवार यही शुक्र मना रहे थे कि पाँचों ज़िन्दा भी हैं और सही-सलामत भी।

जुहापुरा के कैम्प के एक खेमे में, दूसरे परिवारों को देखते हुए काफ़ी आराम था; सब अकरम की बदौलत। उसी ने अपना टेम्पो उनकी गली के बाहर इस तरह अड़ा दिया था कि मवालियों की भीड़ अन्दर घुस नहीं पायी थी। भागम-भाग में उसी ने कुछ ज़रूरी सामान उठाया और इन पाँचों को इस कैम्प में ले आया था। सईदा बेगम तो उठते-बैठते दुआएँ देती थी। वैसे सिद्दीकी साहब और उनका बड़ा बेटा आलम यह जानते थे कि अकरम को बतूल पसन्द है। लेकिन सिद्दीकी साहब एक बड़े पब्लिक स्कूल में वाईस प्रिंसिपल थे, आलम को बी.ए. के बाद होटल मैनेजमेंट करवा रहे थे और बी.काम. कर रही बतूल को चार्टर्ड अकाउंटेंट बनाना चाहते थे। भला तक़रीबन अनपढ़ टेम्पो वाले को बेटी देने के बारे में क्यों सोचते? लेकिन जब से उसने सुलगते, झुलसते शहर को पार करके, सबको इस सुरक्षित कैम्प में पहुँचाया था उनके सारे ऐतराजों पर अकरम के एहसान की मोहर लग गई थी।

मर्दों की रोज़ मीटिंग होती। सिद्दीकी साहब और आलम का वहाँ मौज़ूद होना ज़रूरी होता। पहले दो दिन तो साँझी रसोई से खाना वही दोनों ले आए। तीसरे दिन मीटिंग से लौटे नहीं तो सईदा बेगम और बतूल को जाना पड़ा। खाना बाँटनेवालों ने खाना देने से साफ़ इनकार कर दिया यह कहकर कि जाओ अपने घर के मर्दों को भेजो। एक महिला कांस्टेबल ने उनको शरीफ़, पढ़ी-लिखी औरतें

समझकर पूछा, "क्यों भाई, इन्हें खाना क्यों नहीं दे रहे हो?"

देगची के पीछे खड़ा बावर्ची बोला, "अरे मैडम आप नहीं जानतीं, यह सबकी सब बदमाश होती हैं।"

हिन्दू पुलिस वाली तो कन्धे उचकाकर चुप हो गई, मगर बतूल के तन-बदन में आग लग गई। ज़ोर से बोली, "शर्म नहीं आती तुम्हें? अपनी माँ-बहन को भी ऐसे ही बदमाश कहते हो?"

"हमारी माँ-बहन ऐसे मुँह उघाड़े हर जगह डोलती नहीं फिरतीं!"

"तो क्या बस तुम्हारे बच्चे जनती हैं?"

बात न जाने कितनी बढ़ जाती अगर अकरम वक़्त पर वहाँ आकर बीच-बचाव नहीं करवाता।

वैसे कैम्प में आकर अकरम की हैसियत काफ़ी बढ़ गई थी। अब वह पाँच रुपये का शेयर्ड टेम्पो चलानेवाला नहीं था। अब हर वक़्त उसकी पूछ होती। आटा, दाल, चावल, सब्ज़ी, घासलेट, कुछ न कुछ लाता ले जाता रहता। उसने झगड़ा रफ़ा-दफ़ा किया, खाना लिया और सईदा बेगम से बोला, "कबीर को भेज देती न अम्मीजान।"

सईदा बेगम का आंटी जी से चचीजान होना तो सबने, 'अपनी ज़बान, अपनी तहज़ीब' करके नज़रअन्दाज़ कर दिया था, लेकिन चचीजान से अम्मीजान होने पर बतूल के माथे पर तेवरी और आँखों में ग़ुस्सा झलकने लगा। मगर सईदा बेगम मज़े से अकरम के साथ बतियाती हुई चलती रही। खाना सबने मिलकर खाया। हाथ धोते हुए आलम ने मज़ाक़ किया, "क्यों अकरम, इतने मसरूफ़ हो कि दाढ़ी बनाने का भी वक़्त नहीं मिल रहा?"

अकरम ने दाढ़ी पर हाथ फेरते हुए कहा, "अमा नहीं, मौलवी साहब ने कहा है अच्छे मुसलमानों को दाढ़ी रखनी चाहिए। सो अपनी खेती होते हुए भी, बढ़ेगी तो अपनी रफ़्तार से ना?" उसकी इस बात पर सिद्दीकी साहब और आलम ज़रा खिसिया से गए, जैसे उनका सफाचट चेहरा किसी विद्रोह की निशानी हो।

फ़ौजी और पुलिस अफ़सर, शहर के ख़ास-ख़ास लोग, रोज़ कैम्प में मीटिंग करते थे। हालात अभी भी ऐसे नहीं हुए थे कि लोग अपने-अपने घरों को लौट सकें। कैम्प में इतनी भीड़ थी और ऐसी रेल-पेल मची रहती थी कि कभी भी झगड़े और सर फुटव्वल की नौबत आ सकती थी। फ़ौजियों ने एक कैम्प समिति बनाने की राय दी जिस पर अन्दरूनी अमन का भार सौंपा जा सके। इस समिति के लिए सिद्दीकी साहब का भी नाम आया, लेकिन वहाँ मौज़ूद मौलवियों ने उसे ऐसे

रद्द कर दिया जैसे किसी ने बहुत संजीदा बातचीत के बीच कोई भद्दा मज़ाक़ कर दिया हो। अफ़सरों ने कहा भी कि सिद्दीकी साहब तो पढ़े-लिखे हैं और ऐसे ओहदे पर काम करते रहे हैं जहाँ फ़ैसले लेने का उन्हें तजुर्बा है। जवाब मिला कि मुसलमानों में उनका कोई रुतबा नहीं है। उनकी घर की औरतें तो पर्दा तक नहीं करतीं; सिद्दीकी साहब और उनके बेटों को कभी जुमे की नमाज़ में नहीं देखा गया; पता नहीं उन्हें मुसलमान कहना भी चाहिए या नहीं। जब यह सब दलीलें दी जा रही थीं तब सिद्दीकी साहब के पढ़ाए हुए कुछ नौजवान भी वहाँ मौज़ूद थे; लेकिन उनमें से कोई एक लफ़्ज़ भी नहीं बोला। शायद सबके दिल में यह ख़याल था कि इस बुरे वक़्त में उसूलों की बहस के बजाय एका बनाए रखना ज़्यादा ज़रूरी है।

अन्दर मीटिंग में होनेवाली बातों की जानकारी अकरम ने सिद्दीकी परिवार को दी। बतूल को तो ऐसा ताव आया कि उसी वक़्त जाकर उन मौलवियों से भिड़ जाती। उस दिन पहली बार अकरम ने उसे झिड़का और उसके घरवाले ख़ामोश रहे। उठते-उठते अकरम ने कह दिया, "औरतों का हर मामले में बोलना अच्छा नहीं है; ना ही उन्हें हर बात की जानकारी होनी ज़रूरी है!"

उसके जाने के बाद बतूल का बहुत जी चाहा कि अब्बा से कहे कि वे अकरम के यहाँ आने पर पाबन्दी लगा दें; लेकिन उनके चेहरे पर बेबसी और अकेलेपन की छाप देखकर चुप रही। वैसे सिद्दीकी साहब अपनी तरफ़ से अकरम को दूर करने की कोशिश कर रहे थे। अकरम ज्यों ही आता वे उसे लेकर खाने के कूपन लेने, बाहर के हालात पता करने या आस-पास के खेमों में ख़ैर ख़बर लेने चले जाते। लेकिन भला अकरम उनके हाथ आता? ज़रा हालात ठीक हुए तो उसने कबीर को अपनी टेम्पो में बिठा के लाइब्रेरी में पहुँचाना शुरू कर दिया। सिद्दीकी साहब ने मना किया तो बोला, "टेंथ है मॉस साब, नम्बर कम आए तो आगे का सारा फ्यूचर चौपट हो जाएगा।" कबीर तीनों बच्चों में पढ़ने में सबसे तेज़ था, सिद्दीकी साहब उसे इंजीनियर या डॉक्टर बनाना चाहते थे, क्या कहते?

कैम्प में रहते हुए उन्हें ग्यारह दिन हो गए थे। बारहवें दिन ग्यारह बजे के क़रीब, उनके टेंट के बाहर कुछ शोर-सा सुनाई दिया; कुछ आधे-पूरे जुमले—हाँ यही है—आप कौन हुए उनके? जिनके दो बेटे एक बेटी हैं—नहीं? हाँ, हाँ वाईस प्रिंसिपल—!

अपने बारे में पूछताछ पर सईदा बेगम और बतूल सिमटकर एक कोने में हो गईं। सिद्दीकी साहब अकेले थे, अगर मवाली हुए तो? नहीं-नहीं, यहाँ कहाँ फ़ौजियों की निगरानी में मवाली घुसेंगे! दोनों के दिल में यह ख़याल कौंध रहे थे और सिद्दीकी साहब बाहर निकलने को उठ ही रहे थे कि टेंट का पर्दा उठाकर पाँच-छह लोग

अन्दर आ गए और दो 15, 16 साल के लड़के तेज़ी से आकर उनसे लिपट गए।

उनके साथ उनके माँ-बाप और दूसरे लोग भी थे। कुछ पूछ रहे थे, "केम छो सिद्दीकी भाई?" कुछ लाया हुआ खाने का सामान कोनों में रख रहे थे। औरतें बतूल और सईदा बेगम को गले लगाकर अपने और उनके आँसू पोंछ रही थीं।

सिद्दीकी साहब के गले में, "मजा मा छू" अटक रहा था। अमीर गुज़राती परिवार के सदस्यों को कहाँ बिठाएँ, कैसे बरतें उनकी समझ में नहीं आ रहा था। आनेवालों ने इसका इन्तज़ाम ख़ुद ही कर लिया; तीन-चार चटाइयाँ, दरियाँ बिछाकर सब बैठ गए। बाहर से कबीर और आलम भी आ गए। आनेवाले बता रहे थे कि वे तो कब से आना चाह रहे थे, कर्फ़्यू की वजह से नहीं आ पाए। कल एक घंटे को कर्फ़्यू हटाया गया और कोई गड़बड़ नहीं हुई इसलिए आज तीन घंटे की छूट दी गई। बस फ़ौरन यह सब सामान ख़रीदकर चले आए।

अभी बातचीत चल ही रही थी कि बाहर भीड़ जमा हो गई। कैम्प के एक संचालक आलम को बुलाने आए। मेल-मिलाप के इस माहौल को छोड़कर आलम जाना नहीं चाह रहा था, लेकिन 'खान साहब बुला रहे हैं' सुनकर उठ खड़ा हुआ। यह खान साहब सारा दिन कैम्प में घूम-घूमकर सबको इस्लामी हिदायतें देते, औरतों को नंगे सर होने पर टोकते और नमाज़ से कौन ग़ैर हाज़िर है इसकी ख़बर रखते।

खान साहब के पास अकरम को बैठे देखकर आलम को कुछ ढाँढस बँधी। "यह कौन हैं तुम्हारे टेंट में?" खान साहब ने पूछा।

"जी, अब्बा के शागिर्द हैं और उनके घरवाले।"

"हम ये सब नहीं पूछ रहे। हम जानना चाहते हैं कि क्या हिन्दू हैं?"

"बाहर कोई मुसलमान ऐसा बचा है जो अपनी कार में, ऐसे डंके की चोट पर घूमता फिरे?" आलम ने उल्टा सवाल किया।

"मुसलमानों पर कहर बनकर टूटनेवाले, अब यहाँ क्या लेने आए हैं?" खान साहब ने कड़वाहट से पूछा।

"जी उनसे चलकर पूछ लीजिए न?"

"बात अदब से करो आलम!" अकरम ने धमकाया।

आलम जवाब देने ही वाला था कि दूर से लता मंगेशकर का एक पुराना गीत तैरता हुआ कैम्प कमिटी के दफ़्तर में दाख़िल हुआ। आलम का चेहरा खिल उठा; बेसाख़्ता उसके मुँह से निकला "बतूल!"

बहन को गीत गाते देखने की ललक में उसने खान साहब का थूका हुआ, "लाहौल-ए-विला क़ूवत" भी नहीं सुना और अकरम का ग़ुस्से से तमतमाया चेहरा

भी नहीं देखा। दौड़ता हुआ वह अपने टेंट में आया और बतूल को अपनी छाती से लगा लिया। बारह दिन का सकता टूटा और दोनों भाई-बहन फूट-फूटकर रो पड़े।

सरोज बहन ने रुँधे गले से मज़ाक़ करने की कोशिश में कहा, "अरे हमने तो मिलने की ख़ुशी में बतूल से गाने की फ़रमाइश की थी, रोना है तो हम जाते हैं।"

मेहता भाई ने सिद्दीकी साहब का कन्धा पकड़कर कहा, "घबराओ नहीं सिद्दीकी भाई, धीरे-धीरे सब ठीक हो जाएगा।"

"और क्या! हम शहर भर में कोशिश कर रहे हैं, बस कुछ दिन और सबर कर लो फिर देखना हम सब आपके घर पर बैठकर बतूल का गाना सुनेंगे।"

"ज़रूर ज़रूर! आओ जी।" पर सब विदा हुए। एक घंटे का वक़्त भरोसा दिलाने के लिए काफ़ी नहीं, लेकिन डूबता तो तिनका भी थाम लेता है। दोस्ती, मोहब्बत और इनसानी रिश्तों पर ऐतमाद ग़लत साबित नहीं हुआ था। इन्हीं तिनकों के सहारे शायद पार हुआ जाए, यह उम्मीद सबके चेहरों पर झलक रही थी।

सिद्दीकी परिवार ने अभी मिलनेवालों के जाने के बाद साँस भी नहीं ली थी कि एक बारह-तेरह साल का लड़का काग़ज़ का एक पुर्ज़ा लिए बरामद हुआ और काग़ज़ सिद्दीकी साहब के हाथ में देकर दौड़ गया। उर्दू में लिखा पुर्ज़ा पढ़कर उनका रंग उड़ गया।

"क्या लिखा है?" सईदा बेगम ने घबराकर पूछा।

"यह जमात-ए-इस्लामी का कैम्प है। यहाँ अब तुम्हारे लिए कोई जगह नहीं है। दो घंटे के अन्दर टेंट ख़ाली कर दो!"

"ग़ज़ब ख़ुद का, क्यों?" सईदा बेगम ने पूछा।

"वजह तो लिखी नहीं है।" बाप के कन्धे के ऊपर से झाँककर पढ़ते हुए आलम ने कहा।

"ज़रूर किसी की शरारत। कबीर ज़रा जाकर अकरम को ढूँढ़ ला तो बेटा!" सईदा बेगम को एक यही रास्ता सूझा।

पहले तो अकरम ने आने से मना कर दिया, दूसरी बार बुलाने पर कहा, थोड़ी देर में आता हूँ, तीसरी बार बड़े अनमने ढंग से आकर खड़ा हुआ और बोला, "लो अभी तक सामान भी नहीं बाँधा?"

सईदा बेगम ने सँभलते हुए कहा, "यह क्या लिखकर आया है बेटा?"

"क्या है कि यह कैम्प ज़रूरतमन्दों के लिए है। ऐसे मुसलमानों के लिए जिनका कहीं कोई ठौर-ठिकाना न हो।" अकरम ने ऐसे जवाब दिया जैसे रट के आया हो।

"हमारा कहाँ ठौर है? हमारे घर को तो तुमने ख़ुद मवालियों को लूटते, जलाते देखा। तुम्हीं तो हमें बचाकर लाए यहाँ।"

"वही तो सोचता हूँ, बेकार ही पेट्रोल और वक़्त बरबाद किया। आप तो इन हिन्दुओं के यहाँ भी जा सकते थे। कहाँ आप ऊँचे, पढ़े-लिखे क्लास के लोग, कहाँ यह ग़रीब मुसलमानों का इस्लामी कैम्प? आपकी यहाँ कैसे गुज़र होगी?"

"हमने तो सोचा था, दंगे शान्त हो जाने के बाद तुम बतूल से—।"

बतूल की "अम्मी" सुनकर सईदा बेगम रुक गईं।

"चाहता तो मैं भी यही था पर मौलवी साहब ने समझाया कि शादी-ब्याह अपने बराबर वालों में, अपनी बिरादरी में ही ठीक रहता है।" सईदा बेगम अपनी बेटी से आँखें चुराते हुए, आट्रम-शट्रम चीज़ें उठा रही थीं।

सिद्दीकी साहब ने आख़री बार इल्तिजा की, "कर्फ़्यू लगा हुआ है; हम पाँच लोग हैं; कहाँ जाएँगे? क्या करेंगे?"

"क्यों? अपने हिन्दू दोस्तों को फ़ोन करके कहो, कार लेकर आएँ और सबको लिवा ले जाएँ। और करने की तो क्या पूछते हो, बतूल ने माशाल्लाह ऐसा गला पाया है, सूरत भी अच्छी है, कहीं भी नाच-गाकर—।"

आलम ने झपटकर उसका गला पकड़ लिया। बीच-बचाव करवानेवाले टेंट के अन्दर भी थे और बाहर भी तैनात थे। ज़ाहिर है इसके बाद कैम्प में रहना नामुमकिन था। अभी-अभी मिलकर, इनसानियत का भरोसा देकर गए दोस्तों के आगे कैसे हाथ फैलाएँ? वे क्या सोचेंगे? ऐसे ही होते हैं मुसलमान; पाएचा पकड़ाया नहीं कि गरेबान पर हाथ डालने लगे! फ़ौजियों से भी अपील ख़ाली गई। उन्होंने साफ़ जवाब दे दिया, "हम कैम्प की हिफ़ाज़त के लिए हैं; कोई दंगाई बाहर से अन्दर न घुसने पाए। कैम्प कमिटी के फ़ैसलों में हम दख़ल नहीं दे सकते। हाँ, बाहर कर्फ़्यू है; तुम चाहो तो शहर से आठ किलोमीटर दूर के कैम्प में फ़ौजी लॉरी तुम्हें पहुँचा सकती है।" सिद्दीकी साहब ने 'हाँ' में सिर झुका लिया।

सामान लिए पाँचों कैम्प के फाटक पर बैठे फ़ौजी लॉरी का इन्तज़ार कर रहे थे। ड्यूटी बदली तो नए सिपाहियों को पुरानेवाले ने पूरा क़िस्सा सुना डाला। नए सिपाहियों ने एक-एक को ध्यान से देखा फिर एक बोला, "इन्हें उजाड़ने पर बेकार इतना रोकड़ा ख़र्च हो रहा है, बदनामी अलग हो रही है। इन्हें तो अपने हाल पर छोड़ देना चाहिए, ख़ुद ही लड़-मरकर ख़त्म हो जाएँगे।"

सड़क चलने लगी

एक पल को तो हेमन्त जोशी सकते में आ गए। आँखों के आगे अँधेरा छा गया और मोबाइल हाथ से छूट कर गोद में गिर पड़ा। फिर दिल से निकले 'नहीं-नहीं ऐसा कहीं हो सकता है' के साथ, अट्ठाइस साल अध्यापक रहे हेमन्त जोशी ख़ुद को सँभालते हुए फ़ौरन 'मास्टर मोड' में आ गए। ख़ुद-ब-ख़ुद उनका ध्यान ख़बर देनेवाले के व्याकरण पर गया, "आपका बेटा आत्महत्या कर रहा है!" सामान्य निरन्तर काल में आत्महत्या!

"हेलो हेलो!" बहुत किया लेकिन उधर से कोई जवाब नहीं मिला, वापिस फ़ोन मिलाने की कोशिश, 'आउट ऑफ़ रीच' बताती रही।

"सुलताना!" उन्होंने पत्नी को आवाज़ दी।

"दुबारा चाय नहीं मिलेगी," अन्दर से आवाज़ आई, "एक तरफ़ सब्ज़ी और दूसरी तरफ़ दाल चढ़ी है।"

"ज़रा आओ न बात करनी है।"

"स्कूल की लम्बी छुट्टियाँ नहीं होनी चाहिए! मास्टरों की समझ ही में नहीं आता ख़ुद का क्या करें!" सुलताना रसोई से ही झल्लाई।

"बाहर तो आओ।" उन्होंने फिर इसरार किया।

"दो कमरे के घर में बाहर क्या और अन्दर क्या?"

वर्ग जो भी हो पत्नी पति को उसकी माली औक़ात याद दिलाने में कभी नहीं चूकती। हेमन्त ने सामाजिक मूल्यांकन को पीछे धकेला और सामने खड़ी सुलताना को नज़र भर निहारा। उसे बताना तो पड़ेगा; बुलाया भी तो इसीलिए है। "कोटा जाना पड़ेगा, आज ही, बल्कि अभी।"

"एक दिन के लिए या दो-चार दिन रुकोगे वहाँ।"

"तुम्हें भी चलना होगा।"

"मैं कैसे चल सकती हूँ? बीस किलो मटन के अचार का आर्डर है। अभी तो बस गोश्त उबाला ही है—"

"चलना पड़ेगा। आविष्कार के साथ—नहीं, वैसा कुछ नहीं—क्योंकि उसने सामान्य निरन्तर काल में, मतलब प्रेजेंट कंटीन्यूअस टेंस में कहा, इसलिए—"

"क्या कह रहे हो कुछ समझ में नहीं आ रहा—" सुलताना खीज उठी।

"दो या तीन दिन का सामान रख लो। ज़्यादा कुछ नहीं—12:30 वाली इंटरसिटी मिल जाएगी—"

"कहा न मटन का अचार—"

"भाड़ में जाए तुम्हारा मटन और तुम्हारा अचार, आविष्कार..."

"उसी को तो तीस हज़ार भेजने हैं इस महीने; इसीलिए तो मैंने हाँ कहा मिसेज़ ओबेरॉय को" सुलताना कहते-कहते रुक गई। हेमन्त उसे एकटक देख रहा था, बिना नज़र हटाए, बग़ैर पलक झपकाए। इस नज़र के सामने नवीं-दसवीं के उदंड लड़के भी नहीं टिकते थे फिर उसकी क्या बिसात? हारकर रसोई में गैस धीमी करने गई तो सिंक में भरे बरतनों पर नज़र पड़ी। उफ़! उसे याद ही नहीं रहा सुशीला ने दो दिन की छुट्टी माँगी थी।

"तुम खाना देखो मैं बर्तन धो देता हूँ।" खीज में भी सुलताना मुस्कुरा पड़ी। घर के काम का समीकरण बदलने में कामयाब रहे थे दोनों। हेमन्त सिर्फ़ घर के काम में ही हाथ नहीं बँटाता था, आविष्कार को पालने में भी बराबर का शरीक था; नैप्पी तक बदलने में उसे घिन नहीं आती थी। साथ से प्यार तो बढ़ता ही है, इसीलिए तो अचानक बच्चों की तरह मचल रहा था आविष्कार को देखने को। सुलताना को पति पर अचानक लाड़ आ गया। कोहनी तक आस्तीन चढ़ाए, मैले बरतनों से जूझते हेमन्त की पीठ पर उसने प्यार से हाथ फेरा, "बस आधे घंटे में सब तैयार कर लेती हूँ; अच्छा हुआ कल ही गुजिए बनाई, वह भी रख लेती हूँ—आविष्कार कमाने लगेगा तो पूरे दिन की काम वाली रख लेंगे।"

कितना कुछ बदला था दोनों ने, उत्तर भारत के पकवान बनाना हैदराबाद की सुलताना ने सीखा, पुलाव और बिरयानी में फ़र्क़ करना हेमन्त ने, साथ कमाना साथ ख़र्च करना, साथ छह साल पहली और आख़री औलाद का इन्तज़ार करना, साथ उसे बड़ा करना और मिलकर हेमन्त के 'जोरू के ग़ुलाम' कहे जाने पर हँसना।

चार घंटे में कोटा पहुँचे और उस कबूतरख़ाने से बने लॉजिंग हाउसेस के सामने जिनमें से एक के कमरे में आविष्कार रहता है, जिसके दरवाज़े बन्द थे और कुंडी पर बड़ा-सा ताला लटक रहा था। आधा घंटे इन्तज़ार किया, इधर-उधर

पूछताछ की; कोई ख़बर ना मिली तो दोनों उस कोचिंग सेंटर की तरफ़ चले जहाँ 17 महीने पहले आविष्कार को दाख़िल करवाया था; जिसके मालिक प्रकाश तँवर ने अपने तीन साल का रिकॉर्ड दिखाते हुए उसके इंजीनियरिंग कॉलेज में एडमिशन का आश्वासन दिया था; वही प्रकाश तँवर जिन्होंने उन्हें बाहर तक़रीबन डेढ़ घंटे इन्तज़ार करवाने के बाद अन्दर बुलवाया। हेमन्त बड़बड़ाया "ऐसे इन्तज़ार करवा रहा है जैसे किसी एमएनसी का सीईओ है!"

"बात ही तो नहीं कर रहा न आपका बेटा" तँवर जी ने अपनी काली रँगी हुई मूँछों पर उँगली फेरते हुए कहा, "आई मस्ट से मिस्टर जोशी कि आपके बेटे में एम्बिशन की कमी देखता हूँ मैं। ड्राइव तो उसमें है ही नहीं। जब आया था और हमने उसका असेसमेंट किया था तो वह एवरेज ही था—ऐसा अक्सर होता है—स्कूल और घर के माहौल का दोष! इसीलिए तो ये कोचिंग सेंटर्स हैं। जितना ध्यान हम कोचिंग पर देते हैं उतना ही एम्बिशन और ड्राइव पर देते हैं; कंपीटिटिव स्पिरिट बहुत सारे बच्चों में नहीं होती—हम भारतीय हैं ही नहीं कंपीटिटिव—पाँचवीं तक सबको प्रमोट कर रहे हैं—अब विचार हो रहा है कि टेंथ के बोर्ड्स भी ख़तम कर देंगे। अरे इन्हीं एक्ज़ामिनेशन्स से तो 'कट थ्रोट' स्पिरिट जागती है—आप भी तो शायद किसी सरकारी स्कूल में पढ़ाते हैं न?"

"हाँ, लेकिन मैंने आविष्कार को प्राइवेट स्कूल में पढ़ाया है।"

"बहुत अच्छा किया! आप क्या पढ़ाते हैं? हिस्ट्री! ओह इसीलिए—सॉरी जोशी जी, पर मैं समझता हूँ कि ह्यूमैनिटीज़ तो बिलकुल पढ़ाना बन्द कर देना चाहिए। स्टूडेंट को तो अर्जुन की तरह होना चाहिए, उसे केवल चिड़िया की आँख दिखनी चाहिए। ये सब सब्जेक्ट्स गुमराह करने का काम करते हैं; डू नाट टेक इट अदरवाइज़ बट जो साइंस न पढ़े आज की दुनिया में वह तो बंदा ही नहीं है। आप मेरी लाइब्रेरी में देखिए; आपको एक किताब ह्यूमैनिटिज़ की नहीं मिलेगी। क्या ज़रूरत है हर बात पर सवाल करने की, हर पक्ष पर बहस करने की? मुझे कम्प्लेंट आई उसकी, वह तो फ़िल्म तक डिसकस करता है, म्यूज़िक भी। अब बताइए म्यूज़िक में डिसकस करने का क्या है? गाना अच्छा है या बुरा है—ओनली एंटरटेनमेंट! इसीलिए तो हम ख़ुद फ़िल्में दिखाते हैं।"

"लेकिन मैंने यहाँ आते हुए रास्ते में बार देखे और डिस्को भी" सुलताना ज़रा बिगड़ते हुए बोली।

"ज़रूरी है मैडम! हम यहाँ इतनी कड़ी मेहनत करवाते हैं, दैट इस दि पालिसी ऑफ़ गुड लाइफ़, 'वर्क हार्ड, पार्टी हार्डर!' तो पार्टी करने की व्यवस्था तो रखेंगे

ना? हम उसे बड़ी कम्पनी में एग्जीक्यूटिव बनने के बाद की आदत डाल रहे हैं; 8 से 8 काम, कभी ज़्यादा भी; पर मैं हैरान हूँ आपके बेटे को पार्टींइंग में कोई रुचि ही नहीं है। शुरू में दो या तीन बार गया, फिर ख़ुद ही जाना बन्द कर दिया। हम तो ख़ुश हुए कि चलो लड़का सीरियस है; लेकिन जब उसके असेसमेंट ग्रेडस कम होते गए तब हमें चिन्ता हुई। हमने उसे पेप टॉक के लिए बुलाया और कहा कि उसे एक अच्छे इंजीनियरिंग कॉलेज में एडमिशन लेना ही है। वही तो एम है उसका, हमारा और आपका भी। तो जानते हैं उसने क्या किया? हँसने लगा! बताइए ये भला कोई मज़ाक की बात है—? नोएडा और ग्रेटर नोएडा में इंस्टिट्यूट्स की बिल्डिंगें देखी हैं आपने। उनमें से किसी में एडमिशन होने का ही मतलब है 12 लाख का जॉब पैकेज! वह कर सकता है—दो बार हमारे काउंसिलर ने बात करने की कोशिश की, तो पूरे समय गुनगुनाता रहा; अगले दिन फ़िज़िक्स क्लास में गिटार लेकर आ गया—टीचर ने पूछा तो बोला साउंड वाइब्रेशन समझना है। लेकिन अब तो हद ही हो गई है। हमें पता चला है कि वह सिक्योरिटी गार्ड, सफ़ाई कर्मचारी, माली और चपरासी सबको 'भैया' और 'आप' कहता है! उनके साथ चाय पीता है! अगर किसी का एम्बिशन किसी एमएनसी में बड़ा एग्जीक्यूटिव होने का हो तो उसे इन नीच लोगों को, इस गन्द को, भला मुँह लगाना चाहिए?"

"हमारा एक ही तो बच्चा है—" सुलताना ने कहना शुरू किया।

"इसीलिए तो मैंने आपको फ़ोन करवाया और ज़्यादा बात करने के लिए पी.एस. को मना किया; ताकि आप आएँ और आमने-सामने आपसे बात हो सके। आपका बेटा स्यूसाइड कर रहा है।"

"फिर प्रेजेंट कंटीन्यूअस!" हेमन्त ने कहना शुरू किया।

"हम वही तो जानना चाह रहे हैं।" सुलताना ने उसकी बात काटी।

"मैडम आप माँ हैं; आपका इमोशनल होना जायज़ है; लेकिन आप अपने बेटे का भविष्य नहीं बना सकतीं। ये काम पिता का है।"

"जो आपके पीछे शिवाजी महाराज की तस्वीर है उन्हें तो उनके पिता ने ही निडर योद्धा और कामयाब शासक बनाया होगा?"

तँवर जी को व्यंग न समझते देखकर सुलताना बोली, "इन्हें जीजाबाई शाहजी भोंसले के बारे में मत बताना शुरू करना प्लीज हेमन्त। हाँ, आप आविष्कार के ख़ुदकुशी की बात कह रहे थे।"

सुलताना के बात की डोर सँभाल लेने पर तँवर जी व्यंग से मुस्कुराए,

"स्यूसाइडल ही है; दो महीने से कोचिंग सेंटर नहीं आया है और पिछले हफ़्ते पता चला उसने एक डिस्को बार में क्रूनर की जॉब कर ली है। जो साइंस छोड़कर गाना गाने लगे वह तो बन्दा—"

हेमन्त खड़ा हो गया; ग़ुस्से से उसका पूरा शरीर काँप रहा था, सुलताना उसे पूरी ताक़त से पकड़े हुए थी और उसे बाहर खींच रही थी और तँवर चिल्ला रहा था, "आप ब्राह्मण हैं इसलिए आप पर हाथ नहीं उठाता, नहीं तो—"

"नहीं तो आप भी मेरी तरह मेज़ से पेपरवेट उठाकर खिड़की के शीशे पर दे मारते? अगर आप ऐसा करते तो न्यूटन की थर्ड लॉ ऑफ़ मोशन को साबित करते! लेकिन इतिहास कहता है ऐसा होता नहीं है। आप जातिवादी, महिला विरोधी हैं; एक ब्राह्मण का किया एक दलित से निबटेंगे या घर जाकर पत्नी को पीटेंगे!"

सुलताना का अपने कन्धे पर रखा हाथ हेमन्त ने अपने हाथ में ले लिया। फिर उसके कन्धे पर हाथ रखे हुए हेमन्त उसे बाहर ले आए। दोनों हौले-हौले लेकिन बेचैन चाल में बाहर सड़क पर आ गए और एक चाय के छोटे-से खोके पर रुके। चाय के दो कप में से एक सुलताना की तरफ़ बढ़ाते हुए हेमन्त ने कुछ ख़ुद से कुछ पत्नी से कहा, "हम कैसे बह गए सुलताना?"

"पता नहीं हेमन्त। शुरुआत तो हमने ठीक ही की थी।"

"हाँ, सबके मना करने पर भी, साइंस में नब्बे प्रतिशत नम्बर लाने के बाद भी उसे त्याग कर इतिहास पढ़ा, प्रेम किया तो एक मुसलमान लड़की से।"

"शादी भी रजिस्टर्ड सिविल मैरिज, न किसी का धर्म परिवर्तन, न कोई धार्मिक अनुष्ठान।"

"तुमने नाम भी नहीं बदला, सुलताना रिज़वी ही रही।"

"हर प्रोटेस्ट में मौजूद, हर मोर्चे में भागीदारी, हर सड़क से दोस्ती यारी।"

"तुम्हें नौकरी मिली नहीं, मेरी एडहॉक लेक्चररशिप ख़तम हो गई।"

"छोटे शहर उज्जैन के सामान्य से स्कूल में नौकरी ले ली तुमने ये मानकर कि बचपन में दिमाग़ बनता है, बच्चों को सवाल पूछना बचपन से सिखाना चाहिए।"

"आविष्कार कितने सवाल पूछता था; तब तो हम ख़ुश ही होते थे!"

"हमने कब उसके सवालों पर अपने जवाब को हावी कर दिया?"

"कब हमारा जवाब ही अन्तिम जवाब हो गया?"

पत्थर की बेंच पर दोनों काफ़ी देर ख़ामोश बैठे रहे फिर धीरे से सुलताना ने हेमन्त के हाथ पर हाथ रखा, "वैसे मुझे बिरयानी, शाही कोरमा थोक में बनाना बुरा नहीं लगता।"

"अमीर घर की बेटी को मैं मायके का आराम नहीं दे पाया—शायद यही बुरा लगता था।"

"क्या इसीलिए तुम दसवीं और बारहवीं के अन्वीक्षण और पेपर चेकिंग का काम लेते रहे?"

"क्या करता, हिस्ट्री की कौन ट्यूशन लगाता है?"

"हम छोटे रह गए इसीलिए आविष्कार को बहुत बड़ा आदमी देखने की महत्त्वाकांक्षा जागी?"

"बड़ा आदमी नहीं, हम आविष्कार को अमीर आदमी देखना चाहते थे।"

"हम जो हर रीति-रिवाज, परम्परा, अनुष्ठान, राजनीतिक बदलाव पर सवाल करते थे, हम क्यों बह गए इस ग्लोबल एजुकेशन की 'पैसा लगाओ, पैसा पाओ' पैकेजिंग में?"

"हमने तो अपने सारे फ़ैसले ख़ुद किए।"

"अपनी ज़िन्दगी ख़ुद तय की, अपनी लड़ाइयाँ ख़ुद लड़ीं।"

"आविष्कार से ये हक़ क्यों छीन लिया हमने?"

"हमारे विचार क्यों पूँजीवाद की आँधी में उड़ गए?"

"पैतृकता शायद मरती नहीं है। उसे बराबर पीछे धकेलते रहना होता है, क़ाबू में रखना होता है। कभी जातिवाद, कभी धर्मान्धिता, कभी पत्नी पर, बच्चों पर नियंत्रण, रिक्शे वाले को थप्पड़ लगा देना, गैंग रेप में लड़की को दोषी ठहराना; 18 साल की उम्र में वोट देकर सरकार बदल सकते हैं बच्चे, लेकिन अपनी मर्ज़ी का सब्जेक्ट नहीं पढ़ सकते। ना जाने किस-किस रूप में छुपी पड़ी साँस लेती रहती है पैतृकता।"

दोनों सिर झुकाए सड़क को ताक रहे थे। वह सड़क जो रुकी हुई थी, जो केवल दूरी नापने का साधन थी; जिस पर शाम उतरकर ठहर गई थी और उसके धुँधलके में रात घुल रही थी, शरीर छोटे और साए लम्बे होते जा रहे थे। एक ऊँची, चौड़ी-सी आकृति सुलताना के पीछे आकर रुक गई। हेमन्त एकदम चौकस, सुलताना को अपनी तरफ़ खींचने ही वाला था कि आकृति ने बाज़ू फैलाए और सुलताना को समेट लिया।

"विष्णु भैया ने बताया कि आप दोनों आए हैं और तँवर से बात कर रहे हैं। जब तक मैं पहुँचा आप निकल गए थे।"

"कौन विष्णु भैया?" हेमन्त ने पूछा।

"कोचिंग सेंटर के सिक्योरिटी गार्ड", सुलताना को छोड़ आविष्कार हेमन्त के

गले लगा, जो सोच रहा था कि लम्बे बाल और वज़न कम हो जाने के बाद भी आविष्कार के बदन की महक नहीं बदली।

"ये मम्मी-पापा हैं का अविस्कार बचुआ?"

"नहीं बिसेसर काका, ई अम्मी और ई बाऊ जी हैं। तनी कड़क चा बनावा!" दोनों अवाक् आविष्कार को देख रहे थे; ये पुरबिया कब सीखी इसने? आस-पास कुछ लोग जमा हो गए, सब आविष्कार के दोस्त। अजीब जमघट था, कोई 50 साल का, कोई 13-14 साल का, दो लड़कियाँ भी थीं जो कचरा बीननेवाली लग रही थीं। आविष्कार माँ-बाप से बातें भी कर रहा था और उन सबकी ख़ैर ख़बर भी ले रहा था और सुलताना के दिए गुजिए सबको बाँट रहा था।

"इनको घर ले जाओ ना, थक गए होंगे।" किसी ने सलाह दी।

"मैंने वह कमरा छोड़ दिया है अम्मी; पास ही एक बस्ती में कमरा लिया है। आप लोगों के खाने का इन्तज़ाम कर देता हूँ, फिर रात में लौटूँगा, एक मीटिंग छोड़कर आया हूँ।"

"इनके खाने की फ़िक्र मत करो, हम घर पहुँचा देंगे, तुम मीटिंग में पहुँचो, वह ज़्यादा ज़रूरी है।"

"कैसी मीटिंग?"

"बाऊ जी, यहाँ पर ज़्यादातर डेली वेजर हैं, ना कोई कॉन्ट्रैक्ट, ना कोई दूसरी सुरक्षा! सिक्योरिटी गार्ड, सफ़ाई वाले, खाना पकानेवाले, रिक्शा चालक, पूरा शहर नॉन-फॉर्मल लेबर है। उन्हें हम आरगनाइज़ कर रहे हैं!"

"कौन आरगनाइज़ कर रहे हैं—क्या पार्टी?"

"अम्मी, किसी पार्टी को इस देश के सबसे ग़रीब वर्ग की फ़िक्र होती तो भूमंडलीकरण हमारे सिरों पर इस तरह नाच ना रहा होता। कोई ट्रेड यूनियन यहाँ काम नहीं कर रहा, बात तक नहीं करता!"

"तो तुम कैसे...।"

"आप दोनों की सीख, हिन्दी बोलो, अपनी भाषा जानो; हमेशा आप दोनों ने जाति धर्म से दूर रखा। दलित बस्ती में आराम से रहता हूँ, सब अपने हैं, बहुत कर्मठ कार्यकर्ता तैयार हो रहे हैं।"

"आज क्या मीटिंग है?"

"पहली बार दलित और ब्राह्मण साथ आन्दोलन कर रहे हैं, खाना पकानेवाले और सफ़ाई कर्मचारी; मामला नाज़ुक है, कल कॉन्ट्रैक्ट देने और सप्ताह में एक दिन छुट्टी के लिए धरना प्रदर्शन है; फूट डालने की पूरी कोशिश चल रही है;

मेरा रात में वहाँ रहना ज़रूरी है। कल सुबह मिलेंगे तो आपको अपना बनाया हुआ पोस्टर दिखाऊँगा और संगठन का परचा भी।" वह बात करते-करते कुछ क़दम आगे बढ़ गया था, पलट कर आया, "कमरा थोड़ा गन्दा और अस्त-व्यस्त होगा पर बुरा नहीं है।"

"और नाइट क्लब?" हेमन्त ख़ुद को रोक नहीं पाए।

"वीकेंड पर! आमदनी के लिए भी और रियाज़ के लिए भी। परसों तक रुकेंगे तो साथ चलिएगा।" वह जा चुका था।

"मीटिंग कहाँ है आपको मालूम है बेटी?" सुलताना ने पास खड़ी लड़की से पूछा।

"मैं भी वहीं जा रही हूँ, आप साथ चल सकते हैं; पर मैं हूँ सफ़ाई कर्मचारी," लड़की ने गम्भीरता से कहा।

"इनसान हो और रास्ता पहचानती हो," सुलताना ने उतनी ही गम्भीरता से जवाब दिया; लड़की मुस्कुराई, "तभी आविष्कार ऐसा है, आपने उसे ऐसा बनाया है!"

हेमन्त और सुलतान ने एक-दूसरे को देखा फिर दोनों ने झेंपकर नज़रें झुका लीं। उन्होंने तो अपने बेटे को कुछ और ही बनाना चाहा था, उसने ख़ुद ही अपने नाम की क़ीमत समझी और अपनी राह चुन ली।

लड़की के पीछे-पीछे दोनों चले, "वह अकेला है, कोई देखभाल करनेवाला चाहिए" सुलताना ने अचानक कहा।

"तुम आ जाओ उसके पास। मेरे लिए पैसे से मदद करना भी आसान हो जाएगा; शायद मुझसे ना लेना चाहे।"

"और तुम?"

"तीन साल में रिटायर होकर मैं भी तुम दोनों के पास आ जाऊँगा। अनगिनत कोचिंग सेंटर इंजीनियरिंग, मेडिकल, ब्यूरोक्रेट, एमबीए बनने की तैयारी करवाते हैं। एक सेंटर अच्छा इनसान बनने की कोचिंग दे।"

"और वाजिब दामों पर चिकन बिरयानी और मटन कोरमा खिलाए।"

ठहरी हुई सड़क अचानक चल पड़ी थी! बहुत तेज़ नहीं, निरन्तर और यकसाँ भी नहीं—रुक-रुककर, हिचकिचाती हुई, सोचती-विचारती लेकिन आगे बढ़ती—हर संघर्ष के पथ की तरह, जिसकी मंज़िल तय नहीं होती, नतीजा मालूम नहीं होता लेकिन जिस संघर्ष की राह पर हर जीते-जागते इनसान को चलना लाज़मी होता है!

मामूली लड़की

दिन भर की मेहनत के बाद, किताबों के अलावा सारा सामान क़रीने से लग गया था। असावरी को घर बदलने से नफ़रत थी। हर बार सामान बढ़ जाता था और क्योंकि आमदनी में ज़्यादा फ़र्क़ नहीं हुआ होता था इसलिए नया घर पहले वाले से छोटा ही मिलता। ऊपर वाली मंज़िल तक सामान पहुँचाना, टेम्पो वालों की चिड़चिड़ाहट सहन करके, ख़ुशामदें करके, हिदायतें देते हुए फ्रिज, टेलीविज़न सेट और दूसरा नाज़ुक सामान ऊपर पहुँचवाने, ढोनेवालों को यह समझाना कि किताबों के बंडल और बोरे अन्दर रखने हैं क्योंकि वे कबाड़ी को बेचने की चीज़ नहीं हैं; सब वह कई बार झेल चुकी है। लेकिन इस बार उसे कोई चिड़चिड़ाहट या थकान महसूस नहीं हो रही है। यह उसका अपना फ़्लैट था। यहाँ से अब उसे कहीं नहीं जाना था।

पाइप लाइन गैस का कनेक्शन आज़माने के लिए उसने चाय बनाई और कप लेकर बालकनी पर आ गई। सड़क के उस पार, ठीक सामनेवाले फ़्लैट में भी कुछ काम चलता हुआ-सा मालूम हो रहा था। शायद बालकनी पर पंखा लगाया जा रहा था। छत पर हुक लग जाने के बाद, और उस पर ज़ोर देकर उसकी मज़बूती जाँचने के बाद एक आदमी अन्दर से ज़ंजीर ले आया, उसके पीछे अन्दर से एक लड़की निकली जिसके हाथ में गोल बेंत का झूला था। काफ़ी नुक़ताचीनी के बाद, बार-बार बैठकर झूले की ऊँचाई और पींग का अन्दाज़ा करने के बाद, झोंक और बैलेंस आँकने के बाद, लड़की को इत्मीनान हुआ और झूला पक्की तरह टाँग दिया गया। जब झूला टाँगनेवाला चला गया तब लड़की अन्दर से दो कुशन ले आई और झूले पर रखे। फिर दोबारा अन्दर गई और हाथ में कुछ लिए हुए आई और इत्मीनान से झूले पर बैठ झूलने लगी।

फिर जैसे असावरी की उत्सुकता शान्त करना चाहती हो, उसने गोद में पड़ी हुई किताब हाथ में उठाई और उसके पन्ने पलटने लगी। एक पृष्ठ पर आकर रुकी और पढ़ने लगी। कुछ पल बाद उसने किताब से नज़र उठाई और उसकी आँखें असावरी से चार हुईं। घूरने के जुर्म में पकड़े जाने पर असावरी ने जल्दी से नज़रें दूसरी तरफ़ घुमा लीं।

कितनी ख़ूबसूरत थी वह लड़की। आजकल की लड़कियाँ तो वैसे ही अपने फिगर, बाल, कपड़ों का काफ़ी ख़याल रखती हैं। लेकिन यह इन सब के अलावा भी बहुत ख़ूबसूरत थी। किस अदा से झूले पर बैठती, नज़ाक़त से किताब खोलती और पूरे ध्यान से पढ़ती। शायद वह किसी अच्छी लाइब्रेरी की मेंबर थी क्योंकि उसके हाथ में हर बार अलग किताब दिखती जो अक्सर लाल, हरी या काली जिल्द बँधी हुई होती।

सुबह भर वह फुर्ती से घर का काम करती हुई दिखाई देती, बालकनी में भी तब दिखाई देती जब कपड़े सुखाने या उतारने होते। उसकी गोद में कोई दो साल का बच्चा था जिसे वह बालकनी में दरी पर लिटाकर मालिश करती, फिर नहला-धुलाकर बालकनी पर लाकर उसे खाना खिलाती। दोपहर बाद कोई दो बजे, शायद बच्चे को सुलाकर और ख़ुद खा-पीकर बालकनी पर आ बैठती और कोई किताब खोल लेती। झूले की खनक से या शायद सुबह भर के काम की थकान की वजह से उसकी आँख लग जाती। सड़क से आई किसी आवाज़ से वह चौंकती और गुनाहगार-सा भाव लिए जल्दी-जल्दी फिर पढ़ने लगती। असावरी को तब वह बहुत प्यारी लगती।

बीच में ही उसका बेटा जाग जाता तो वह उसे और पहले से तैयार दूध की बोतल बाहर ही उठा लाती। पैर के ऊपर पैर मोड़ कर बच्चे को गोद में लिटा लेती, बोतल उसे थमाती और फिर किताब उठा लेती। असावरी के दिल में ख़याल आता, काश! इस देश में किताबों के विज्ञापन होते तो वह लड़की झूले पर गोद में बच्चे को लिए, किताब पढ़ती कितना अच्छा पोस्टर बनती। नीचे स्लोगन होता, 'माँ के लिए पढ़ना उतना ही ज़रूरी है जितना बच्चे के लिए दूध!' या 'माँ बनने के बाद भी किताबों से रिश्ता ख़तम नहीं होता!'

पति उसका पैंतीस के क़रीब का, आम मर्दों जैसा, किसी हद तक कामयाब, बीयर की तोंद, तेज़ी से माथा छोड़ पीछे दौड़ते हुए बालों को शैम्पू, कंडीशनर की मदद से आगे को झुकाए, अच्छी तनख़्वाह, मामूली से बेहतर गाड़ी और औसत से ज़्यादा ख़ूबसूरत बीवी के मालिक होने का ग़ुरूर चेहरे पर नुमाया,

बात बीवी से कम, मोबाइल से ज़्यादा करता हुआ, सुबह-शाम बालकनी पर नज़र आता था।

कभी-कभार, छुट्टी के दिन दोनों बच्चे को प्रैम में बिठाकर पास वाले पार्क में घुमाने लाते। पति बच्चे के साथ खेलता, कभी गेंद से कभी पकड़न पकड़ाई। वह लड़की प्रैम के पीछे की जेब से कोई किताब या पत्रिका निकालती और घास पर बैठकर पढ़ने लगती। पति उसे भी खेलने के लिए उकसाता, वह टालने की कोशिश करती तो उसे गेंद मारता रहता, कभी बच्चे को सिखा-समझाकर उसकी किताब छिनवा लेता, अक्सर झिड़ककर हुकुम देता कि वह साथ खेले। सबके सामने डाँट खाकर वह खिसियाकर हँसती, किताब रख देती लेकिन खेल के बीच-बीच में ललचाई नज़रों से किताब को निहारती रहती। प्रेमचन्द की दलील, 'हमें हुस्न का मयार बदलना होगा' अब असावरी की समझ में आ रहा था। हसीन औरत के अनेक वर्णन, चित्रण और परिभाषाओं में कभी उसकी कुछ पढ़ते हुए चर्चा क्यों नहीं हुई है? पढ़ती भी है तो बस प्रेम पत्र! असावरी समझ रही थी कि किताबें उस लड़की के वजूद का हिस्सा थीं, उसके हुस्न पर निखार भी तभी आता जब उसके हाथ में किताब होती।

उस दिन शाम से ही कुछ अनबन-सी चल रही थी। बीच की गली के उस पार से आ रही आवाज़ों से ऐसा लग रहा था जैसे पति उसे कहीं ले जाना चाहता है और वह जाने को राज़ी नहीं थी। झगड़ा बराबर बढ़ता हुआ लग रहा था और आवाज़ें ऊँची होती जा रही थीं। फिर बीच झगड़े में आवाज़ें रुक गईं। शायद बच्चा जाग गया था और दोनों उसके सामने झगड़ा नहीं करना चाह रहे थे। रात नौ बजे के क़रीब बहस ने दोबारा ज़ोर पकड़ा। इस बार दोनों की ज़ोर-ज़ोर की आवाज़ें सुनाई दे रही थीं। असावरी साफ़ सुन रही थी, लड़की कह रही थी, "मुझे नहीं जाना है किसी पार्टी-वार्टी में, वहाँ का माहौल मुझे पसन्द नहीं; मैं तुम्हें कभी नहीं रोकती, फिर तुम मेरे साथ क्यों ज़बरदस्ती करते हो?" पति इतना चीख़ रहा था कि शब्द समझ में नहीं आ रहे थे। फिर धड़ाम से बालकनी का दरवाज़ा खुला और ताबड़तोड़ किताबें उड़ती हुईं सड़क पर, निचले फ़्लैट के लॉन पर, खड़ी हुई गाड़ियों पर आकर गिरने लगीं। पीछे-पीछे लड़की लपकी और एक-एक किताब को बचाने की, पति के हाथ से छीन लेने की कोशिश करने लगी। "अरे, अरे क्या कर रहे हो; किताबें क्यों फाड़ रहे हो; छोड़ो-छोड़ो, यह लाइब्रेरी की हैं, इन्हें तो मत फाड़ो!" फिर एक के बाद एक चार-पाँच थप्पड़ और घूँसों और लड़की की चीख़ने और कराहने की आवाज़ें।

अचानक पति ने उसके बाल पकड़े और उसे खींचकर अन्दर ले गया।

अपने फ़्लैट के नीचे तक की बत्तीस सीढ़ियाँ असावरी कब उतरी, कैसे गली पार की, कैसे सामनेवाली सीढ़ियाँ चढ़ी? हाँ, यह ज़रूर अहसास था उसे कि हर मंज़िल के फ़्लैटों के दरवाज़े किरिच भर खुले थे, अन्दर की रोशनियाँ गुल थीं और अन्दर के लोग आँख-कान गड़ाए झगड़े का मज़ा ले रहे थे। असावरी ने अँगूठा कालिंग बेल पर रखा और तब तक रखे रही जब तक अन्दर से दरवाज़ा खुला नहीं। पति झुँझलाया हुआ उससे कुछ कहने ही वाला था कि असावरी के धक्के से लड़खड़ा गया। अन्दर लपककर असावरी ने लड़की का हाथ पकड़ा, "अभी चलो मेरे साथ, वीमेन सेल में कम्पलेंट दर्ज करवाओ। मैं रहूँगी तुम्हारे साथ, गवाही भी दूँगी!"

लड़की के बाल बिखरे हुए थे, एक तरफ़ का गाल सूजा हुआ था, जल्दी से पोंछे आँसुओं की लकीरें चेहरे पर नज़र आ रही थी। अपना हाथ खींचते हुए बोली, "क्या बात कर रही हैं आंटी जी, ऐसा क्या हुआ है?"

"तुम डरो मत। तुम्हें भला यह सब कुछ सहते रहने की क्या ज़रूरत है? जितना भी झगड़ा क्यों न हो यह तुम्हारा पति तुम पर हाथ नहीं उठा सकता।"

"क्या कह रही हैं आप आंटी जी? ऐसा तो कुछ भी नहीं हुआ।"

"झूठ मत बोलो, मैंने ख़ुद अपनी आँखों से देखा है।"

"तो जाकर अपनी आँखों का इलाज करवा," पति अब तक सँभल चुका था, "हमारे घर में ज़बरदस्ती घुसकर हमें ही झूठ बताती है, ब्लडी स्पिन्स्टर।"

"आप जाइए न आंटी जी। यहाँ सब ठीक है। आप जाइए प्लीज़।" लड़की असावरी को धीरे-धीरे दरवाज़े की तरफ़ धकेल रही थी।

"तुम यह ठीक नहीं कर रही हो। यह आदमी इतने पर रुकेगा नहीं।" असावरी ने अन्तिम बार समझाने की कोशिश की।

"तुझे क्या पता! घरबार वाली होती तो जानती न!" पति ने दरवाज़ा असावरी के मुँह पर बन्द करते हुए कहा।

अगले दिन शाम को असावरी बालकनी में रखे पेड़ों में पानी दे रही थी कि वह लड़की बाहर आकर झूले पर बैठी। उसके हाथ में किताब थी, जो उसने खोली नहीं, बस शून्य में ताक़ती रही। असावरी उसको एकटक देख रही थी। शायद लड़की को आभास हुआ कि कोई उसे देख रहा है; उसने नज़र घुमाकर असावरी की तरफ़ देखा फिर जल्दी से नज़रें झुका लीं। असावरी भी दुबारा पेड़ों की तरफ़ मुड़ गई थी कि एक ख़याल उसके दिमाग़ को चीरता हुआ गुज़रा और वह चौंककर फिर

लड़की की तरफ़ पलटी। कितनी अजीब बात थी, शायद सचमुच उसकी आँखें ख़राब हो गई थीं। सब कुछ पहले जैसा था; लड़की का रंग-रूप, पहनावा, बैठने का ढंग, धीरे-धीरे हिलता झूला, डूबते सूरज की सुर्ख़, नारंगी रोशनी, यहाँ तक कि हाथ में पकड़ी हुई किताब भी। लेकिन आज वह लड़की किसी तरह से भी ख़ूबसूरत नहीं लग रही थी।

ज़रूरी माल

एहसास तो नीरजा को ऑटो में बैठते ही हो गया था, लेकिन कहने की हिम्मत जुटाते-जुटाते चार किलोमीटर निकल गए। उसके हाथ में तीन नग होने चाहिए थे लेकिन थे बस दो। उसका अपना पर्स बाएँ हाथ में था और दाएँ कन्धे पर खाने का थैला जिसमें अब सिर्फ़ दो सेब, आधी भरी पानी की बोतल और खाने का ख़ाली डिब्बा था। जो नग कम था वह थी वह फ़ाइल जिसमें एक्सरे, बाईपसी की रिपोर्ट, अनगिनत ब्लड रिपोर्ट, डॉक्टर के नुस्खे, डाइट चार्ट और भी न जाने क्या-क्या था। नीरजा के कैंसर पीड़ित होने के सुबूत और चिकित्सा के सारे दस्तावेज़। पतिदेव ने सूटकेस ख़ुद लेते हुए बस में चढ़ने से पहले सराय काले खान पर फ़ाइल उसे थमाते हुए कहा था, "सँभालकर रख पाएगी न?" हमेशा वाला जवाब नीरजा की ज़बान पर तैयार था जो बिना सोचे शब्द बनकर बाहर आ गया, "आप ही रख लीजिए न।" इस तरह के जवाब पर पति डपटते भी और पूर्ण रूप से उसे अपने पर निर्भर पाकर सन्तुष्ट भी होते, फिर फ़ैसला लेते हुए कभी ख़ुद ज़िम्मेदारी उठा लेते या कभी उस पर ज़बरदस्ती करके अपनी बात मनवाने के गर्व में उसी से काम करवाते। इस बार भी ज़रा व्यंग से बोले, "क्यों तेरे हाथों में मेहँदी लगी है क्या? एक हाथ ख़ाली है न?"

नीरजा ने फ़ाइल ले ली थी। सेकंड स्टेज कैंसर जो अभी चेहरे या शरीर पर दिख नहीं रहा था लेकिन जो उसे अन्दर-अन्दर खा रहा था। इतना याद था कि बस में बैठकर उसने फ़ाइल सामनेवाली सीट के पीछे लगी जाली में रखी थी। तीन दिन दिल्ली के अस्पतालों के चक्कर, कैंसर ओपीडी और वार्डों में पसरी पड़ी पीड़ा और निराशा की गन्द, अपने दिल की धड़कन के साथ धड़कता वह डर, जिसने उसके शरीर और आत्मा से बाहर जैसे एक वजूद ले लिया था—कितने दिन और

ज़िन्दगी? किस घड़ी मौत से मुलाक़ात! सब कुछ थकन बनकर तारी हुआ और उसकी आँख लग गई! उसी नींद ने तो भुला दिया वरना तो—डाँटेंगे बहुत, हमेशा की तरह। कितनी मुश्किल से दिल्ली तक जाने को राज़ी हुए थे। बीमार जैसे वह अपनी ख़ुशी से पड़ी थी और उसे बहुत मज़ा आ रहा था। कुछ हद तक यह सही भी था, कितनी बार ही तो उसने चाहा था कि ऐसे जीवन से तो मर जाना बेहतर! कितनी बार उसने ख़ुद से यह कहा था, मरूँ तो इस सब से निजात मिले; शायद वही फल गया हो? वैसे उसकी किसी को ज़रूरत तो है नहीं, पति को तो बिलकुल ही नहीं, बेटा पढ़-लिखकर कनाडा जा बसा है, उसे तो ईमेल करने का भी वक़्त नहीं मिलता, बहनें सब अपने-अपने संसार में उलझी हैं, बचपन की सहेलियाँ न जाने कहाँ खो गईं, जवानी में घर से बाहर निकली होती तो नए दोस्त बनते! जीवन के बोझ को ढोते रहने का क्या फ़ायदा? अच्छा ही है कि कैंसर हुआ, जल्दी निबट जाए सब कुछ तो और अच्छा! नीरजा ने दाएँ हाथ से अपना चेहरा मला; बताना तो पड़ेगा ही, "सुनिए, वह फ़ाइल—मतलब मेरी हस्पताल वाली फ़ाइल, क्या आपने उठाई?"

"क्यों? जब तुझे दे दी थी तो मैं क्यों उठाता?"

"मुझसे छूट गई शायद!"

"क्या! इतना कहा था तुझे, सँभाल के रखियो! कहाँ छोड़ी?"

"बस में; मैंने सामनेवाली सीट की जाली में रख दी थी—।"

"क्यों? इतनी भारी थी कि पकड़ी नहीं जा रही थी?"

"नहीं, मुझे लगा नींद में कहीं गिर...।"

"नींद! यह तेरी हर जगह सोने की आदत ही ने सब कबाड़ा किया है। चार घंटे के सफ़र में भी सोने की क्या ज़रूरत आन पड़ी?"

"मैं वापिस जाती हूँ।"

"बस तेरे बाप की है कि अब तक वहीं खड़ी होगी?"

"तो फिर क्या करें?"

"मैं तो दोबारा दिल्ली जाने से रहा, और इतनी सारी जाँच की रिपोर्ट, इतना पैसा सब दोबारा कौन ख़र्च करेगा?"

"क्या छूट गया है बीबी?" बूढ़े ड्राइवर ने ऑटो धीमे करते हुए पूछा।

"आप चलते रहिए, वैसे भी आपने बताया था कि आपका रोज़ा है और हमें पहुँचाकर आप अपने घर जाएँगे रोज़ा खोलने।" सुधाकर ने उनके साथ सहानुभूति दिखाते और अपनी धर्मनिरपेक्षता जताते हुए कहा। बूढ़े चालक ने ऑटो किनारे करके रोका, मुड़कर सुधाकर को नज़र भरकर देखा और बोला, "मैंने जवाहर

नगर की सवारी ली ही इसलिए थी क्योंकि मेरा घर भी वहाँ से ज़रा आगे बढ़कर अजायब टोला में है।"

"मैं समझ गया था, आप चलो, रोज़ा खुलने में देर नहीं होनी चाहिए।"

अचानक नीरजा ने फ़ैसला ले लिया और बूढ़े ऑटो वाले से बोली, "बाबा आप आगे किसी ऑटो स्टैंड पर मुझे उतार दीजिए, मैं वापिस चली जाऊँगी। आप चलिए।"

"चलूँगा! पर आपने बताया नहीं क्या गुम हो गया है?"

"मेरी बीमारी की फ़ाइल है, सब रिपोर्ट, एक्सरे वग़ैरह उसी में हैं। उसी के हिसाब से यहाँ मेरा इलाज हो पाएगा।"

"मैं पराया पुरुष हूँ, एक महिला से पूछना तो नहीं चाहिए, फिर भी—क्या बीमारी है आपको बीबी?"

उनकी बीबी ने दिल का कोई तार झनझनाया और बचपन की एक भूली बिसरी याद को लौटा लाया; बिसात का सामान खच्चरों पर लाद कर गाँव-गाँव घूमनेवाले नज़ीर चाचा! ना जाने उनका नाम सचमुच में नज़ीर था या वह नज़ीराबाद से आते थे इसलिए नज़ीर चाचा कहलाते थे। उन्हें भी कहाँ सब ग्राहकों के नाम याद रहते थे इसीलिए तो वह बड़ी बीबी, मझली बीबी, संझली बीबी और छोटी बीबी पुकारते थे उन चारों को।

बीमारी को सबसे छुपाकर, अकेले झेलने के महीने भर पहले लिए फ़ैसले के बावजूद, नीरजा की ज़बान पर वह लफ़्ज़ आ गया, "कैंसर!"

"अब देखिये, कैंसर कर लिया इसने। एक तो पता नहीं ख़र्चा कितना होगा इलाज में, तीमारदारी कौन करेगा, खाने-पीने का, दवाइयों का ध्यान कौन रखेगा और ऊपर से इसने फ़ाइल खो दी—आप कहाँ जा रहे हैं?"

बूढ़े ने एक झटके से ऑटो पलटकर दूसरी तरफ़ चलाना शुरू कर दिया। दो-तीन साइकिलसवार लड़कों ने, 'रांग साइड चाचा!' कहा, एक स्कूटी वाला गालियाँ देता गुज़रा। फ्लाईओवर के अंडरपास से निकलकर, सही दिशा के ट्रैफिक में शामिल होते हुए बूढ़े ने ऑटो की रफ़्तार कम की और बोला, "मैं बीबी को बस स्टैंड वापिस ले जा रहा हूँ, आप उतरेंगे तो रोकूँ!"

"लेकिन आपका रोज़ा नहीं—।" सुधाकर की धर्मनिरपेक्षता अभी तक हावी थी।

"वह मेरा और मेरे अल्लाह का मामला है। आप उतरेंगे तो रोकूँ वरना भगाता हूँ!"

"अब चलिए, समय की बरबादी तो है ही; बस कहाँ अब तक स्टैंड पर होगी।"

बूढ़ा मुस्कुराया और जितनी तेज़ हो सकता था बस स्टैंड की तरफ़ चल दिया। दस मिनट के अन्दर वह बाहर से आनेवाली बसों के इन्तज़ार में खड़े ऑटो की भीड़ के पास जाकर चिल्लाया, "हद्दन, अबे ओ हद्दन, ज़रा मेरी गाड़ी पर नज़र रखियो! आप बैठो साहिब जी, अपने सामान पर नज़र रखो, चाय-वाय पी लेना; आओ बीबी!" नीरजा ने देखा सुधाकर ने चाय और ब्रेड पकौड़ों के ठेलों पर नज़र दौड़ानी शुरू कर दी थी। उसने राहत की साँस ली; शायद उसे घर पहुँचकर कुछ देर आराम मिल जाए और नाश्ते से जूझना न पड़े। खाना तो ख़ैर रात का बनाना ही होगा।

"बीबी, बस नम्बर वग़ैरह कुछ याद है?"

"नहीं बाबा, बस इतना कि दिल्ली सराय कालेखान से ली थी।"

"टाइम?"

"दोपहर डेढ़ बजे की थी, वॉल्वो!"

"इतना काफ़ी है," कहते हुए वे इन्क्वायरी की तरफ़ बढ़े।

"भाई साहब, दिल्ली से बस आई है!"

"तीन आ चुकी हैं।" क्लर्क ने बदमिजाजी से रजिस्टर से बग़ैर नज़र उठाए कहा।

"वॉल्वो तो एक ही आई होगी, काले खान से डेढ़ बजे वाली।"

"आई थी, गई।"

इससे पहले कि बड़े मियाँ और जिरह करते नीरजा ने खिड़की के अन्दर झाँकते हुए कहा, "देखिये, मेरा बहुत ज़रूरी सामान छूट गया है।"

क्लर्क ने ऊपर देखते हुए कहा, "सामान सँभालकर क्यों नहीं रखा?"

"एक फ़ाइल थी—।" नीरजा ने समझाने की कोशिश की।

"वह तो सूटकेस में आ जाती, महिलाओं का यही है...।"

"अजी महिलाओं-पुरुषों कि बात छोड़िए, बस किधर गई वो बताइए?"

"बताया ना, गई!" क्लर्क ने अपनी बात काटे जाने पर बुरा मानते हुए तुनककर जवाब दिया।

"पाताल में धँस गई या आसमान में उड़ गई? होगी तो इसी ज़मीन पर न?"

"डिपो गई!"

"जी उसी का पता पूछ रहे हैं, वॉल्वो का डिपो कहाँ है?"

"दूर है।"

"आप बताओ तो सही, दूर-पास हम देखते हैं।"

"सर प्लीज बताइए, शायद हमें मिल ही जाए अपना सामान, तो बहुत भारी नुकसान से बच जाएँगे।"

नीरजा की विनीत बोली और 'सर' कहे जाने पर वे कुछ नर्म पड़े और बेरुखी से बोले, "दूसरे तरफ़, बॉर्डर पर, राजा बाग़ में।"

दोनों ने एक साथ पलटकर ऑटो की तरफ़ चलना शुरू किया, "डिपो का पता तो ऐसे छुपा रहा था जैसे हम इसकी तलाक़शुदा बीवी का घर पूछ रहे हों।" उनके चेहरे के गम्भीर भाव और कहे गए वाक्य कि कोई उस बीवी का पता बताने से भी कतराए जिसे वह ख़ुद तलाक़ दे चुका हो, का मंज़र ऐसा था कि नीरजा खिलखिलाकर हँस पड़ी। अपने कहे पर उसे हँसता देखकर वे भी मुस्कुराए। उसकी हँसी अभी थमी भी नहीं थी कि एक मीनार वाली मस्जिद से अज़ान की आवाज़ गूँजी। नीरजा ने कन्धे पर लटके थैले में हाथ डाला और दो सेब निकालते हुए बोली, "मेरे पास फल हैं बाबा, आप रोज़ा तोड़ लीजिए!" उन्होंने एक पल उसे देखा और सूखे, खुरदुरे हाथ बढ़ाकर एक सेब लेते हुए बोले, "रोज़ा तो बीबी आपके फलों से ही तोड़ूँगा, लेकिन फ़ाइल मिलने के बाद। देखूँ अल्लाह साथ देता है या नहीं!" डिपो के फाटक पर हाथ के इशारे से उन्होंने उसे रोका। ख़ुद लपककर ऑटो तक गए और घुमाकर उसके पास ले आए। सुधाकर के चेहरे से लग रहा था कि वह पेटभर नाश्ता कर चुके हैं! "नहीं मिली न? मुझे तो पहले ही पता था, कहा था न सिर्फ़ वक़्त की बरबादी है!"

"अभी तो वॉल्वो डिपो जाना है, बस उधर ही गई है।" नीरजा ने बैठते हुए कहा।

"वहाँ भी नहीं मिलेगी तो?" सुधाकर ने हुज्जत की।

"बाबूजी आप क्यों हलकान होते हो? यहाँ से ऑटो लेकर घर जाओ, कितने थके हुए लग रहे हो।" उनकी सहानुभूति पर दीन भाव चेहरे पर लाते हुए सुधाकर ने उनकी हाँ में हाँ मिलाई। बड़े मियाँ फिर चिल्लाए, "आरिफ़! अबे आ हियाँ! अबे तेरा क्या करेंगे जो चला आ रिया है हाथ झुलाता, ऑटो ला इधर कूँ! आप सामान उतार लो बाबूजी, घर जाओ, कमर सीधी कर लो, मैं बीबी को लेकर अभी आया।"

सुधाकर उतर गए, ऑटो ज़रा आगे बढ़ा तो बड़े मियाँ ख़ुद से बोले, "बीमार बीवी है, थकन इन्हें हो रही है।" जैसे किसी षड्यंत्र में कामयाब हुए हों दोनों एक-दूसरे को रियर मिरर में देखकर मुस्कुराए।

वॉल्वो डिपो के फाटक में प्रवेश करते ही नीरजा ने बस पहचान ली। "रुकना बीबी, बस का दरवाज़ा बन्द होगा, मैं खुलवाता हूँ।" उत्साह से बढ़ती हुई नीरजा

को उन्होंने रोका और ख़ुद बढ़कर चाय पीते हुए कंडक्टर, ड्राइवरों के झुंड से बोले, "भाई ये पीली लाइन वाली का ड्राइवर कौन है? इन बीबी की फ़ाइल छूट गई है उसमें।"

"हाँ जी, हाँ जी" उनमें से किसी के जवाब देने से पहले कुछ दूर पर खड़ा लड़का बोला, "मैंने श्मभाल कर रख दी, उश्ताद जी के बिश्तर के नीचे।" सोलह साल का गोरा चिट्टा, गुलाबी होंठों वाला लड़का पास आते हुए बोला; फिर अपना कर्तव्य निभाते हुए उसने पूछा, "दे दूँ क्या उश्ताद जी?"

"अबे जब इनकी है तो देगा नहीं? जाओ जी बहनजी, ले लो अपनी खोई चीज़। ज़रूरी माल सँभालकर रखना चाहिए।" ड्राइवर हिदायत देता, ख़ाली ग्लास लिए उठा। फ़ाइल पहचानकर उसने उसे यूँ छाती से लगा लिया जैसे पहले इश्क़ की याद अचानक भटकती हुई चली आए और दिल उस ख़ुशनुमा लम्हें को छोड़ना न चाहे।

घर के सामने नीरजा को उतारकर, किराया लेकर, उसे बटुए में रखकर और बटुए को हिफ़ाज़त से सदरी की अन्दर वाली जेब के हवाले करके उन्होंने नीरजा के, "सलाम बाबा" पर नज़रें ऊपर उठाईं; ऑटो चाबी घुमाकर बन्द किया और बाहर निकल आए, "वॉल्वो ड्राइवर ने ठीक कहा था, ज़रूरी माल सँभालकर रखना चाहिए और जान तो सबसे ज़रूरी माल है, सँभाले रहना।"

वह वापिस बैठे, ऑटो की चाबी घुमाई और चले गए। कुछ पल नीरजा उसी दिशा में देखती रही, 'हाँ, जान तो उसे सँभालकर रखनी ही है, किसी और के लिए नहीं अपने लिए, क्योंकि बस यही तो एक उसका अपना माल है।'

अविरत

नसरीन का इस दफ़्तर में पहला दिन था। प्रकाशन के मालिक ने उसे समझा दिया था कि उसकी जगह पहले काम करनेवाली लड़की, उम्र में उससे कम, शक्ल में उससे ख़ूबसूरत, काम में निपुण और सबकी चहेती थी। लेकिन वह ज़रूरत से ज़्यादा सिर चढ़ गई थी और उनसे, यानी मालिक से बदतमीज़ी से बात करने की वजह से निकाली गई थी। इसके असलियत में क्या मतलब थे यह नसरीन को मालूम था। उसे निकाले जाने के फ़ैसले पर स्टाफ़ के बाक़ी लोग उखड़े हुए थे और उनकी नाराज़गी नसरीन पर निकलेगी, इसकी चेतावनी भी उन्होंने दे दी थी।

प्रकाशन दफ़्तर में ग्यारह बजे से पहले कौन आता है? दोपहर के खाने की गुंजाइश नहीं थी। चार घंटे तो नसरीन ने पुराने अंक देखने और दो लेख ठीक करने में गुज़ारे। किसी ने उससे न कुछ पूछा, न सीधे बात की। चार बजे चाय और नाश्ता दफ़्तर की तरफ़ से दिया जाता। नसरीन अकेले चाय पीने की मानसिक रूप से तैयारी कर चुकी थी कि हॉल में दूर बैठी एक लड़की उठ कर उसके पास आई और दाहिना हाथ बढ़ाती हुई बोली, “हाय! मैं टीना हूँ। सभी चाय उधर पीते हैं।” यह इतना अचानक हुआ कि नसरीन, जो ये तय कर चुकी थी कि कुछ दिन ख़ुद को दूर रखकर दफ़्तर के लोगों का जायज़ा लेगी, उठी और उसके पीछे हो ली।

छोटे-से डाइनिंग कूपे में बड़ी-सी मेज़ के चारों तरफ़ फँसी हुई कुर्सियों पर ठुँसे हुए लोगों ने बेरुखी जताकर नाराज़गी ज़ाहिर की। टीना मौक़े को समझकर ख़ुद ही बोली, “अगली कुर्सी पर बैठ जाओ न नवीन, थैंक्स, थोड़ी अपनी कुर्सी आगे कर लीजिएगा भारती मैम, थैंक्स” वह अपनी बात माने जाने से पहले ही

'थैंक्स' अदा कर देती जैसे उसे अपनी बात न माने जाने की सम्भावना का ख़याल ही न आया हो। नसरीन दिल ही दिल में उसकी इस हरकत पर मुस्कुराई। सैंडविच, समोसा उसकी तरफ़ बढ़ाती टीना बोली, "नसरीन मैम, इससे पहले आप कहाँ काम करती थीं?" और जवाब सुनकर बोली, "अरे वहाँ तो अविनाश सर का छोटा भाई भी इंटर्न रह चुका है!" और फिर उसने बातों का ऐसा जाल बनाया कि बीस मिनट के चाय के ब्रेक में नसरीन की सबसे जान-पहचान हो गई। सात बजे जब दोनों साथ निकलीं तो नसरीन उसकी तरफ़ मुड़कर बोली, "थैंक यू टीना।" उसने न समझने का नाटक नहीं किया। "अरे नहीं यार। जब मैं यहाँ तीन साल पहले आई थी तो मुझे भी यहाँ बहुत अकेला लगा था। तभी सोच लिया था, जो भी नया आएगा उसे 'ऐट होम' करवाने की ज़िम्मेदारी मेरी।" वह ज़रा बड़े, लेकिन ख़ूबसूरत चमकदार दाँत दिखाकर मुस्कुराई।

अंग्रेजी अच्छी आती हो तो हिन्दी के पब्लिशिंग हाउस में भी धाक जमते देर नहीं लगती। आख़िर हमें आज़ाद हुए अभी कुल सात दशक ही तो हुए हैं। एक सप्ताह के अन्दर ज़्यादातर अनुवाद का काम नसरीन के पास आने लगा। जो काम वह नहीं भी कर रही होती उस पर भी उसकी राय ली जाती। किताबों के विमोचन और कहानी पाठ करने में उसे ख़ास मज़ा आता। यह बात और थी कि ज्योतिष और नक्षत्रों पर लि.खी किताबों के लोकार्पण में भीड़ भी ज़्यादा जुटती और किताबें भी ज़्यादा बिकतीं, जबकि साहित्य, कविता, समाजशास्त्र के कार्यक्रमों में लोगों को बार-बार फ़ोन और ईमेल करके बुलाना पड़ता और तब भी दस-बीस मायूस चेहरे और थके शरीर ही मँडराते दिखाई देते।

ऐसे ही एक कार्यक्रम में उसने मौक़ा देखकर टीना से पूछ ही लिया। वह हर चीज़ ऑफ़िस में या बाहर चाँदी की कटोरी में क्यों डालकर खाती और पीती है? टीना भी अपना दिल खोल देने में बिलकुल भी नहीं हिचकिचाई। "ऐसा है न नसरीन, मैं इकत्तीस साल की हो गई हूँ। सभी को मेरी शादी की फ़िक्र है। मम्मी तो उठते-बैठते, सोते-जागते यही रट लगाए रहतीं हैं 'हाय कब इसकी शादी होगी? कब यह इस घर से विदा होगी?' बात यह है कि मेरे छोटे भाई की शादी तय हो चुकी है पर हो नहीं सकती जब तक मेरी न हो जाए!"

इतनी सुन्दर लड़की हो, पढ़ी-लिखी और कमाऊ भी हो और इस उम्र तक कुँआरी बैठी हो, ऐसा कम ही सुनने में आता है। "हुई थी न, डाइवोर्स्ड हूँ, इसीलिए तो यह!" उसने बात को असली मुद्दे पर लाते हुए, कप से चाय चाँदी की कटोरी में उँड़ेलते हुए कहा।

"मैं समझी नहीं टीना; शादी, तलाक़ और चाँदी के कप का क्या सम्बन्ध है?"

"वह नुमेरोलोजिस्ट हैं न, वीरवानी, उन्होंने मुझे बताया कि जब भी मैं कुछ खाऊँ तो उसे चाँदी की कटोरी में रख कर खाना चाहिए। इससे मेरी शादी जल्दी हो जाएगी।"

नसरीन चुप रही। शादी डॉट कॉम पर वह टीना को ऑफ़िस वालों से नज़र बचाकर अक्सर ब्राउज़िंग करते देखती। चाँदी की कटोरी अगर उसकी शादी करवा सकती है तो वह मैट्रिमोनियल साइट्स की ख़ाक क्यों छानती रहती है?

इस जानकारी के बाद उसने ज़्यादा ध्यान से टीना को देखना शुरू किया। पता चला कोई बाबा जी भी हैं, जिनकी यह भक्त है। उनके आश्रम में बराबर जाती है, दफ़्तर में अक्सर सत्संग के क़िस्से सुनाती और वहाँ से लाए देसी घी के हलवे के प्रसाद के चम्मच भर-भर सबको बाँटती। यह भी पता चला कि उसकी एक नहीं दो-दो शादियाँ हुई थीं और दोनों बार साल भर के अन्दर तलाक़ हो गया। अपने एक बाबा के होते हुए भी जिस बाबा, वास्तुशास्त्री, ज्योतिषी, टैरो कार्ड रीडर की किताब प्रकाशित होती उससे अच्छी दोस्ती गाँठ लेती। मुफ़्त में उनसे राय लेती और उनके बताए उपचारों को रीतिमत अपनाती। हर वक़्त उसके कलावा बँधा हुआ दीखता, अक्सर लाल टीका लगाए हुए ऐलान करती हुई आती कि मन्दिर से आ रही है। एक दिन नसरीन से बोली कि उसके साथ निजामुद्दीन औलिया की दरगाह पर चले, "मुझे किसी ने कहा है कि वहाँ की बड़ी मानता है, लेकिन मुझे पता नहीं दरगाहों में जाकर करते क्या हैं।"

"टीना, मैं दरगाहों, मज़ारों पर नहीं जाती। मैं यह सब नहीं मानती।" नसरीन ने साफ़ जवाब दिया।

"अरे आप बस साथ चली जाओ न, वहाँ होते हैं उनके, वह सब बता देंगे, कैसे क्या करना है।" प्रूफ़ रीडर सिंगल जी ने अपनी राय दी।

"हाँ, और नहीं तो क्या, पैसे ऐंठनेवाले इस तरह की हर जगह पर मौज़ूद मिलते हैं।" नसरीन ने तंज़ किया।

"जब वहाँ बैठे हैं, इतने बड़े संत के वंशज हैं तो कुछ न कुछ तो लेंगे ही।" टीना ने तर्क किया, "चलो न नसरीन, तुम भी कोई दुआ माँग लेना।"

"मैं दुआ नहीं माँगती टीना। किसी के आगे गिड़गिड़ाना मुझे अपनी कमज़ोरी का सबके सामने सुबूत देने जैसा लगता है।"

सयानी दीवानी

उस दिन से टीना ज़रा खिंची-खिंची रहने लगी। नसरीन ने दो-तीन बार इसकी वजह जानने की कोशिश की, लेकिन टीना के उखड़े-उखड़े, आधे-अधूरे जवाबों ने उसे एहसास दिलाया कि दूरी बनाए रखना उचित होगा। शाम की चाय अब भी सब साथ ही पीते थे और वहीं एक दिन उसने टीना के गले में चार अलग-अलग रंगों के नगीनेवाला पेंडेंट देखा।

"बड़ा सुन्दर है टीना ये पेंडेंट और बड़ा ही अनोखा भी।"

"अजी सुन्दर, अनोखे से क्या होता है? बात तो तब है जब काम कर जाए!"

"मेरा मज़ाक़ मत उड़ाओ भारती मैम। एक ज्योतिषी ने बताया है कि मैं मांगलिक तो नहीं हूँ लेकिन मेरे ग्रह मंगल को छूते हैं। यह चार नगीने उसकी चार दिशाओं में से किसी तरफ़ से भी टकराने की काट हैं।"

दिन-ब-दिन उसका जुनून बढ़ रहा था। चाय के साथ बिस्कुट, रस्क भी चाँदी की कटोरी में रखकर खाती, बात-बेबात गले में लटके लॉकेट को चूमती, हाथ में पहनी पुखराज की अँगूठी, जो वह किसी दरगाह से लाई थी आँखों से लगाती, कलाई में सात धातु का कड़ा भी आ गया था, जो किसी ने नेपाल के पशुपतिनाथ से लाकर दिया था और बैग में ज़रूर होती कोई-न-कोई धार्मिक पुस्तक जिसे वह माथे से लगाती और गम्भीरता से कहती, "मेट्रो में आज इतनी भीड़ थी कि जाप ही नहीं कर पाई।" और किताब खोलकर कोई जाप, कोई चालीसा पढ़ने लगती।

उसकी निर्भीकता पर तरस आता और उपचारों पर हँसी। ख़ुद औरत होने के नाते नसरीन को यह फ़िक्र भी थी कि कहीं वह अन्धभक्ति में कोई ग़लत क़दम न उठा ले। ऑफ़िस मैनेजर से बात छेड़ी तो बोले, "अजी मैरेज का क्या है, वह नवीन कल का करता आज कर ले।"

मुहावरों, कहावतों की छौंक लगाकर बोलनेवाला, लम्बी क़द-काठी का हँसमुख नवीन।

नसरीन ने नवीन और टीना को कई बार बाहर कॉरिडोर में हँसते-बतियाते और ऑफ़िस से अक्सर साथ निकलते हुए देखा था।

"तो मुश्किल क्या है? नवीन तो बड़ा अच्छा लड़का है।"

"इनकी कास्ट का नहीं है न और कास्ट के बाहर यह शादी करेंगी नहीं। बड़ी धार्मिक हैं।"

"पहली दो शादियाँ कास्ट के बाहर हुई थीं क्या?"

"नहीं जी, कास्ट देखकर, जन्मपत्री मिला के हुई थीं।"

"कमाल है, दो शादियाँ टूटने के बाद भी शादी की व्यवस्था पर ऐतबार बना हुआ है, यह तो हैरानी की बात है ही; लेकिन जात-पाँत, पत्री, गोत्र, पिंड पर यक़ीन बना हुआ है यह वाक़ई अचरज की बात है।"

"अजी यह सब भाग्य का लिखा है, इसे कैसे टाला जा सकता है?"

"तो फिर जात, ग्रह मिलाने की ज़रूरत ही क्या है? सब भाग्य पर छोड़कर अपनी पसन्द का फ़ैसला ले लेना चाहिए।"

इस तर्क पर मैनेजर साहब ज़रा चकराए, फिर बोले, "जी आस्था की बात है, मानो तो सब कुछ और न मानो तो...बड़ी आस्थावान हैं, यू नो वैरी रिलीजियस!"

शादी हो गई। ऐसे अचानक कि दफ़्तर वालों को भी फेसबुक से पता चला। यह भी पता चला कि शादी के बाद टीना मुम्बई चली गई है और वहाँ दो महीने सास-ससुर के पास रहकर कनाडा जानेवाली है।

कोई नौ महीने बाद नसरीन पिछले दिन का काम निबटाने एक घंटे पहले दफ़्तर पहुँची। प्रकाशन के मालिक के केबिन में रोशनी भी दिखाई दी और उनका चिकनी-सी मुस्कान लिए गोल-मटोल चेहरा भी। उनके सामने, हॉल की तरफ़ पीठ किए टीना बैठी थी। नसरीन बैग रखकर काम भूलकर केबिन की तरफ़ लपकी।

"अरे टीना! कैसी हो? घर आई हुई हो? भाई की शादी है या वैसे ही?" इतना तो वह एक झोंक में कह गई फिर सकपकाकर रुक गई, क्योंकि टीना जल्दी-जल्दी आँसू पोंछकर मुस्कुराने की कोशिश कर रही थी। नसरीन कुछ खिसियाकर बात बदलते हुए बोली, "सर, ऑफ़िस बॉय तो अभी आया नहीं है, मैं चाय बनाती हूँ।"

चाय का कप मेज़ पर उसके सामने रखते हुए नसरीन ने पूछा, "कोई प्रॉब्लम है क्या टीना? आई एम सॉरी, मैंने पूछे बिना ही ऐसे बात शुरू कर दी? कैन आई हेल्प?"

"टीना वापस आ गई है हमारे पास। हम सबके पास। अब यहीं रहेगी। डाइवोर्स तो यहीं से हो जाएगा न टीना? वापस कनाडा तो नहीं जाना होगा ना? हम लम्बी छुट्टियाँ नहीं दे पाएँगे।" वह अपनी शर्तें लगा रहे थे और टीना ख़ामोशी से सर हिला रही थी।

"हाँ जी, हाँ जी सर, सब यहीं से हो जाएगा क्योंकि शादी तो यहीं के आर्य समाज मन्दिर में हुई थी।"

"तुम फ़िक्र मत करो। कल से ज्वाइन कर लो। तुम्हारे लिए यहाँ कुछ नहीं बदला है।"

"थैंक यू सर। मुझे पता था आप मेरी मुश्किल समझेंगे और मदद करेंगे।"

टीना आँसुओं के बीच मुस्कुराई। फिर उसने अपना हैंडबैग खोला, उसमें से चाँदी की एक कटोरी निकाली, उसमें कप की आधी चाय उँड़ेली, दाएँ हाथ की तीसरी उँगली में पहनी गोमेद की अँगूठी उतारी और उसे चाँदी की कटोरी वाली चाय में डालकर चाय की चुस्कियाँ लेने लगी।

नसरीन से रहा नहीं गया; लेकिन उसके कुछ पूछने से पहले ही उसकी हैरानी को देखकर टीना ख़ुद ही बोली, "वह जो चार नगों वाला पेंडेंट था न नसरीन वह किसी ने मुझसे दुश्मनी में भिजवाया था; इसीलिए मेरी यह वाली शादी नहीं चली। यू नो ब्लैक मैजिक।"

"लेकिन टीना अब फिर से वही सब; तुमने कभी रुक के सोचा नहीं कि शायद ख़ुद पर भरोसा करने के बजाय इन सब ढकोसलों और अन्धविश्वासों पर भरोसा करके तुम कुछ ग़लत कर रही हो?"

"अब क्या किया जाए नसरीन, शादी तो करनी ही है और हमारे में लव मैरेज नहीं होती न; अरैंज्ड में यह सब तो होता ही है; वैसे एक हरिद्वार के बाबा हैं; उन्होंने कहा है मुझे मंत्र लिख कर देंगे, गले का तावीज़ बनाकर; उसके बाद सब ठीक रहेगा।" उसने जल्दी से गोमेद की अँगूठी को आँखों से लगाया और उसे पहनते हुए बोली, "जिन बाबा ने यह दी है उन्होंने कहा है डाइवोर्स के चार महीने के अन्दर शादी हो जाएगी।"

सचमुच, कुछ नहीं बदला था।

तनहाई भोजी

ज़रीना को अपनी बड़ी बेटी से ज़्यादा मोहब्बत थी। आप कहेंगे कि भला यह क्या बात हुई, एक माँ को तो अपने बच्चों से बराबर की मोहब्बत होनी चाहिए और जब दोनों बेटियाँ ही हों तो कम-ज़्यादा का सवाल ही कहाँ पैदा होता है। हाँ, दोनों में से एक अगर बेटा होता तो एक माँ का उससे ज़्यादा प्यार करना समझ में आता। जैसे बहुत सारी परिभाषाएँ बन जाती हैं और समाज, बग़ैर किसी मूल्यांकन के, जीते-जागते, सोचने-समझनेवाले इनसानों से यह माँग करता है कि वे ख़ुद को इन परिभाषाओं के हिसाब से ढाल ले जो उनके लिए गढ़ी गई हैं। ख़ैर यहाँ ये सम्भावना नहीं थी क्योंकि उनकी दोनों बेटियाँ ही थीं। गौरतलब है कि ज़रीना के पति भी दो थे—नहीं भई एक ही वक़्त में नहीं। पहले वाले को उन्होंने तलाक़ दे दिया था और पहली बेटी उन्हीं की थी। उनकी दोनों शादियाँ प्रेम करके हुई थीं, कम से कम ज़माना यही कहता था—दूसरे से जब प्यार हुआ तो वे पहले वाले से तलाक़ लेकर अपनी बेटी नरगिस के साथ अकेली रह रही थीं। उन्होंने साफ़ कह दिया था, कि प्यार तो उन अकेली ने किया था लेकिन शादी में उनकी बेटी भी शामिल होगी। दूसरे प्रेमी ने यह बात मान ली थी, नई पत्नी की पुरानी औलाद को स्वीकार कर लिया था और दूसरी बेटी के होने पर ख़ुश भी हुए थे। छोटी बेटी के दो साल के होने तक ज़रीना समझ गईं कि पति के बराबरी के वादे में खोट आने लगा है और वह अपनी वाली बेटी को ज़्यादा चाहते हैं। शायद इसीलिए वह ज़्यादा नरगिस की तरफ़ ध्यान देने लगी थीं। ज़रा सोचने के बाद उन्होंने और बच्चे न पैदा करने का फ़ैसला ले लिया। पति इस एकतरफ़ा फ़ैसले पर बिगड़े तो बहुत लेकिन कर कुछ न पाए। ज़रीना लन्दन स्कूल ऑफ़ इकोनॉमिक्स से पी-एच.डी. थीं; आठ साल लखनऊ यूनिवर्सिटी में पढ़ाने के बाद फोर्ड फाउंडेशन की प्रोग्राम डायरेक्टर हो गई

थीं। पति एक अख़बार में सब एडिटर थे, ठीक-ठाक ही कमाते थे, लेकिन इतना नहीं कि ठाट-बाट से रहा जा सके; परिवार ज़रीना की ही कमाई पर ऐश करता था। पति के माँ-बाप जो शुरू में एक तलाक़शुदा औरत से शादी के ख़िलाफ़ थे, अब उनके गुणगान करते नहीं थकते थे; अच्छा खाना-पीना, पहनना-ओढ़ना, दो कमरे के बजाय चार कमरों में रहना, गर्मियों में पहाड़ों की सैर को जाना भला किसे अच्छा नहीं लगता?

वैसे ज़रीना को लिखने का शौक़ हमेशा से था, लेकिन नौकरी इस तरह की थी कि पूरे भारत में चल रहे फोर्ड फाउंडेशन के कार्यक्रमों की मोनिटरिंग और रिपोर्टिंग, मीटिंग और कॉन्फ्रेंस इतना वक़्त खा लेते थे कि पूछिए मत। फिर उन्हें पढ़ने का भी ऐसा शौक़ था कि हफ़्ते में एक किताब न पढ़ें तो चैन नहीं आता था; और दिन में तो वही चौबीस घंटे होते हैं। इसलिए उनके लिखने के शौक़ को क़लम-काग़ज़ तब दस्तयाब हुआ जब वह साठ की उम्र में सेवानिवृत्त हुईं और एक साल के अन्दर बेवा भी हो गईं।

लिखने का शौक़ जिसे उन्होंने पहली और दूसरी शादी के दरमियान कहीं दफ़न कर दिया था अंगड़ाई लेकर उठ बैठा। क़ब्र बहुत गहरी न थी इसलिए जब शौक़ खड़ा हुआ तो उसका सिर क़ब्र से बाहर था और वह गर्दन घुमाकर, किस तरफ़ का रुख करे, यह सोचने लगा। ज़रीना बातें बहुत दिलचस्प किया करती थीं। मसूरी में, जहाँ सेवानिवृत्त होने से दस साल पहले एक कॉटेज ख़रीदा था, आस-पास के लोगों को लखनऊ के अपने बचपन के लतीफ़े सुना रहीं थीं। लोग हँस भी रहे थे, हैरान भी हो रहे थे और उत्सुकता से और सुनने की इच्छा भी जता रहे थे। मसूरी का यह अमीरों का इलाक़ा है, ज़्यादातर लोग तफ़रीह के शौक़ीन, नफ़ीस ज़बान पर दाद देनेवाले और मज़ेदार खाने के रसिया थे। उन्हीं में से एक ने कहा, “आप अपनी आपबीती क्यों नहीं लिखतीं ज़रीना जी? ऐसी-ऐसी फ़ालतू जीवनियाँ लोग लिख-लिखकर पाठकों को बोर करते रहते हैं, आपका जीवन तो पढ़ने में दिलचस्प भी होगा और सीखने लायक़ भी।” लिखने का शौक़ उचक कर क़ब्र से बाहर आ गया और ज़रीना के अतीत की तरफ़ चल दिया।

बड़ी बेटी नरगिस से ज़्यादा मोहब्बत थी इसका यक़ीन इस बात से किया जा सकता कि अपनी आपबीती की पहली ड्राफ़्ट उन्होंने उसे ही भेजी। नरगिस भी उनसे कम मोहब्बत नहीं करती थी, वरना और क्या वजह हो सकती है कि उसने पांडुलिपि पाने के पन्द्रह दिन के अन्दर ईमेल किया, “मैंने पढ़ी। आ रही हूँ आपसे इस पर बात करने।” अमरीका से मसूरी कोई वैसे ही थोड़े आता है; ज़रीना को अपनी नरगिस

पर कितना प्यार आया था। शुरू से ही नरगिस का रुझान पढ़ने-लिखने की तरफ़ था। कमी में पली थी इसलिए हर ख़र्च को तोलमोल के करती, छोटी बहन जितना ख़र्च कपड़ों, मेकअप पर करती उतना ही वह किताबों, पत्रिकाओं पर ख़र्च करती। दूसरे पति ने अपना तो लिया था, लेकिन अपनी बेटी के होने पर सारी तवज्जो उसे ही देते। ऐसा नहीं कि उसकी पढ़ाई, कपड़ों या शौक़ में कोई कमी रखते हों लेकिन उनके व्यवहार में एक ठंडापन, एक बेरुखी-सी आ गई थी। नरगिस समझती थी कि माँ उसके सामने शर्मिंदा-सी रहती है। वह उनसे कहना भी चाहती थी, कि कोई बात नहीं, आप तो हैं न मेरे लिए, मैं सब समझतीं हूँ; लेकिन दिल की बात कहने के लिए हमेशा सही मौक़े की तलाश रहती है, गाली-गलौज जब चाहो कर लो। मौक़े की तलाश में कहना टलता रहा और कहा तब जब वह अमरीका जाने के लिए हवाई अड्डे पर अन्तिम बार गले मिली। इस अन्तिम बात ने यह भी साफ़ कर दिया कि अब वह वहीं बस जाएगी। ज़रीना ने तय किया था कि वह नरगिस को विदा करते हुए रोएँगी नहीं लेकिन यह बात सुनकर उनकी आँखें नम हो गईं।

ज़रीना को दिल्ली हवाई अड्डे से मसूरी के लिए टैक्सी लेने का मैसेज मिल गया था। नरगिस इस कॉटेज में पहले भी आ चुकी थी; रास्ता, घर, पहाड़ और आस-पास के लोग सभी जाने-पहचाने थे। हाँ चार सालों में माँ काफ़ी बुढ़ा गई थीं। बाहर बैठी धूप सेंक रहीं थीं। नरगिस को तो सब कुछ पहले जैसा मिला लेकिन ज़रीना को जो बदलाव मिला उसके लिए वह बिलकुल तैयार नहीं थीं। ठीक से गले मिलने के बजाय कन्धे पर हाथ रखकर, उन्हें चार क़दम चलाकर वापिस कुर्सी पर बिठाते हुए नरगिस ख़ुद भी सामने रखी बाँस की कुर्सी पर बैठ गई। पहले तो ज़रीना समझीं उनकी उम्र का ख़याल कर रही है बेटी। सामान घर के अन्दर पहुँचाकर, घर की देखरेख करनेवाली अमीना ने आकर पूछा कि चाय बनाए या कॉफ़ी?

"कुछ भी", नरगिस ने बेन्याज़ी से जवाब दिया और ज़रीना खाला की तरफ़ मुड़ी, "बात शुरू करें?"

ज़रीना को अजीब-सा लगा, "अभी तो आई हो, ऐसी जल्दी भी क्या है?"

"बुनियादी बातें जितनी जल्दी हो जाएँ अच्छा है।" नरगिस ने जवाब दिया और बिना उनकी प्रतिक्रिया का इन्तज़ार किए बात चालू रखते हुए बोली, "क्यों लिखा आपने यह सब?"

"क्या सब?"

"बनिए मत अम्मी, आपको पता है हम क्या बात कर रहे हैं, क्यों हमारे मुँह से सुनना चाहती हैं?" ज़रीना के दिमाग़ में एक साथ कई सवाल और उनके जवाब

कौंधे; यह ड्राफ़्ट पर बात करने नहीं आई है; तो फिर क्या करने आई है? जिरह करने? जहाँ तक याद पड़ता है, जो लिखा सच लिखा। तो सच पर जिरह कैसी?

"तुम हमेशा से साफ़गोह थीं; जब कुछ कहने आई हो तो कहोगी ज़रूर; वक़्त क्यों बरबाद करें?"

शायद नरगिस इसके लिए तैयार नहीं थी! उसकी भूरी आँखों में हैरानी की हलकी-सी छाया लहराई जिसे उसने जल्दी से ढाँप लिया। अमरीका की नामी यूनिवर्सिटी में पढ़ाती थी, हर तरह के तर्क और शिकायत से जूझना पड़ता था; दिल की बात आँखों में नुमाया न हो यह उसकी ज़रूरत बन चुकी थी।

"आपने अब्बा के बारे में यह सब क्यों लिखा?"

"मेरी बेटियों में तुम ही हो जो मेरे दोनों शौहरों को अब्बा कहती हो।"

"दो शौहर आपका मसला थे।"

"इस वक़्त तुम्हारा भी हैं, क्योंकि मैंने दोनों के बारे में बहुत कुछ लिखा है। तुम किसकी बात कर रही हो, तुम्हें बताना तो पड़ेगा ही।"

"मैंने हमेशा अपने अब्बा को ही अब्बा माना।"

"तो दूसरे को अब्बा तुमने पहले वाले को जलाने के लिए कहा, दूसरे वाले को सन्तुष्ट करने के लिए, या मुझे ख़ुश करने के लिए या अपने आप को दिलासा देने के लिए?"

"सवाल मैं करने के लिए आई हूँ।"

"मैं किसी कठघरे में नहीं खड़ी हूँ। फिर भी जब इसीलिए आई हो तो पूछो।"

"मेरे अब्बा के बारे में आपको यह सब लिखने की क्या ज़रूरत थी?"

"क्या? कैसे सत्रह साल की लड़की को, एक बेवकूफ़ी के ख़त का इतना बड़ा दाम चुकाना पड़ा? तुम्हारे अब्बा ने मेरे माँ-बाप को कैसे ब्लैकमेल किया और मेरी पढ़ाई रोककर मेरी शादी कर दी गई।"

"वही आदमी आपको लन्दन भी तो लेकर गया।"

"वह तो अकेले जाना चाहता था, मेरे अब्बा से किराया और मेरे गहने बेचकर। अपने जेवर बेचकर मैं ख़ुद क्यों न पढ़ती?"

"ले तो गया न, और पढ़ा तो आपने!"

"हाँ, और घर चलाने के लिए होटल में बर्तन भी माँजे, दूसरों के बच्चों की बेबी सिटिंग भी की और अपना बच्चा चार साल होने नहीं दिया।"

"यह सब लिखने की क्या ज़रूरत थी और यह भी कि वे फेल होते गए और आप पास होती गईं।"

"यानी भोगूँ तो लेकिन कहूँ न?"

"तथ्य पर इतराने की क्या ज़रूरत है?"

"और किस पर इतराए इनसान? झूठ पर, नस्ल पर या पैसे पर?"

"आपकी एक बेटी के बाप हैं वह, आपने यह भी नहीं सोचा?"

"तुम्हारे बाप ने तुम्हारा इस्तेमाल करना चाहा। तुम्हें मुझको देने से इनकार किया।"

"आपको अपने पास रोकने के लिए।"

"और तलाक़ के चार महीने के अन्दर कहा, "मुझसे नहीं सँभलती तुम्हारी औलाद—आकर ले जाओ इस अज़ाबे जान को।"

"मैं आपको बहुत याद करती थी।"

"मैं भी!"

"लेकिन आप मेरे लिए रुकीं नहीं, छोड़कर चली आईं।"

"मार खाती रहती, उस आदमी पर अपनी गाढ़ी मेहनत की कमाई ख़र्च करती रहती और उसके ज़मीनदाराना चाल-चलन पर परदे डालती रहती?"

"कितना ज़हर भरा है आपके अन्दर।"

"ज़हर खा ही लेती अगर वहाँ रहती और मेरे मरने का मातम कोई न करता।"

"फ़ालतू ड्रामेटिक न होइए। यह कहाँ की सच्चाई है कि आप पहले पति की इतनी बुराई करें?"

"दूसरा आता ही क्यों अगर पहले वाला अच्छा होता?"

"तो उसका बखान करना ज़रूरी है क्या?"

"आपबीती में सिर्फ़ मज़े-मज़े की बातें हों, जो बीता वह दर्ज न किया जाए?"

"लिए तो आपने अपने लिए फ़ैसले; हमेशा अपने बारे में ही तो सोचा, अपनी तरह से ज़िन्दगी जी और अब आपको यही अपराधबोध सता रहा है। प्रायश्चित करने के लिए आप यह सब लिख रही हैं।"

ज़रीना पर एक अजीब-सी शान्ति उतरने लगी, बहुत ही नपे-तुले लहजे में बोली, "बहुत साल छुपाया; हाँ, तुम्हें छोड़कर आने का अपराधबोध था दिल में जब तक तुम्हें अपने पास नहीं ले आई, दु:ख यह भी था कि छुटकी के होने के बाद तुम्हारे अब्बा ने, नहीं, मेरे दूसरे शौहर ने तुम्हें चाहना कम कर दिया था; मोहब्बत घटनी शुरू होती है तो फिर कभी नहीं बढ़ती। तुम्हारे अपने बाप ने तुमसे मिलना कम कर दिया, ख़त आने बन्द हो गए, सालगिरह तक भूल जाते, फिर तुम्हें ही भुला दिया।"

"मैं यह सब बातें करने नहीं आई हूँ।"

"यह सब सच है और शायद इस किताब में शामिल होना चाहिए था।"

"तो क्या आप इसे दुबारा लिखेंगी?"

"पता नहीं, बाद में सोचूँगी। अभी तो यह बताओ, क्या खाओगी रात में?"

"रात के खाने के लिए मैं इरा कोहली के यहाँ जा रही हूँ। नहाकर चली जाऊँगी; रात लौटने में देर होगी इसलिए यह सारी बातें अभी कर रही हूँ।"

"यह बातें तो कल भी हो सकती हैं!"

"कल मैं लौट जाऊँगी। फिर कभी आऊँगी या नहीं यह आपके जवाब पर निर्भर करेगा।"

"जवाब?"

"हाँ, मैं यह कहने आई हूँ कि आप इस आपबीती को मत छपवाइए। लोग मुझसे पूछेंगे, मुझसे कहेंगे, मुझ पर हँसेंगे, पीठ पीछे फिकरे कसेंगे, 'कैसी माँ की जाई है!' ज़िन्दगी में, कभी भी ज़रा-सी चूक हुई नहीं कि लोग फ़ौरन कहेंगे, 'दो बाप की है, दोगली तो होगी।' अगर आप इस आपबीती को प्रकाशित करेंगी तो मैं आपसे ज़िन्दगी में कभी नहीं मिलूँगी।" ज़रीना जवाब देने लगीं तो नरगिस ने हाथ उठाकर उन्हें रोक दिया, "सोच लीजिए। रात भर का वक़्त है आपके पास; सुबह मिलते हैं।"

सारी रात ज़रीना ने करवटें बदलते हुए काटी। कोई डेढ़ बजे रात में खटपट से नरगिस के लौटने का पता चल गया था लेकिन वह यह सोचकर उठी नहीं कि उठेगी तो शायद बात हो, जिसका कोई नतीजा नहीं निकलेगा। बात नहीं हुई तो रिश्ता टूटने का एहसास और शिद्दत के साथ होगा। बात होगी भी क्या, फ़ैसला तो हो ही गया है। छह बजे वह उठी, तैयार होकर सुबह का टहलना पूरा करके सात बजे लौटी तो चाय बनी रखी थी और नरगिस मोबाइल पर बात कर रही थी।

ख़ामोशी से चाय पीकर ज़रीना अपने कमरे में लिखने की मेज़ पर बैठी और लैपटॉप खोला। शुकर है कि इंटरनेट चल रहा था। ईमेल का पासवर्ड डालकर वह इनबॉक्स खुलने का इन्तज़ार करने लगी। तीसरी मेल हार्पर एंड कॉलिंस की थी। फ़ैसले के बावजूद उत्सुकता हुई और मेल खोलकर पढ़ना शुरू किया। दो-तीन पल तो वह समझ नहीं सकी कि क्या लिखा है, फिर धीरे, बहुत धीरे से शायद दिल ही दिल में उसने ख़ुद से कहा—जवाब!

नौ बजे दोनों नाश्ता करने खाने की मेज़ पर आईं, ख़ामोशी से दोनों सीरियल, दूध, चाय, टोस्ट, आमलेट अपने लिए डालती रहीं और दूसरे को बढ़ाती रहीं।

ज़रीना सेब छील रही थी जब नरगिस ने कहा, "आधे घंटे के अन्दर मेरी बुक की हुई टैक्सी आ जाएगी!"

"ख़ैरियत से जाना।"

"मैं जवाब के इन्तज़ार में हूँ।"

"कुछ देर पहले हार्पर एंड कॉलिंस से मेल आई है। उन्हें पसन्द आई है किताब, हिन्दी में भी अनुवाद करना चाहते हैं। मैंने स्वीकृति लिख दी है!"

"पहले आपको शौहर से ज़्यादा डिग्रियों से प्यार था, फिर घरबार से ज़्यादा कैरियर से, फिर बेटी से ज़्यादा दूसरे मर्द से, अब हम सबसे ज़्यादा अपने लिखने से।"

"नरगिस, ज़िन्दगी भर समाज मेरे लिए साँचे बनाता रहा और मुझसे यह उम्मीद करता रहा कि मैं उनमें ख़ुद को ढाल लूँ। कोशिश भी की शुरू में लेकिन फिर समझ में आ गया कि ख़ुद को तोड़ने से बेहतर है साँचों को तोड़ने की कोशिश करूँ। ग़लती मेरी है, मैं भूल गई थी कि मैं जितनी भी अलग तरह से अपने बच्चों को बड़ा करने की कोशिश क्यों न करूँ, समाज मुझसे कहीं ज़्यादा ताक़तवर है। अब उम्र के अन्तिम पड़ाव में मेरी सबसे प्रिय औलाद मेरे सामने एक और साँचा लेकर हाज़िर है। लेकिन मुझे भी साँचे तोड़ने की आदत हो गई है। बाहर हॉर्न शायद तुम्हारी टैक्सी बजा रही है। मैं भी लिखने बैठूँ, आज देर हो गई है।"

नरगिस ने बैग उठाया, दरवाज़े तक पहुँची फिर पलटकर बोली, "आप तनहाई भोजी हैं!" ज़रीना सकते में रह गई! यह क्या! कहानी लिखने का हुनर तो नरगिस में भी है या कविता का, वरना शब्दों का ऐसा गठन जो पूरे माहौल, किसी के व्यक्तित्व और महत्त्वाकांक्षाओं का ख़ाका खींचे वह कैसे गढ़ती? हाँ, शब्दों का चयन और जोड़ मिलकर, दिल में उतरनेवाला तकलीफ़देह खंजर है, लेकिन फिर भी सुन्दर है। उसने एक आह भरी, औरतें कितना वक़्त लगा देती हैं ख़ुद तक पहुँचने में। पता नहीं नरगिस अपने आप को पाएगी भी या नहीं? अगर पा लेगी तो मुलाक़ात होने की सम्भावना बनेगी। अगली पीढ़ी को अपना हुनर दे पाने की तसल्ली लिए ज़रीना अपनी मेज़ पर बैठ गई। वारिस इस विरसे को माने या न माने!

जन्नत नसीबी

रक़ीबन बी का दिल बल्लियों उछल रहा था। उनकी ख़ुशी का ठिकाना न था; बस 'आजकल पाँव ज़मीं पर नहीं पड़ते मेरे' वाली हालत थी। वैसे रक़ीबन बी की उम्र दिल के बल्लियों उछलने की न थी। भला बहत्तर की उम्र में किसी का दिल ख़ुशी से उछलता है? उछलता भी है तो बस एक बार, 'टै' हो जाने के लिए। लेकिन वही मसल है कि उम्र ढल जाती है दिल कहाँ बुढ़ाता है? सो इनके बूढ़े वजूद में जवान दिल कुलाँटियाँ भर रहा था; और भई बात भी तो ख़ुशी की थी; ज़िन्दगी भर दूसरों के घर में चाकरी करके, जूठन, उतरन पर गुज़र करके, पहाड़ जैसी ज़िन्दगी परायों की गालियों, कोसनो के सहारे काट देनेवालों को भी कहीं हज नसीब होता है? वह तो अल्लाह भला करे अक्कन मियाँ का जो विलायत में रह कर ग्यारह सालों में तो अपनी माँ को झाँकने भी न आए, लेकिन उनके लिए हज करने के पैसे भेज कर अपने लिए जन्नत की बुकिंग पक्की कर रहे थे। इतना ही नहीं, अक़ील अहमद, उर्फ़ अक्कन मियाँ ने विलायत से यह हुकुम भी ज़ारी किया था कि उनके साथ कंचे और गुल्ली डंडा खेले हुए लंगोटिया यार जो अब इस क़सबे की शिया मस्जिद के छोटे इमाम थे, अम्मी के साथ मक्का जाएँगे, वरना भला अरबी में होनेवाले उमरा को सीधी-सादी हिन्दुस्तानी ज़बान में अम्मी को कौन समझाएगा? और पैंसठ साल की अम्मी की हज़ारों ख़्वाहिशों, ज़रूरतों को पूरा करने के लिए भी तो कोई चाहिए? लिहाज़ा उनके साथ रक़ीबन बी का जाना भी उन्होंने ही तय कर दिया था।

वैसे रक़ीबन बी का जवानी के दिनों से यही रोल रहा है। वो २४ साल की जवान जहान बेवा थी जिन्हें नई नवेली दुल्हन के साथ ससुराल भेजा गया था कि वहाँ परदेस में उनकी ज़रूरतों, ख़्वाहिशों का कौन ख़याल रखेगा? ये भी उन्हीं की,

यानी हशमत आरा बेगम की ज़रूरत ही थी कि दुबई तक पानी के जहाज़ से सफ़र करना तय हुआ। अक्कन मियाँ तो हवाई जहाज़ का किराया देने को तैयार थे। दस दिन का सफ़र घंटों में पूरा हो जाता। लेकिन हशमत आरा बेगम को हवाई जहाज़ में बैठने के ख़याल से ही दिल में हौल उठने लगता। सो सफ़र लम्बा तो खिंचा ही, साथ ही पुरानी बाबा आदम के ज़माने की खड़बड़िया एम्बेसडर में लखनऊ जाने और फिर हवाई अड्डे पर हवाई जहाज़ में फुदकने के बजाय, रेल से मुम्बई और वहाँ से जहाज़ में दुबई और दुबई से बस से मक्का जाना ठीक किया गया। तीनों तरह के सफ़र एक साथ करने को मिलेंगे यह तो रक़ीबन बी ने ख़्वाबो ख़याल में भी न सोचा था।

बिटिया के, यानी 65 साला हशमत आरा बेगम के सारे गरारे कुर्ते रक़ीबन बी ने ख़ुद धोए, सारे दुपट्टे कलफ़ देकर बड़े जतन से चुने; लोबान, धूप से सारे कपड़े बासे, ताकि एक बार पहनने के बाद ही बदलने की ज़रूरत न पड़े। सफ़ेद सरसों दूध में भिगोकर, उबाली, सुखाई और 13 जड़ी बूटियों के साथ पीसकर कपड़े की थैलियों में बाँधी। भला बिटिया हज पर साबुन से नहाएँगी? मौलवी साहब के लिए भी चार नए जोड़े बनवाने दर्ज़ी के पास वही गईं और अपने लिए भी दो नए सफ़ेद छालटीन के गरारे ख़ुद ही सी डाले। इतनी तैयारी तो उनकी ज़िन्दगी में बस एक ही बार हुई थी—बिटिया के ब्याह में! इतना लम्बा सफ़र तो दूर, वह तो ज़िले के बाहर भी न झाँकी थीं और हज से तो उनके ख़्वाबों तक ने किनारा कर लिया था।

वैसे पूरे मोहल्ले पर ही एक मसर्रत का आलम तारी था। हज की रवानगी की ख़बर मिलने के दिन से ही हर जुमेरात को नज़र देकर हलवा बँटने लगा। रक़ीबन बी, जो घर की माली हालत से वाक़िफ़ थी इस ख़र्च के बिलकुल ख़िलाफ़ थी। अक्कन मियाँ, जिनको उन्होंने गोद खिलाया था, की कमाई की ऐसी बर्बादी उनका दिल कचोट रही थी। मौलवी साहब भी हर वक़्त हाथ में क़ुरआन शरीफ़ और बग़ल में जानमाज़ दबाए नज़र आते। आख़िर उन्हें हर आयत, हर हुक्म के मतलब जो समझाने थे। उन्होंने ख़ुद ही कहा था कि बेगम साहब फ़िक्र न करें, वे चल रहे हैं न साथ, सब समझाते, बताते चलेंगे।

हज के सफ़र से पहले कई अदद छोटे सफ़र करने पड़े। पासपोर्ट फॉर्म भरने, दाख़िल करने, पुलिस जाँच और फिर हज कमिटी के दफ़्तर में जमा कराने में तीन चक्कर तो लखनऊ के लगे। एक बार दिल्ली जाना पड़ा, पाँच मुल्कों के पाँच दूतावास में वीज़ा की मोहर लगाने। हज के साथ-साथ करबला की ज़ियारत भी

कर लेंगे, ईरान की फ़िरोज़ा मज़जिद और तुर्की में रूमी की क़ब्र पर भी फातिहा पढ़ लेंगे। हर दफ़्तर की हर मेज़ पर जो भी सुनता कि ये लोग हज को जानेवाले हैं तो फ़ौरन अपने लिए दुआ करने की फरियाद करता। हिन्दू तक अपना दुखड़ा सुनाने लगते और इल्तिजा करते कि उनके दुःख निवारण के लिए हशमत आरा बेगम ज़रूर काबे शरीफ़ में दुआ करे। मौलवी साहब का तो काम ही है सबको सन्तुष्ट करना, लेकिन बिटिया भी फ़ौरन वादा कर लेतीं। आख़री दफ़्तर में रक़ीबन बी से रहा नहीं गया—बिगड़कर बोलीं—लो भला बताओ, हम हर किसी की मुराद पूरी करने की दुआ माँगते रहे तो हमारे अपनों का तो नम्बर ही न आने का! न भैये, दुआ तो हम अपने और अपनों के लिए ही माँगेंगे, विसी के लिए तो जा रहे हैंगे, साफ़ बात।

आख़िर सफ़र शुरू करने का दिन आया, ट्रेन से तीनों मुम्बई पहुँचे और वहाँ से उस जहाज़ पर सवार हुए जो हज पर जानेवाले मुसाफिरों से भरा था। जहाज़ क्या था, इस्लाम का एक द्वीप जैसा था; हर तरफ़ से तलावत की गूँजती आवाज़ें आबोहवा को पाक रखती, हर वक़्त लोग बदना लिए वज़ू के लिए दौड़ते नज़र आते। अक़ीदत का यह आलम था कि जहाज़ ज़रा डगमगाया कि लोग जहाँ होते वहीं सजदे में गिर जाते। मज़हब, दीन और ईमान से लबालब भरे इस तालाब में किसी ने छपाक़ से एक ढेला मारा। किसी बेचारे का कश्मीरी दोशाला गया! नमाज़ पढ़ने को, वज़ू से पहले दुखिया ने उतारकर तह करके एक तरफ़ रखा था। और फ़ारिग़ होकर जब वहाँ पहुँचा तो दोशाला नदारद! रक़ीबन बी पहले तो सकते में आ गईं। ऐसा कैसे हुआ? यानी हज को जानेवाले सब नेक बन्दे नहीं हैं, उनमें से कुछ चोर-बेईमान भी हैं जो हज के सफ़र पर भी अपनी आदतों से बाज़ नहीं आते। भला ऐसी हज का क्या फ़ायदा? वैसे उनके दिल को जहाज़ पर चढ़ते ही एक धक्का लग चुका था जिसके बारे में उन्होंने मौलवी साहब से पूछा भी था कि हज पर जानेवाले तो सब मुसलमान हैंगे, तो भला नमाज़ की इतनी जमाते क्यों लगती हैंगी?

मौलवी साहब ने डपटते हुए कहा, "लो भला बताओ, शिया हैं, सुन्नी हैं, वहाबी है, बोहरी हैं, खोजे हैं, मैमन है, इस्माइली है—सबकी जमात भला एक कैसे हो सकती है?"

"पर हैंगे तो सब मुसलमान और हज करने को जा रहे हैं जो एक ही तरह से की जाती है, तो सब उस अल्लाह के हुज़ूर में एक साथ नमाज़ क्यों नहीं पढ़ सकते?" रक़ीबन बी ने तर्क किया।

"बेकार बहस न करो।" मौलवी साहब ने बिगड़कर कहा।

"जो बात तुम्हारी समझ से बाहर है उसमें क्यों दखल देती हो?" हशमत आरा बेगम ने समझाया। रक़ीबन बी चुप हो गईं, इस चोरी वाले हादसे से दिल में उमड़ते सवालों को भी उन्होंने दबाए रखा मगर सतर्क हो गईं। गरारे पहनने छोड़ दिए, बिटिया का बैग ठीक अपने पीछे रखती और सजदे में झुकते हुए, चुस्त चूड़ीदार पजामे में जकड़ी टाँगों के बीच में से झाँककर इत्मीनान कर लेती कि सामान अपनी जगह सुरक्षित है। भला ऐसा सजदा कितने दिन छुपता और मौलवी साहब तो आए ही इसीलिए थे कि सब पर नज़र रखें कि वह दीन की पाबन्दियाँ निभा रहे हैं या नहीं। जब सवाल-जवाब हुआ तो रक़ीबन ने साफ़ कह दिया, "तो क्या हुआ, अल्लाह मियाँ को सजदा भी करते हैंगे, अपने माल की हिफ़ाज़त भी करते हैंगे। इसमें ग़लत क्या हैगा?"

दुबई से बसों, जीपों, मोटर गाड़ियों का लम्बा काफ़िला मक्का की तरफ़ रवाना हुआ। हज शुरू होने में अभी तीन दिन बाक़ी थे। तीन दिन उनके ड्राइवर और गाइड ने उन्हें हर वो निशान दिखाया जो अल्लाह ने बतौर अपने होने के सुबूत में इस ज़मीन पर छोड़ा है। कहीं ऐसा पेड़ था जिसकी जड़ें ऊपर आसमान में और तना ज़मीन में घुसा था, कहीं सुलगती रेत के बीचोबीच ऐसा ठंडा पानी का चश्मा फूट रहा था कि क्या कहिए। लोग थे कि सजदा करने में एक-दूसरे के ऊपर गिर पड़ते थे। रक़ीबन बी हैरान, आँखें फाड़-फाड़कर सब कुछ देख रही थी। बात ही कुछ ऐसी थी। हर नया निशान देखकर मौलवी साहब सजदे में लोटपोट हो जाते, बिटिया शुक्राने की दुआएँ पढ़ते हुए आँसू बहाती कि अल्लाह ने उन्हें इस क़ाबिल समझा कि वह हज अदा करे और सब अपनी आँखों से देखे।

रक़ीबन बी को अजीब लग रहा था। उन्होंने तो ज़िन्दगी में इतने पेड़ देखे थे जो पत्तियाँ झड़ जाने पर यूँ मालूम होते हैं जैसे जड़े ऊपर हवा में किए खड़े हों और अगर धूप में रख देने से सुराही का पानी बर्फ़ जैसा ठंडा हो जाता है तो तपती रेत से ठंडे पानी का चश्मा फूट पड़ने पर ख़ुदा का शुक्र मानना तो समझ में आता है लेकिन उसे भला चमत्कार क्यों क़रार दिया जाए?

उमरा शुरू होने से पहले, हज के लिए हुक्म और काबा शरीफ़ का इतिहास मौलवी साहब ने बड़ी तफ़्सील से सुनाया। उनका अन्दाज़े बयाँ इतना अच्छा था और इतनी सीधी-सादी भाषा में होता था कि आस-पास के लोग भी जमा हो जाते। ये ज़्यादातर ग़रीब हिन्दुस्तानी, पाकिस्तानी या बांग्लादेशी थे जो जहाज़ों की

सबसे निचली श्रेणी में, ज़मीन पर दरियाँ, चादरें बिछाए, मामूली बसों में धक्के खाते, कई बार पैदल चलते, दिल में हज की ललक लिए यहाँ तक पहुँचे थे। मौलवी साहब इन ग़लीज़, गन्दे, खब्बीसों की मौजूदगी पर बिगड़ जाते। इनके पास से उन्हें बदबू आती थी। असल में रक़ीबन बी जो दिन भर बस में बैठे-बैठे उकता जाती थीं, अपनी टाँगें खोलने, रात को रुके पड़ाव भर में डोलती-फिरतीं और अपने मौलवी साहब की तारीफें कर करके मजमा जमा कर लेतीं। इतने बड़े मजमे के आगे धर्म का बखान करना मौलवी साहब को अच्छा ही लगता मगर यह क्या बात हुई कि रक़ीबन बी, वहीं सबके सामने अल्लाह और रसूलल्लाह की शान में मौलवी साहब की हर दलील पर ऐतराज़ जताएँ? और उस दिन तो उन्होंने हद ही कर दी। मौलवी साहब काबे के पत्थर का ज़िक्र कर रहे थे। कैसे यह पत्थर हज़रत इब्राहिम के वक़्त से भी पहले, एक दिन अचानक आसमान से आकर ज़मीन पर गिरा; कैसे सब क़बीलों के लोग इस आसमानी नेमत को देखने जमा हो गए और इसकी रंगत, रूप और इसमें से निकलनेवाली रोशनी से चकाचौंध हो गए। तभी एक आकाशवाणी हुई, "ऐ बन्दों, यह हमारे ही जलाल का हिस्सा है, और तुम इसे हमारा ही नुमाइन्दा मानकर इसकी परिक्रमा करना और इसी की तरफ़ सजदा करना।" रक़ीबन बी ने बड़े उत्साह से पूछा, "तो हम लोग इस अजूबे पत्थर को कब देख पाएँगे, कब हमारी आँखें अल्लाह के नूर का जलवा देख पाएँगी?" मौज़ूदा भीड़ में एक उत्साह की लहर दौड़ गई, "हाँ कब, आख़िर कब?"

मौलवी साहब ने नाराज़ होकर कहा, "उसे देखा नहीं जा सकता। हिफ़ाज़त के लिए उसके चारों तरफ़ बारह फुट ऊँची दीवार है और ऊपर सपाट छत। जो घनाकार काबाशरीफ़ की तस्वीरों में नज़र आता है उसके अन्दर यह पत्थर महफूज़ है। उमरा इसी के चारों तरफ़ करना पड़ता है और हर चक्कर के पूरा होने पर उसकी तरफ़ उँगली करनी पड़ती है।"

रक़ीबन बी का सारा धार्मिक जोश ठंडा हो गया। बिगड़कर बोलीं, "लो भला, जिसे अल्लाह ने इसी जगह पर फेंका है, उसे यहाँ से हिला पाने की कौन जुर्रत कर सकता है? और अल्लाह के जलाल के हिस्से को अगर किसी ने चुरा लेने की कोशिश की तो उसका हाथ न जल जावेगा?" मौज़ूद लोगों ने भी रक़ीबन बी से हाँ में हाँ मिलाई और एक-दो ने तो इस पूरे इन्तज़ाम को सऊदी साज़िश बताया जो चाहते ही नहीं कि उनके अलावा कोई और मुसलमान पूरी हज कर सके और उसका पुण्य कमाए।

इन सब लोगों को डाँटकर चुप कराया गया और मौलवी साहब को आगे की दास्तान सुनाने की फ़रियाद की गई। उनका मूड उखड़ गया था लेकिन फिर भी काबे के इतने बड़े तीर्थ बनने की दास्तान ऐसे मोड़ पर थी कि उसे रोक देना किसी तरह मुनासिब ना था। ख़ैर इतिहास की कथा आगे बढ़ी और वहाँ पहुँच गई जहाँ हर अरब क़बीले और यहूदी क़बीले ने पैग़म्बर इब्राहीम की हुई भविष्यवाणी को सही मान लिया और इस जगह को एक पवित्र स्थान का दरजा देते हुए यहाँ आकर पुण्य कमाना अपना मज़हबी फ़र्ज़ स्वीकार कर लिया।

ज़्यादातर अरब क़बीलों के अपने-अपने इष्ट देवता थे। इस पत्थर के चारों तरफ़ ईमारत को बनाने में सबने मदद की और अपने देवताओं की प्रतिमाएँ यहाँ रख दीं।

हज़रत मोहम्मद पर अल्लाह का राज़ खुलने के बाद सारे अरब क़बीलों ने इस्लाम धर्म क़ुबूल कर लिया। उसके बाद सिर्फ़ मुसलमान और यहूदी ही यहाँ आते और पुण्य कमाते। लेकिन उनकी रसमें और तौर तरीक़ा मुसलमानों से अलग था इसलिए पैग़म्बर ने बैठकर यह सन्धि कर ली कि जब वे आएँगे तब मुसलमान नहीं आएँगे और जब मुसलमान यहाँ होंगे तो यहूदी दूर रहेंगे ताकि एक-दूसरे के धार्मिक रीति-रिवाज में कोई खलल न पड़े।

रक़ीबन बी की आँखों में पैग़म्बर की इन्साफ़पसन्दी पर फ़ख्र के आँसू छलक आए। इसीलिए तो उनके बाद अल्लाह को कोई दूसरे पैग़म्बर को भेजने की ज़रूरत नहीं रही। इन्साफ़ करना, सबको बराबर मानना, ऊँच-नीच का भेद मिटा देना तो कोई इस्लाम से सीखे। बड़ी उत्सुकता से बोलीं, "अच्छा! तो हम मुसलमान तो यहाँ बकरीद के महीने में हज करने आते हैं। यहूदी यहाँ कब आते हैं?"

मौलवी साहब की पहाड़ी नदी-सी कल-कल करती ज़बान लड़खड़ा गई। कुछ पल तो वह सन्नाटे में आ गए फिर ज़रा सँभलते हुए बोले, "यहूदी यहाँ नहीं आते। पैग़म्बर अले सलाम ने उनके यहाँ आना बन्द कर दिया था!"

"ऐ ग़ज़ब ख़ुदा का क्यों?" रक़ीबन बी तक़रीबन चीख़ पड़ीं।

"यहूदियों ने उन्हें पैग़म्बर मानने से इनकार कर दिया।"

"ऐ है तो क्या हुआ? यह तो उन्हीं की जगह है न, और अल्लाह ने काबे का पाक पत्थर भी हज़रात इब्राहीम के लिए भेजा था और उन्हीं के बेटे इस्माइल के प्यास से बिलखने और पाक पैरों के रगड़ने से रेगिस्तान का सीना चीरकर आबे जम ज़म का चश्मा बह निकला था जो आज तक बह रहा है।

फिर उन्हें कैसे बेदखल कर दिया पैग़म्बर ने? ये तो बड़ी नाइन्साफ़ी की बात की उन्होंने!"

इतना कहना था कि कोहराम मच गया। भला इतने अक़ीदतमन्द मुसलमानों की मौजूदगी में कोई पैग़म्बर को अन्यायी कहने की जुर्रत करे! मौलवी साहब तो बस फट ही पड़े और अपना बोरिया-बिस्तर लपेटकर वापस हो जाने पर आमादा हो गए। इस तरह के दहरिए (नास्तिक) काफ़िर के साथ वह हज करके क्यों ख़ुद को गुनहगार करते?

हशमत आरा बेगम के कहने पर कि वह इतना बड़ा गुनाह कैसे कर सकते हैं कि मक्का के दरवाज़े से लौट जाए, वह रुआँसे होकर बोले कि गुनहगार तो रक़ीबन बी हुई और वह तो क़यामत के दिन उन्हीं का दामन पकड़ेंगे, जिन्होंने ऐसे हालात पैदा कर दिए कि एक नेक, पाबन्द मुसलमान हज करने से महरूम रह गया। उसके बाद रक़ीबन बी ने तौबा कर ली, हशमत आरा बेगम की ज़रूरतों के अलावा वह मुँह नहीं खोलेंगी। किसी तरह मौलवी साहब वहीं बने रहने पर राज़ी हुए।

रक़ीबन बी अपने वादे की ऐसी पक्की निकलीं कि अपने होंठ सी लिये। जो कुछ मौलवी साहब कहते उसे ख़ामोशी से निभातीं और एक कोने में सिमट रहतीं। हाँ, रात के वक़्त हशमत आरा बेगम उन्हें अक्सर, करवटें बदलते, इधर-उधर टहलते, बड़बड़ाते और ठंडी आहें भरते सुनतीं।

हज के सारे अनुष्ठान पूरे हो गए थे, बस आख़री शैतान को संगसार करना रह गया था। मक्का के बाहर, तीन बड़े-बड़े खम्भे हैं जिन्हें हज करनेवाले, शैतान मानकर पत्थर मारते हैं। हर दूसरे-तीसरे साल पथराव करने के जोश में यहाँ भगदड़ मच जाती और कई लोग ज़ख़्मी होते, कुछ कुचलकर मारे भी जाते। ऐसा इस वजह से होता क्योंकि लोग खम्भों के दोनों तरफ़ खड़े होकर पत्थर फेंकते। "कम्बख़्तों के सर पर पत्थर पड़े थे क्या?" रक़ीबन बी ने दिल में सोचा। "भला दोनों तरफ़ से पथराव होगा तो किसी-न-किसी का तो निशाना चूकेगा ही और सर फुटव्वल होगा ही।" ख़ैर अब तो तीनों स्तम्भों के बीच में दीवार खींच दी गई है। पुलिस का सख़्त पहरा भी रहता है और गिनकर लोग पथराव करने के लिए भेजे जाते हैं और उनके लौट आने के बाद ही दूसरे भेजे जाते हैं। हर किसी के हाथ में पत्थर भी सात से ज़्यादा नहीं होने चाहिए। ये पत्थर मीणा के दक्षिण पूरब में मुज़्दालिफा मैदान से जमा करने होते हैं।

जन्नत नसीबी

रक़ीबन बी के दिल में मौलवी साहब की सुनाई कहानी गश्त कर रही थी। कैसे हज़रत इब्राहिम को रास्ता दिखाते हुए फ़रिश्ते जिब्रील ने तीन बार पत्थरों के ढेर की तरफ़ इशारा करके कहा, "इसे मारो, ये शैतान है!" उसी की याद में यह खम्भे हैं जिन्हें मारना हज का हिस्सा है।

रक़ीबन बी ने तड़के सवेरे जाकर अपने और बिटिया के लिए पत्थर जमा कर लिये थे। पथराव करनेवाली कतार में वह लग भी गई थीं। उनके चारों तरफ़ लोग जोश में आकर शैतान को संगसार कर रहे थे और गालियाँ दे रहे थे। लेकिन रक़ीबन बी चेहरे से परेशान, दिल में सोच रही थी, 'ऐ बेचारा दुखिया, पहले तो अल्लाह के सबसे अज़ीज़ पद से गिराया गया, फिर जन्नत से निकाला गया। उसके बाद आदम और हव्वा से दुश्मनी न करता तो क्या उन्हें गोद खिलाता? ख़ुद लालच में आकर आदम और हव्वा ने सेब खाया और इलज़ाम शैतान के सर धर दिया। अब बेचारे लावारिस के पास ज़मीन में इधर-उधर डोलने के अलावा चारा ही क्या है? हर जगह से बेचारा ठुकराया जाए, न कोई ठौर न ठिकाना। ऐसे दर दर भटकने वाले को और क्या पत्थर मारकर फटकारना? मैं ख़ुद गुनहगार, क्या इस दुखिया पर पथराव करूँ?' रक़ीबन बी ने एक-एक करके सातों पत्थर ज़मीन पर गिरा दिए और आगे बढ़ गईं।

कहते हैं क़यामत के रोज़ जब सबकी नेकियों का हिसाब होगा और जन्नत और जहन्नुम भेजे जाने का फ़ैसला किया जाएगा, तब अगर किसी की, बस एक नेकी कम पड़ रही होगी और वह सबसे माँगता फिरेगा कि अपनी एक नेकी मुझे दे दो ताकि मैं जन्नत में जा सकूँ, और कोई ऐसा होगा जिसके पास सारी ज़िन्दगी की बस एक नेकी ही होगी, और यह शख़्स अपनी एक नेकी क़ुरबान कर देगा तो अल्लाह उसकी फ़राकदिली से ख़ुश होकर उसे जन्नत में जगह देगा।

क्या अल्लाह शैतान पर किए इस एहसान को नेकी मानेगा और गुनहगार रक़ीबन बी के लिए जन्नत के दरवाज़े खोलेगा?

अब भी कभी-कभार

चिट्ठी हाथ में थी, माँ के हाथ की लिखी हुई, शक की कोई गुंजाइश न थी। माँ के अलावा आजकल कौन ख़त लिखता है और माँ कभी झूठ नहीं बोलती इतना ऋचा को विश्वास था। झूठ बोलने की ज़रूरत भी क्या थी? एक पेड़ की ही तो बात थी। कोई सुनेगा तो उसकी बेचैनी पर हँसकर कहेगा, 'आप साहित्यिक लोग ही ऐसा कर सकते हैं कि तथ्य और कल्पना को उलट-पुलट दें।' कल रात उसने मायन सभ्यता पर एक किताब का अनुवाद ख़त्म किया था। दक्षिण अमरीका के मूल निवासियों के रहस्यमय जीवन को जब भी वह समझने की कोशिश करती तो अचम्भा और दिलचस्पी दोनों ही बढ़ जाते, साथ ही ग़ुस्सा और दुःख भी होता कि वह यह काम न्यूयॉर्क यूनिवर्सिटी में कर रही है, उन गोरों के पैसे से जिन्होंने मायन जनजातियों को पहले हराया, फिर लूटा और फिर नेस्तनाबूद करने के बाद आज उनकी सभ्यता के आधे-अधूरे अवशेषों पर करोड़ों डॉलर ख़र्च करके उनकी भाषा, संस्कृति और रीति-रिवाज को समझने की कोशिश कर रहे हैं।

कल देर रात तक जागकर उसने एक बहुत ही रोचक अध्याय ख़त्म किया था—मायन जनजातियों में रिवाज था कि हर बच्चे के जन्म पर सौ पेड़ लगाकर उनकी देखभाल की जाए। जब तक बच्चा ख़ुद ऐसे करने के क़ाबिल न हो जाए। फिर बच्चे का परिचय उन पेड़ों से करवाकर कुछ दिनों बच्चे को वहाँ अकेला छोड़ आते। जब इनसान और पेड़ एक-दूसरे को ठीक से जान जाते तब उन सौ में एक पेड़ बच्चे से बात करता और उसकी बात सुनता! दोनों पर एक-दूसरे की बात सुनना, समझना और मानना फ़र्ज़ हुआ करता था। धीरे-धीरे इनसान और पेड़ों में दूरी बढ़ी, पहले पुरुषों ने पेड़ों की सलाह माननी छोड़ दी,

फिर उनसे बात करने की ज़रूरत को नकार दिया और सबके बाद महिलाओं को अपने से अलग राय रखने पर पेड़ों को दोषी ठहराकर, औरतों के पेड़ों से मिलने-जुलने पर रोक लगा दी। कुछ एक औरतें चोरी-छुपे वनों में जाती रहीं। पुरुषों को जब पता चला तो उन्होंने अन्धाधुन्ध पेड़ काटने शुरू कर दिए, यहाँ तक कि महिलाओं ने उनसे वादा किया कि अब वे कभी वन में नहीं जाएँगीं। धीरे-धीरे किस परिवार के कौन से पेड़ हैं यह परिचय करवानेवाले भी समय के साथ मर खप गए और एक नए गिरोह का जन्म हुआ; वे जो इस रिश्ते का मज़ाक़ उड़ाते थे। कुछ समय और बीता, रिश्ते पर हँसी-ठिठोली, चुटकुले बने, पेड़ों से सम्बन्ध को पागलपन कहा जाने लगा और रिश्ते निभानेवालियों को 'चुड़ैल' नाम दे दिया गया।

ऋचा ने भी तो मज़ाक़ उड़ाया था अपनी माँ का, जब पिछली बार वह झाँसी उनसे मिलने गई थी। अस्सी साल की, कुछ सप्ताह पहले विधवा हुई, माँ ने दोनों भाइयों से अलग उससे फ़रमाइश की थी, "ऋचा, मुझे आम के पेड़ तले बैठावेगी? बड़े दिन हो गए, हुआँ न बैठी!" चली तो वह ख़ुद भी जाती लेकिन पेड़ तले बना चबूतरा इतना नीचा था कि ऋचा का सहारा लेने की ज़रूरत पड़ी और वह हँसते हुए बोलीं, "पहली बार सास ने ऐसे ही सहारा देकर बिठाया था इस पेड़ के नीचे, तब गहनों का भार नहीं उठता था, अब अपने शरीर का भार नहीं सँभलता।" और फिर शुरू हुई थी उनकी जीवन कथा, जो टुकड़ों, हिस्सों में ऋचा पहले भी सुन चुकी थी। "तब नौ मील मतलब बहुत दूर होता था, न सड़क, न बस, झाँसी से यहाँ पहुँचने में बैलगाड़ी से तीन घंटे लग गए थे। शाम हो गई थी, तेरी दादी ने जल्दी-जल्दी खाना खिलाया और अपनी चारपाई के पास ही मेरा बिछौना कर दिया। अच्छी थीं मेरी सास, समझ रही थीं कि मेरा शरीर बनारस से झाँसी ट्रेन में और उसके आगे बैलगाड़ी में थककर चूर हो गया है; विदाई का रोना-पीटना, ब्याह का रतजगा जो था वह तो था ही। वैसे मेरा जी अन्दर से अकुला रहा था तेरे बाबू जी के पास जाने को; पता तो चले कैसे, क्या होता है?" ऋचा हँस दी थी, बुढ़ापे में गाँव की औरतों का फक्कड़पन, अश्लीलता की तरफ़ चल निकलता है। थकन ज़्यादा थी, तो मैं सो गई। सुबह सवेरा भी नहीं हुआ था कि ससुर जी ने आवाज़ लगाकर सास को जगाया और कहा, "बहू को ज़रा उठाकर आम के पेड़ के नीचे ले आ।" मैं आई तो मुझे बताने लगे, 'यह पेड़ मैंने 15 साल पहले लगाया था जब रामपुर से इस गाँव पटवारी होकर आया था। हर साल इसमें दो-चार गुच्छे बौर तो आते हैं लेकिन फल एक नहीं लगता।

तू इसकी एक परिक्रमा कर दे, तेरा आँगन में पहला पग शुभ हुआ तो इस साल ज़रूर फल आएगा।' सासू माँ ज़रा सा बिगड़ी, 'बाँझ पेड़ तले बहू का पहला पग मतलब अपशकुन को न्योता!' नई बहू मैं, मुझे तो वैसे भी सर झुकाकर रखना था, पेड़ की जड़ों को देखते हुए परिक्रमा की और इतना देख लिया कि पेड़ की जड़ों में दीमक का वास है।

राशन का ज़माना था, मुट्ठी भर चीनी पेड़ों की जड़ों में छिड़कने पर सास वह बिगड़ीं कि पूछो मत; लेकिन तीन दिन के अन्दर चींटियों ने पहले चीनी खाई फिर दीमकों को भी चट कर गईं। दो सप्ताह बाद देखा नई कोंपलें फूट रही हैं। तेरे दादा जी को मच्छी बहुत पसन्द थी, सप्ताह में एक-दो दिन, ख़ुद ख़रीदकर लाते, साफ़ करते और बनाते। मैं शलक, बलकल, अन्दर की पेटी, खाने के बाद बचे काँटे हड्डियाँ, सब जमा करती और पेड़ की जड़ों में दबा देती। पेड़ को घर के दूसरे लोग भी प्यार करते थे; फल न सही, चम्बल की तन जलानेवाली धूप से छाँव तो देता ही था। एक शाखा पर मोटी रस्सी का, नीचे तख्ता लगा झूला था। इस पर छोटी ननदें झूला करती थीं और मैं भी काम-काज से निबटकर इस पर बैठ हवा खा लेती।

एक दिन मैंने तेरे बाबूजी से फ़रमाइश की, "झूला उतारकर दूसरी शाखा से बाँध दो।"

"क्यों भला? यहाँ ठीक ही तो है।"

"लो, हम क्या एक हाथ में बोझ उठाए-उठाए थक नहीं जाते? हाथ नहीं बदलना पड़ता?" वे हँसे तो मेरे ऊपर लेकिन पेड़ पर चढ़कर रस्सी खोली और दूसरी पर लंगर फेंकने ही वाले थे कि मेरी नज़र पहली वाली शाखा पर पड़ी, जो दो जगह से छिली, कटी-फटी थी। "रुको, रुको!" मैं अन्दर दौड़ी और एक पुरानी चुनर ले आई, "पहले यह तह करके रखो, इसके ऊपर रस्सी डालो, रस्सी की भी उमर बढ़ेगी और पेड़ भी घायल नहीं होगा।"

उस साल फागुन में बौर से लद गया पेड़! किसी को तब भी विश्वास नहीं था कि बाँझ पेड़ फल देगा। लेकिन जब एक तोते के जोड़े ने इस पर घोंसला बनाया, तब मैं समझ गई फलेगा ज़रूर क्योंकि फल खानेवाले पक्षी इस पर आ रहे हैं। फ़ालतू बौर झड़े और नन्ही-नन्ही अम्बोरियाँ दिखने लगीं तो सास ने अचार का मसाला तैयार करना शुरू किया। अच्छा ही किया क्योंकि उसी गर्मियों में तेरे बड़े भैया ने आने का इरादा किया।

मैं दोनों तरह से जीत गई। सास ने देखभाल के ख़याल से झूले पर बैठना

बन्द कर दिया, तब मैंने यह चबूतरा बनवाने को कहा। ससुर तो पेड़ से लगा, चारों ओर गोल और पक्का चबूतरा बनवाना चाहते थे, मैंने कहा नहीं, चौकोर, पेड़ की जड़ों से थोड़ा हटकर और कच्चा होना चाहिए। दस-पन्द्रह दिन में एक बार, मैं ही घर की बची चिकनी मिट्टी और गोबर से लीप देती। इस चबूतरे और पेड़ की ओट में, दूसरी तरफ़, घरवालों की नज़र बचाकर तेरे बाबू जी और मेरी बातें होतीं।

जब चौथा महीना गुज़र गया, उल्टियाँ रुक गईं और मैंने आधे से ज़्यादा अचार खा डाला, तब मेरा अलग-अलग चीज़ें खाने को जी चाहने लगा। शर्म भी आती, संकोच भी होता, क़िस्से कहती? तो इस पेड़ से ही कह दिया और जी हल्का कर लिया। मुझे क्या पता था पेड़ उनसे कह देगा? ज़रूर कहा ही होगा, तभी तो अगली सुबह उन्होंने मुझसे पूछा, "सुन, तुझे कौन-सी मिठाई पसन्द है?"

"बालूशाही!" अब यह रोज़ स्कूल से लौटते हुए, दो बालूशाही लाते, वहीं पेड़ की जड़ों के सहारे पत्ते का दोना टिका देते और मैं मौक़ा देख अंचल में छिपाकर खा लेती। एक महीने में ऐसा लगने लगा कि किसी ने बालूशाही का नाम भी लिया तो मुझसे पिटेगा। इसी से कहा, 'कोई मिठाई जितनी भी पसन्द क्यों न हो, रोज़-रोज़ वही मिले तो जी ऊब जाता है; लानेवाले को कौन समझाए! वे बुरा भी तो मान सकते हैं।' अगली शाम दोने में दो लड्डू रखे थे। गाँव है यह, उस समय बस बालूशाही, लड्डू और जलेबी ही मिलती थी।

इसी की छाँव में, झूले पर तेरे दोनों भाइयों को और फिर तुझे डालकर मैं घर का सारा काम निबटा लेती थी। लोग कहते हैं आम का पेड़ एक साल फलता है, एक साल सुस्ताता है; लेकिन यह कभी नहीं सुस्ताया, एक बार फलना शुरू हुआ तो बीते सालों की भी कसर पूरी कर दी।

सास-ससुर की अर्थी भी इसी के नीचे रखी गई और यहीं से उनकी अन्तिम यात्रा शुरू हुई। तेरे भाइयों को तो आगे पढ़ना था ही, यहाँ गाँव में कहाँ टिकते, लेकिन जब तूने भी ग्वालियर जाने की ठानी तो तेरे बाबू जी बहुत चिन्तित हुए और एक पूरी रात इस पेड़ तले बैठे सोचते रहे। पेड़ ने न जाने क्या सलाह दी कि सुबह उठे और नौ साल पहले तय किया हुआ तेरा सम्बन्ध यह कहकर तोड़ आए, 'आगे बढ़ते हुए पैरों में बेड़ियाँ क्यों रहे?' बदनामी सह ली, गालियाँ सुन लीं, और तुझे ग्वालियर भेज दिया; वहाँ से तू दिल्ली चली गई फिर विदेश! तेरी शादी की चिन्ता मैंने कितनी बार इस पेड़ से कही; कभी ढाँढस बँधाता, कभी

दिलासा देता; एक दिन बोला, 'ऋचा ख़ुश है, तुम क्यों उसकी ख़ुशी में ख़ुश नहीं हो? क्यों अपनी ख़ुशी उसके ऊपर थोपना चाहती हो?'

इस साल फागुन में इसमें बौर नहीं आया। हमने सोचा ज़रा सुस्ता रहा है। कुछ महीने पहले तेरे बाबू जी के साथ के मास्टर जी ने आकर बताया, पेड़ मर रहा है। तेरे बाबू जी बीमार चल रहे थे, कमज़ोर बहुत हो गए थे, फिर भी किसी तरह उठकर आँगन में आए। दूर से ही पेड़ को देखकर बोले, 'हाँ, आम का पेड़ ऐसे ही मरता है, नीचे से हरा रहता है, ऊपर से सूखना शुरू होता!' यह देखकर ही जैसे उनके अन्दर कुछ टूट गया, बस जीने से जैसे मन भर गया उनका! तीन महीने के अन्दर ही चल दिए। अब तो ऊपर की आधे से ज़्यादा टहनियाँ सूख गई हैं।'

इतना कहकर माँ कुछ देर चुप रहीं और अपनी छड़ी से ज़मीन पर कुछ लकीरें बनाती रहीं; फिर अचानक ऋचा से कम ख़ुद से ज़्यादा बोलीं, "कोशिश तो करनी चाहिए; अन्त तक कोशिश करते रहना यही इनसान का फ़र्ज़ है। सुन ऋचा, मुझे सहारा देकर चबूतरे पर खड़ा कर देगी?"

"माँ, इतनी मुश्किल से तो तुम्हें यहाँ लाकर बिठाया है, उठोगी भी सहारे से, चबूतरे पर कैसे चढ़ोगी?" ऋचा ने समझाते हुए कहा।

"अरे चढ़ जाऊँगी, तू पास आ जा, तेरा कन्धा पकड़कर—"

"माँ, तुम अस्सी पार कर चुकी हो, तो मैं भी साठ छू रही हूँ, अगर डगमगा गई और तुम गिर पड़ीं तो?"

"अच्छा जा, रसोई से पटरा ले आ, उस पर एक ईंट रख दे, बस बन गया ज़ीना, तब तेरे कन्धे पर बोझ नहीं पड़ेगा!"

"माँ, ज़रूरत क्या है यह सब सर्कस करने की!" ऋचा की आवाज़ में डर और खीज दोनों थीं।

"मुझे उससे बात करनी है ना।"

"किससे?"

"तू जब से विदेशी हुई है, हिन्दी में हो रही बात को कान ही नहीं देती। इतनी देर से किसकी बात कर रहीं हूँ मैं? मुझे आम के पेड़ से बात करनी है। जनम भर के साथी से इतनी दूर से कैसे बात करूँ—जा, जा पटरा ला, मैं ईंट उठा लाती हूँ।"

ज़िद करके माँ चबूतरे पर चढ़ी थीं और जहाँ से मोटा तना तीन शाखाओं में बँट रहा था वहाँ बड़े प्रेम से हाथ रखकर बोलीं, "समझती हूँ कि तुम बुढ़ा गए हो;

यह भी जानती हूँ कि तुम अकेले हो गए हो; क्या करूँ, बच्चों ने एक-एक करके अपना जीवन चुन लिया, दो साल यह इतना बीमार रहे, इनकी सेवा टहल में तुमसे मिलने आना नहीं हुआ। इनके जाने के बाद आना चाहिए था मुझे, पर सच बताऊँ तुम्हारी छाँव में, तुम्हें देखकर ही इनकी बहुत याद आती है मुझे, इसीलिए दूर रही। लेकिन यह मेरी भूल थी, तुम्हारा ग़ुस्सा ठीक ही है, जो चला गया उसके लिए जो है उसकी अवहेलना थोड़ी करनी चाहिए। मैं वादा करतीं हूँ, रोज़ आऊँगी तुम्हारे पास; और तुम भी जिस पथ पर चल दिए हो उससे पलट आओ। मैं भी कितने दिन और हूँ? जब तक हूँ मेरा साथ निभा दो; कोई तो मेरे लिए रुक जाए; कोई तो मेरा ख़याल करे।"

माँ, जहाँ तक हाथ पहुँच रहा था, तने और शाखाओं को धीरे-धीरे सहला रही थीं और पास खड़ी ऋचा, मुँह पर साड़ी का पल्लू रखे अपनी हँसी रोकने की कोशिश कर रही थी।

तीन दिन बाद वह न्यूयॉर्क लौट आई थी और आज पाँच महीने बाद माँ की यह चिट्ठी आई है, "आम के पेड़ में भरपूर बौर आया है, दो जोड़ी तोते भी आ गए हैं और एक कोयल भी आस-पास मँडरा रही है। अभी उसका कंठ सधा नहीं है; आजमाने के लिए बीच-बीच में बोलती है जो कूकने से ज़्यादा चूकने-सा लगता है। आम जून तक पकेंगे! बहुत सारा प्यार, माँ!

इतना ही सही

"आपको न बताऊँ तो किसे बताऊँ?" मुबीना ने माँ और बड़ी बहन की तरफ़ बारी-बारी देखते हुए कहा।

"किसी को नहीं। भला यह बातें भी किसी को बताने की हैं। रात में शौहर और बीवी के बीच क्या होता है, वह सिर्फ़ उन दोनों के बीच रहना चाहिए।"

"इसीलिए तो उनसे बात करने से पहले आप दोनों की राय पूछी आपा।"

"ग़ज़ब ख़ुद का उनसे तो कभी यह सब बातें न करना। भला औरत को यह सब बातें करना ज़ेब देता है?"

"उन्हें यह सब करना अच्छा लगता है और मुझे उनसे इतना भर कहना ज़ेब नहीं देता? न कहूँ के शाम से ही आनेवाली रात का डर मुझे सताने लगता है? न कहूँ कि मुझे कितनी तकलीफ़ होती है, न कहूँ कि मेरा सारा जिस्म किस तरह कराहता है! न कहूँ कि उनके साथ हमबिस्तरी मुझे अधूरा, बेचैन छोड़ देती है।"

"ए, तुम्हें अल्लाह का वास्ता, खानदान की इज़्ज़त की क़सम, औरत को अपनी जिस्मानी ज़रूरतों और उनकी तस्कीन का ज़िक्र करना भी ममनूह (वर्जित) है; फ़ौरन तलाक़ हो जाएगा। हमारा मज़हब मर्द को यह हक़ देता है कि वह अपनी ब्याहता से बिस्तर में जैसे जी चाहे वैसे करे! और सच बात तो यह है बेटी कि हम ख़ुद ही बेटे के यहाँ पड़े हैं, एक और बोझ नहीं डाल सकते उसके ऊपर!"

बात साफ़ हो गई थी। जो जी चाहे करो, लेकिन हमसे कोई उम्मीद न रखो! तुम जानो तुम्हारी ज़िन्दगी कैसे गुज़रेगी। मुबीना ने ऑटो को पैसे देकर, हैंडबैग से चाबी निकाली। दो लोगों की ज़रूरत के हिसाब से देखे तो यह फ़्लैट काफ़ी अच्छा, बड़ा और आरामदेह था। ताला खोलते हुए माँ के आख़री अलफ़ाज़ उसके कानों में गूँज रहे थे, "औरत को जिस्मानी ख़ुशी पाने का कोई हक़ नहीं।" उसकी

आँखों के आगे आपा के जिस्म पर दाँत और नाख़ून के निशान बार-बार नाच उठते थे। क्या सब मर्द ऐसे ही होते हैं? क्या सब औरतें ऐसे ही ज़िन्दगी बिताती हैं?

कमरे के अन्दर आकर पंखे का स्विच दबाया तो ज़ोर की फड़फड़ाहट से ख़ाली कमरा गूँज उठा। अच्छा, तो आज फिर यह अन्दर फँस गई थी। मुबीना ने खिड़की के ऊपर बने एयर कंडीशनर वाले रोशनदान पर नज़र डाली। बाहर बैठे हुए थे जनाब और अन्दर टुकुर-टुकुर ताक रहे थे। ख़ैर, आधे दिन से ज़्यादा तो बेचारी बची रही मरदूद से।

डेढ़ साल पहले जब मुबीना और उसका शौहर, संयुक्त परिवार छोड़कर यहाँ आए थे, तभी से वह इन दोनों को देख रही थी। सारा दिन गुटर गूँ करते और सुरमई पंख पूरे घर में गिराते। किसी भी वक़्त बालकनी पर, रोशनदान या खुली खिड़की की कगार पर आ बैठते। यहाँ आकर ही मुबीना के शौहर को मानो ख़ुली छूट मिल गई थी; नोचना-खसोटना, काटना बढ़ गया था और मुबीना के रोने, चीख़ने और कराहने से लापरवाही आ गई थी। यहाँ आकर ही मुबीना की सफ़ाई पसन्दी ने एक जुनून का रूप ले लिया था। हर वक़्त घर बुहारती, फ़र्श धोती, रगड़ती, फर्नीचर झाड़ती-पोंछती रहती। जिस्म पर जो दाग़ पड़ते जा रहे थे उन्हें घर की दीवारों और फ़र्श से धो-पोंछकर साफ़ करती रहती। फ़्लैट को चमकता, उजला रखने में यह कबूतर उसके सबसे बड़े दुश्मन थे। इस रोशनदान पर उनकी ख़ास ठेंक थी। वह बार-बार उन्हें उड़ाती, दिन में कई-कई बार उनकी बीट साफ़ करती, बेकार बढ़ गए काम पर बड़बड़ाती और गुटुर गूँ के मुस्तक़िल शोर से आजिज़ आ जाती। पंखों का फड़फड़ाना होता, या शीशे पर चोंच मारना, पंजों का दीवार पर खसोटे मारना या हर वक़्त की गुटुर गूँ तो शायद उसे आदत पड़ जाती; लेकिन दोनों अक्सर शीशे से अन्दर झाँकते और अपनी सुर्ख लाल आँखें तरेरते, जब वह अपनी छिली हुई जाँघों, घायल छातियों पर मरहम लगा रही होती; फिर दोनों एक-दूसरे को ताक़ते जैसे आँखों-आँखों में एक-दूसरे को उसके ज़ख़्म और नील दिखा रहे हों। इतने पर भी बस होता तो कोई बात नहीं थी। लेकिन जब कबूतरी दूर जा बैठती और कबूतर अपने पंख खोलकर अपना डैना उसे दिखाकर इतराता, फिर गर्दन मटकाकर गोल-गोल नाचता, गला और छाती फुलाकर, चमकीले रोयें दर्शाता और साँस छोड़ने में तान भरने की कोशिश करता तो मुबीना का ग़ुस्सा कई गुना बढ़ जाता। इस पर भी जनाब रुक जाते तो मुबीना कुछ न कहती। जहाँ भी कबूतरी बेचारी बैठी हो, वहाँ उड़कर पहुँच जाते और तिरछे सरकते हुए पास होने की कोशिश करते। कबूतरी दूर हटती जाती, यहाँ तक कि अपनी वाली जगह की कगार पर आ जाती। उड़ती

तो यह उसका पीछा करते और किसी तरह उसे घेर-घारकर रोशनदान पर ले आते। वह बेचारी एक कोने में दुबक जाती और सँकरी जगह में भी अपने पंख खोलने की कोशिश करती, अजीब-अजीब तरह की आवाज़ें भी निकालती। कबूतर उसकी एक न सुनता और दोनों के पंजे, चोंच, पंख सब शीशे पर बजते। यह वाला शोर मुबीना सह नहीं पाती और जब वह ज़बरदस्ती कबूतरी के ऊपर चढ़ जाता तो मुबीना के बर्दाश्त का बाँध टूट जाता और वह अपने शौहर की छड़ी लिए बालकनी पर लपकती।

वह उन्हें मारना नहीं चाहती थी। नहीं! हरगिज़ नहीं! छड़ी लिए वह पहले तो हाथ हिलाकर और 'हिश हिश' की आवाज़ से उन्हें उड़ाने की कोशिश करती। कबूतर पर कोई असर न होता। तब उसे छड़ी ऊपर करके उन्हें मारने का नाटक करना पड़ता। नर पहले उड़ जाता, बुज़दिल कहीं का! या शायद इसलिए क्योंकि वह कबूतरी के ऊपर होता था। कबूतरी को दो-एक पल लगते यह समझने में की वह आज़ाद है—बेवकूफ़ कहीं की! फिर वह एक कृतज्ञता भरी नज़र मुबीना पर डालती और उड़ जाती। पता नहीं क्यों वह पहले सुरक्षित रहने को कोशिश नहीं करती थी? क्यों इन्तज़ार करती थी कि कोई आए और उसे छुड़ाए? आख़िर वह मुबीना की तरह निकाह में बँधी हुई तो नहीं थी; वह तो उड़ सकती थी। फिर वह उड़ती क्यों नहीं रहती थी? तब बची रहती। छूटकर भी वह कबूतर से उलटी दिशा में उड़ती। उन नोकदार पंजों से, कटीली चोंच से, दम घोटनेवाले आलिंगन से, जकड़ते-चुभते घुटने कोहनियों से, गड़ते दाँत और पसीने की बासी गन्द से! कबूतरी को छुड़ाकर उसे एक अजीब क़िस्म की जीत का-सा एहसास होता, जैसे कुछ हिस्सा उसने अपने वजूद का छुड़ा लिया, बचा लिया हो।

अक्टूबर का आख़िर था। दुर्गा पूजा का पर्व बीत चुका था और दिवाली का इन्तज़ार था। दिन छोटे होने लगे थे और रातों में गुलाबी जाड़े की खुनकी और रात रानी की ख़ुशबू का बसेरा था। मुबीना लम्बी नींद भरी रातें और अलसाए दिन गुज़ार रही थी। कई घाव भरकर पपड़िया गए थे, जो हलके थे उन पर आया खुरंट झड़ने लगा था। शौहर अपनी बोन ज्वेलरी के सैंपल लेकर गल्फ गए हुए थे। एक महीने से पहले लौटने वाले नहीं थे। घर उसकी मर्ज़ी के हिसाब से सजा-सँवरा था, अपनी पसन्द के खाने बनाती और अकेली घूमने निकल जाती। शौहर का फ़ोन रोज़ आता था, बार-बार कहते किसी रिश्तेदार को बुला ले; माँ अलग बेताब थी उसके पास आने को। लेकिन ज़िन्दगी में पहली बार उसे तन्हाई खल नहीं रही थी। इसीलिए तो वह चिढ़ गई थी उसके आने पर। वह जो बस एक दिन, एक रात रुकनेवाला था; जिसके लिए उसके शौहर ने दुबई से पाँच बार फ़ोन किया था और

हिदायतों की झड़ी लगा दी थी। उसे घर पर ही ठहराया जाए, मास्टर बैडरूम उसे दिया जाए, मुबीना ख़ुद गेस्ट रूम में सो ले, कैसे खातिर हो, अगर दिल्ली घूमना चाहे तो कौन-कौन सी जगह ले जाया जाए—और भी न जाने क्या-क्या! इतना सब इसलिए क्योंकि उसके ज़रिये एक बड़ा कॉन्ट्रैक्ट मिलने की उम्मीद थी।

शीराज़ ने बस मुबीना को कमरा दिखाने भर की ज़हमत दी। उसके बाद घुमाया भी उसी ने, खाना खिलाने भी वही ले गया और तोहफ़े भी उसी ने बरसाए मुबीना पर। 'साहब', 'जी', 'भाई', 'भाभी' की औपचारिकता तो उसने मिलते ही ख़तम कर दी थी। देर रात, दोनों बाहर खाना खाकर, चॉकोचिप आइसक्रीम का ब्रिक लेकर घर लौटे। पूरा दिन कहाँ, कैसे गुज़रा, शीराज़ के चुटकुलों और लतीफ़ों में पता ही नहीं चला। शीशे के दो प्यालों में आइसक्रीम निकालकर, एक शीराज़ को थमा मुबीना सामनेवाले सोफ़े पर बैठने ही वाली थी कि शीराज़ ने कलाई पकड़कर उसे अपने पास बिठा लिया; फिर चमचे में आइसक्रीम लेकर उसकी तरफ़ बढ़ाई। मुबीना ने बग़ैर सोचे-समझे मुँह खोल दिया। फिर ज़रा झेंपकर और घबराकर अपने चमचे से आइसक्रीम खाने ही वाली थी कि शीराज़ ने अजीब तरह से दु:ख की साँस छोड़ी और सर हिलाया। उसकी सवालिया नज़र देखकर बोला, "दिल्ली में लोग इस क़दर बेईमान होते होंगे यह मैंने नहीं सोचा था।" मुबीना के चेहरे पर न समझने का भाव देखकर बोला, "मेरी आइसक्रीम भी तुम खाओगी और अपनी भी? तो मुझे क्या मिलेगा?" वह खिसिया गई लेकिन जब शीराज़ ने अपना मुँह खोले रखा तो चमचा भरकर आइसक्रीम उसकी तरफ़ बढ़ाने के अलावा क्या रास्ता था?

फिर हाथ का हाथ में आना और उँगलियाँ कसना तो वक़्त की बात थी। शुरुआत तो उसकी हथेली चूमने से हुई थी लेकिन उसके होंठ, धीरे बहुत धीरे लेकिन यक़ीनी तौर पर आगे बढ़ रहे थे।

दोनों ने रतजगा मनाया; दोनों की उँगलियाँ, जीभ, होंठ, तलवे, खोज करते, एक-दूसरे को जगाते, ज़िन्दा करते, ज़िन्दगी की तरफ़ हाथ बढ़ाते रहे। पौ फट रही थी जब, वह गहरी नींद सो गया और वह यह सोचकर हैरान होती रही कि किसी मर्द को उसने थकाकर पस्त कर दिया है और उसका ख़ुद का बदन चूर-चूर नहीं हो रहा है। वह बिस्तर से उठी और पूरी तानकर, गगन छूती अंगड़ाई ली। सामने लगे आईने में उसने अपने सुडौल जिस्म का अक्स देखा; ख़ुद पर दिल रीझा; डॉक्टर को दिखाना चाहिए; किसी स्किन स्पेशलिस्ट को। पुराने ज़ख़्मों के दाग़ का कुछ तो इलाज होगा।

ख़ुद को एक चादर में लपेटकर, क्योंकि वह इतनी जल्दी अपने जिस्म को कपड़ों में उलझाना नहीं चाहती थी, वह धीरे से बाहर वाले कमरे में आ गई। उसके आगमन का जैसे अनुरणन किया कबूतरों की वापसी के शोर ने, जो सवेरे की पहली उड़ान भरकर लौट रहे थे। पहली बार मुबीना उन दोनों को देखकर मुस्कुराई और वे दोनों एकटक उसे देखते रहे—हैरान? शायद! और चौकस! कबूतरी ने गर्दन मोड़कर कबूतर की तरफ़ देखा और जैसे बस यह एक नज़र काफ़ी थी उसे याद दिलाने के लिए कि वह दोनों यहाँ लौटकर क्यों आए हैं। वह छाती फुलाकर, हलक़ से आवाज़ करता कबूतरी की तरफ़ बढ़ने लगा।

मुबीना ने बालकनी का दरवाज़ा खोला। उसे बाहर आते देख, हालाँकि उसके हाथ में छड़ी नहीं थी नर ने अपना डैना फैलाया और उड़ गया। मुबीना के दिल में एक टीस-सी उठी, अपने इनसानी वजूद पर ग़ुस्सा भी आया; अपने अतीत के बरताव पर शर्मिंदगी भी महसूस हुई। उसने नज़र भरकर कबूतरी को देखा और धीरे से बोली, "तो इस तरह छूता है वह तुम्हें! ऐसे प्यार करता है; इस तरह रोम-रोम को ज़िन्दा कर देता है! इसीलिए तुम कहीं उड़ती नहीं क्योंकि तुम बचना चाहती नहीं; या बस उतना-सा उड़ती हो जितना लुभाने-रिझाने के लिए काफ़ी हो!"

अपनी बात कहकर मुबीना अन्दर लौट आई, दरवाज़ा बन्द किया फिर ज़रा-सा खोलकर सर बाहर निकालकर बोली, "गए दिनों के लिए मुझे माफ़ कर दो। मैं जानती हूँ कि जानवरों, परिन्दों में ऐसा नहीं होता; लेकिन उसे वापिस बुला लो न। जानती हूँ, तुम लोगों में मादा कभी प्रस्ताव नहीं रखती, न्योता नहीं देती, फिर भी इन रीति-रिवाजों को, इन घिसे-पिटे नियमों को तोड़ दो न! उसे मेरे नए पंखों की क़सम देकर, लौटा लाओ ना!

नास्तिक कुनबा

उनके यहाँ अचानक जाना बन्द हो गया था। पहले भी बहुत आना-जाना नहीं था, फिर भी बच्चे अक्सर उनके यहाँ मौज़ूद रहते थे क्योंकि मिठाई उनके घर में हमेशा तैयार रहती थी। मिठाई से भी ज़्यादा ज़रूरी होता था पीने का पानी। पार्क में खेलते-खेलते प्यास लग ही जाती थी और कौन खेल छोड़कर अपने घर अकेला जाए पानी पीने? राय ये बनती कि सब एक साथ चलते हैं। लेकिन दिन भर के काम से, शाम को बच्चों की चिलपों से ज़रा निजात पा रही माँओं की डाँट सुनने कौन सबको अपने घर ले जाए? लिहाज़ा सब बच्चे मिलकर सोसम्मा आंटी के फ़्लैट पहुँचते जो पानी पिलाने से कभी भी इनकार नहीं करती और न सिर्फ़ पानी पिलातीं, बल्कि साथ में एक टुकड़ा मिठाई भी ज़रूर हर बच्चे को देतीं।

सोसम्मा और चाको अकेले रहते थे। शादी को 20 साल से ज़्यादा हो गए थे, सारी मन्नतें-दुआएँ मानकर अब दोनों ही बाल-बच्चे की उम्मीद छोड़ चुके थे। दोनों मिशनरी स्कूल में काम करते थे, अच्छी-ख़ासी आमदनी थी, चाको स्कूल में साइंस के टीचर थे और सोसम्मा क्लर्क। ज़िम्मेदारी कोई थी नहीं, कोची के ऊपरी मध्यवर्गीय इलाक़े में जहाँ ज़्यादातर, गल्फ से पैसे कमाकर लौटे सीरियन ईसाइयों ने अपनी एक कॉलोनी बनाई थी चार कमरों के फ़्लैट में आराम से रहते थे। कॉलोनी के पास ही एक और सीरियन क्रिश्चियन कॉलोनी थी, दोनों के बीच में गिरजे के लिए ज़मीन ख़रीद ली गई थी और गिरजा बनाने का काम भी चालू था; स्कूल की बस भी कॉलोनी के गेट तक आती थी और दोनों साथ ही तैयार होकर घर से निकलते और साथ ही लौटते। ज़्यादातर मामलों में दोनों की एक ही राय, एक ही मत होता था, चर्च में बराबरी से चन्दा देते, रिश्तेदारों की मदद के लिए पहुँचते और हाउसिंग सोसाइटी के जलसों में आवश्यक रूप से शामिल होते;

अच्छे खाते-पीते दम्पति, जिनकी देखा जाए तो बहुत सुलझी सुल्टी ज़िन्दगी थी। फ़र्क़ दोनों में बस एक ही था। औलाद के न होने का ग़म दोनों अलग-अलग तरह से बर्दाश्त कर लेने की कोशिश कर रहे थे। चाको अंकल हर वक़्त झुँझलाए रहते, किसी बीमार को देखने आते तो उसकी कौन-सी भूल की वजह से उसे बीमारी ने आ दबोचा है इसका लम्बा-चौड़ा लेक्चर दे डालते, बदपरहेज़ी कर रहे या सुबह व्यायाम न करनेवाले लोगों को आनेवाली बीमारियों से डराते, चीनी छोड़ चुके थे, नमक न के बराबर खाते थे, सोसम्मा के मिठाई बनाने के शौक़ पर मुस्तक़िल उन्हें कोसते रहते, चर्च में न आनेवाले लोगों के घर डाँटने-डपटने पहुँच जाते, चर्च सर्विस के दौरान पूरी ख़ामोशी चाहते और अगर कोई ज़रा भी बात कर दे, या खाँस या छींक भी दे तो सर्विस भर उसे घूरते रहते और बाद में उसे ऐसा आड़े हाथों लेते कि बेचारा प्रभु से कम उनसे ज़्यादा शर्मिंदा मालूम होता।

सोसम्मा इसके बिलकुल उलट थीं। उनका स्कूल का काम ऐसा था कि उन्हें बच्चों से कम ही मिलना पड़ता; तो भी वह ख़ाली समय में खेल के मैदान में बच्चों को खेलते देखतीं तो उनके चेहरे पर ख़ुशी छा जाती, उनकी मेज़ उस हॉल में थी जिसमें प्रिंसिपल के सामने पेश होनेवाले बच्चे लाकर खड़े किए जाते और पूरा वक़्त डरे. सहमे, अक्सर सुबकते बच्चों को सहानुभूति से देखती रहती, मिठाई तो वह बच्चों के लिए ही बनाती थीं, चर्च में कोई बच्चा रोए तो उसे लेकर बाहर चली जातीं जिस पर चाको उन्हें बाद में फटकारते कि वह प्रभु की इबादत से कन्नी काट रही हैं; बच्चों को कहानियाँ सुनाना तो उन्हें इतना पसन्द था कि हमेशा नई कहानियाँ गढ़ती रहतीं और अक्सर नई के चक्कर में पुरानी भूल जातीं, दोनों को गडमड कर देतीं और फिर बच्चों से अपनी ही सुनाई हुई कहानी बहुत हैरान होकर सुनतीं।

चाको शारीरिक सेहत और क़ायदे के जीवन का जीता-जागता नमूना थे। ठीक सुबह पाँच बजे छड़ी घुमाते सैर को जाते। छड़ी की न उनको ज़रूरत थी न वह शरीर को ज़रूरत की हद तक पहुँचने देना चाहते थे। छड़ी तो स्टाइल थी। पाँच बजे निकलते और पाँच चालीस पर सीढ़ियाँ चढ़ते मिलते। शाम भी ऐसे ही नपा-तुला घूमना, डेढ़ घंटे टेलीविज़न, और वक़्त पर खाकर सो रहना। ऐसे डिसिप्लिंड आदमी की बावन साल की उम्र में चटपट मौत हो जाएगी यह भला कौन सोच सकता था?

सोसम्मा अकेली तो हो गईं लेकिन उनकी जीवनचर्या में कोई ख़ास फ़र्क़ आया हो ऐसा नहीं। छियालीस-सैंतालीस साल में उन्हें उदासी ओढ़ लेने की कोई वजह नज़र नहीं आई। पहले जैसे मिलती-जुलतीं, हँसती-हँसातीं, स्कूल अवश्य समय पर जातीं

और बच्चों के लिए मिठाई बनातीं, कहानियाँ सुनातीं और फ्रिज में अपनी ज़रूरत से ज़्यादा पानी रखतीं। हाँ, एक बात ज़रूर हुई थी, धार्मिक किताबें ज़्यादा पढ़ने लगी थीं और गिरजे के फ़ादर से गहन मुद्दों पर सवाल उठातीं और लम्बी बात करतीं।

शुरू-शुरू में तो फ़ादर को अच्छा भी लगता और सोसम्मा के अध्ययन की चर्चा और तारीफ़ वे दूसरों से करते रहे। फिर जैसे-जैसे वह ज़्यादा गहराई से बातों को समझने की कोशिश करने लगीं तो फ़ादर ज़रा व्यस्त रहने लगे। वे कोई धार्मिक किताब लिए पहुँचतीं तब फ़ादर कहीं जाने का बहाना कर देते या रविवार का सरमन लिखने में मसरूफ़ हो जाते। अन्ततः उन्होंने कह ही दिया, औरतों को इतने गहरे जाने की ज़रूरत नहीं है। बस गिरजे के बताए नियमों का पालन करने से ही महिलाओं का उद्धार हो जाएगा। बहस में न पड़नेवाली, हमेशा मुस्कुरानेवाली सोसम्मा ने पहली बार गम्भीर होकर उल्टा तर्क दिया, "आपके पास जवाब नहीं है न? तो उतना ही कहिए, प्रभु की ओर से हिदायत क्यों दे रहे हैं औरत क्या करे या न करें?"

इन्हीं दिनों चाको की बड़ी बहन का बेटा गल्फ से इतना कमा लाया कि अपने माता-पिता को उसने सोसम्मा की बिल्डिंग में उनके घर के बराबर वाला फ़्लैट ख़रीद दिया। सोसम्मा ने दिन-रात एक करके फ़्लैट की पुताई से लेकर रसोई का सामान, परदे और फर्नीचर की सजावट अपने ज़िम्मे ले ली। नंदोई तो उठते-बैठते उनको आशीष देते कि बेटे ने तो केवल पैसे दिए, फ़्लैट रहने लायक़ तो सोसम्मा ने बनाया। ननद-भावज पास-पास रहने लगीं।

सोसम्मा ने कई बार देखा था, फिर ध्यान से देखना शुरू किया और पाया कि चर्च अगर ख़ाली भी होता तो भी कुछ परिवार हमेशा पीछे ही बैठते। एक-दो बार सोसम्मा ने उनसे कहा भी कि जब जगह है तो वे आगे आ जाएँ लेकिन उन लोगों ने ख़ुद ही मना कर दिया। एक बार उन्होंने हलके से फ़ादर से कहा भी कि वह क्यों नहीं उन लोगों को आगे आने को कहते। फ़ादर ने मुस्कुराकर कहा, "सबकी अपनी जगह है, सब याद रखें तो अच्छा है।"

"क्या ईशु के घर में भी इनसान-इनसान में भेद होगा?" बात उन्होंने बहुत मासूमियत से की थी, इसमें फ़ादर को इतनी बुरी तरह झिड़क देने की क्या ज़रूरत थी? अब इसमें औरत की कमअकली की कौन-सी बात थी? ज़रूर कोई बड़ी बात ही रही होगी जिसे समझना मुश्किल होगा। यही जानने को सोसम्मा अपनी बहन से मिलने गईं।

सोसम्मा की दो बहनें थीं। एक उनसे बड़ी और एक छोटी, नन थीं और

परिवार को इस बात पर बहुत गर्व था। बड़ी वाली का तो ख़ैर बहुत सम्मान था, ऊँचे ओहदे पर थीं और उनसे मिलने के लिए पहले से अपॉइंटमेंट लेना होता था। छोटी वाली की देख-रेख में पास के गिरजे की सफ़ाई-सजावट का काम था और वह वहीं पास ही कॉन्वेंट में रहती थीं। सोसम्मा उसी से मिलने पहुँचीं और देखा कि दो बहुत ही कमउम्र, नई-नई ऑर्डर में दाख़िला पाई नन पोंछा लगा रही हैं और बहन पास ही बैठी दोनों को बहुत बुरी तरह डाँट रही है। कम उम्र लड़कियों को क्या कहा जा रहा है वह शायद उनकी समझ में नहीं आ रहा था लेकिन डाँट पड़ रही है और सज़ा मिलेगी इतना ज़रूर समझ रही थीं। दोनों के चेहरे उतरे हुए थे और रुलाई छूटने के क़रीब थी। सोसम्मा ने धीमे से पूछा, "क्या, हुआ क्या है?"

"कुछ नहीं अक्का, केवल पोंछा लगाने को कहा था, इन लोगों ने आल्टर और इशु मसीह की प्रतिमा भी पोंछ डाली; पवित्र जल का प्याला और मोमबत्ती दान भी छुआ।" फिर लड़कियों को डपटती हुई बोली, "जाओ तुम लोग; आज रात का खाना नहीं मिलेगा तुम दोनों को।"

दोनों युवा नन रोती हुई चली गईं। सोसम्मा ने ज़रा अफ़सोस के लहजे में कहा, "लेंट का महीना वैसे ही चल रहा है। तुम लोगों पर तो और भी सख़्तियाँ होती हैं, सारे दिन की भूखी हैं, अब रात को भी खाना नहीं मिलेगा।"

"अरे अक्का इन्हें फ़र्क़ थोड़े पड़ता है, भूखे रहने की आदत जो है।" बहन ने कॉफ़ी उँड़ेली और सोसम्मा की तरफ़ बढ़ाते हुए बोली।

"क्या सफ़ाई ठीक से नहीं हुई थी?" सोसम्मा ने कॉफ़ी की चुस्की लेते हुए पूछा।

"बात सफ़ाई की नहीं है अक्का, इनकी छुई हुई चीज़ें अब हमें फिर से पवित्र करनी पड़ेंगी।" फिर ज़रा आवाज़ नीची करके बोली, "दलित हैं न!"

"लेकिन अब तो इशु की शरण में हैं न, अब कैसे दलित हुईं?"

"लो, दलित तो दलित ही रहेगा; ईसाई हो जाने से क्या फ़र्क़ पड़ता है?"

पहले रविवार को ही चर्च से एक जत्था सोसम्मा के घर पहुँच गया। अड़तीस साल में पहली बार हुआ था कि वह रविवार की प्रार्थना से अनुपस्थित रही हों। उन्हें ख़ुद दरवाज़ा खोलते देख, भला चंगा पाकर सबने इत्मीनान की साँस ली और कारण पूछा। लेकिन उनके जवाब से सभी हैरान रह गए। "कुछ पढ़ रही थी" भला यह भी कोई वजह हुई गिरजे से ग़ायब होने की। सबने उन्हें याद दिलाया कि वह एक धार्मिक परिवार की बेटी और प्रभु पर अत्यन्त निष्ठा रखनेवाले की पत्नी हैं। उस समय तो सोसम्मा बस मुस्कुरा भर दीं, उसके बाद पूरे छह दिन वह जब भी नज़र आईं तो गुमसुम-सी, अपने आप में खोई हुई।

अगले रविवार चर्च आईं लेकिन उसके बाद वाले सप्ताह फिर ग़ायब रहीं। इस बार पूछने पर उन्होंने साफ़ कहा, "कुछ सवाल हैं जिनका जवाब गिरजा नहीं दे पा रहा। उन्हीं का जवाब ढूँढ़ रही हूँ।" अब लोगों में खुसुर-फुसुर शुरू हुई, बात पादरी तक पहुँची तो वह उनके घर पहुँचे। सोसम्मा जल्दी में थीं, उन्हें बिठाते हुए बोलीं, "ज़रा दलित बस्ती जा रही हूँ। वहाँ काम शुरू किया है।" फ़ादर ने ख़ुश होकर कहा, "अरे वहाँ तो हमारी कुछ नन भी काम करती हैं। मैं परिचय करवा दूँगा।"

"जी मैं उन्हें जानती हूँ। मेरे वहाँ होने की सूचना भी शायद उन्होंने ही दी होगी।"

"पिछड़े वर्गों में जितना काम हो, उनका उद्धार हो अच्छा है।" फ़ादर ने बात बदलते हुए कहा।

"जी मैं उनका उद्धार नहीं कर रही हूँ। उन्हें संविधान के हिसाब से उनके हक़ बता रही हूँ।"

दोनों साथ ही निकलने लगे तो ताला लगाते हुए सोसम्मा अचानक बोलीं, "अरे मैं किताब लेना तो भूल ही गई!" फ़ादर ने देखा कि अन्दर जाकर मेज़ पर से उन्होंने, 'ऐन्हीलेशन ऑफ़ कास्ट' उठाकर अपने बैग में रखी। फ़ादर की चिन्ता बढ़ गई। उन्होंने सोसम्मा की बड़ी बहन से बात की। वैसे तो वे कहीं आती-जाती नहीं थीं; उनका रुतबा चर्च में इतना बड़ा था कि लोग ख़ुद ही उनसे मिलने पहुँचते और घंटों इन्तज़ार करते। मामले की गम्भीरता को समझते हुए उन्होंने ख़ुद ही सोसम्मा से मिलने का फ़ैसला किया। कुछ देर हाल-चाल पूछने के बाद उन्होंने ख़ुद ही कहा, "सोसम्मा, हम लोग सीरियन ईसाई हैं। तुम्हें मालूम ही है कि हमारे यहाँ पैरिश की एक सूची होती है जिसमें परिवार के हर नए सदस्य का नाम जोड़ा जाता है और दिवंगत का मिटा दिया जाता है। लेकिन जो समुदाय के विरुद्ध कुछ काम करता है, या समुदाय से बाहर चला जाता है उसका नाम सूची से मिटाया नहीं जाता, उसे खुरच कर उकेरा जाता है। इससे परिवार के नाम पर भी बट्टा लगता है और व्यक्ति तो अकेला हो ही जाता है। मैं नहीं चाहती हमारे परिवार या तुम्हारे साथ ऐसा हो।"

"तुम नन हो, तुम्हारा परिवार से जुड़ाव ख़त्म हो चुका है, फिर भी तुम्हें परिवार और अपने नाम की इतनी फ़िक्र है। जिस ईशु ने क्षमा कर देने को इतना बड़ा दर्जा दिया, उसी को माननेवाला एक समुदाय में ज़रा-सी अलग सोच रखनेवाले को दूध में से मक्खी की तरह निकाल फेंकता है। ज़ाहिर है जो तुम्हारा ईशु है वह मेरा नहीं हो सकता।"

पैरिश सूची से नाम खुरच देने से पहले फ़ादर सोसम्मा को एक मौक़ा और देना चाहते थे। वास्तविकता दिखाना चाहते थे उन दिनों की जब वे समुदाय से

बाहर होंगी। इतना डराना चाहते थे कि वह सहम कर धर्म की राह पर लौट आएँ। पूरी पैरिश इस मामले में उनके साथ थी।

सबसे पहले छोटे बच्चों के माता-पिता को हिदायत दी गई कि कोई भी बच्चा उनके यहाँ पानी पीने न जाएँ न ही उनके हाथ से मिठाई ले। तीन दिन जब कोई बच्चा नहीं आया तो सोसम्मा दरयाफ़्त करने पार्क में पहुँची। बच्चों ने साफ़ कह दिया, "मम्मी-पापा ने मना किया है, आप हमें भी नास्तिक बना देंगी।" एक बच्चे ने पूछा, "नास्तिक क्या होता है?" सोसम्मा हँस दीं, "अभी पता नहीं है, पता चलते ही बताऊँगी।" मिठाई दलित बस्ती ले जाने लगीं। फ़ादर उनका नाम उकेर देने पर उतारू हो गए लेकिन उनकी ननद-नंदोई ने एक बार और कोशिश करने का निवेदन किया। कुछ और महिलाओं को लेकर ननद पहुँची। इनमें से कुछ सोसम्मा की रिश्तेदार थीं, बहुतों ने बचपन में उनके हाथ की मिठाई खाकर पानी पिया था। छह का गिरोह देख सोसम्मा मुस्कुराई। इत्मीनान से बैठते हुए एक बोली, "क्यों सबसे दूर होना चाहती हो?"

"क्यों आप लोग सबसे दूर हैं? हम सिरियन ईसाई हैं, ईसाइयों में जात-पाँत नहीं होता। हम यहाँ आकर बसे, और यहाँ के सारे रंग, जाति, नफ़रत, छुआछूत हमने अपना लिए। हमारे पादरी ईसाई बना सकते हैं, लेकिन धर्म बदलने से दलित केवल ईसाई होता है, सिरियन ईसाई नहीं। हम उसे अपने से नीचा, दलित ही मानते हैं, उन्हें दूर ही बिठाते हैं, उन्हें सेवक का ही दर्जा मिलता है अपनों का नहीं। ये कैसा समुदाय है जो अपने अन्दर इतने विभाजन रखता है? कभी सोचा है आप सबने?"

"ये सब सोचना गिरजे का काम है हमारा नहीं!"

"जिस गिरजे में इतने भेद-भाव हो उसमें पूजा-अर्चना केवल एक ढोंग है, प्रभु की भक्ति नहीं।"

"अक्का, क्यों ऐसा सोचकर चर्च आना छोड़ दिया, भगवान् के अलावा अपना है ही कौन?"

"अगर नहीं है तो वह तो मुझे देखेगा और अगर मैं ग़लत हूँ तो वह ही मुझे सज़ा देगा। गिरजे को यह हक़ कैसे मिला?"

तर्क जब चुक जाएँ तो धमकी के अलावा और बचता ही क्या है? "तो आपको पैरिश से निकाला जाना मंज़ूर है? निकाले गए लोगों के साथ क्या होता है आपको तो पता होगा ही।"

सोसम्मा ने एक गहरी साँस ली, "मैं कभी निकाली नहीं गई इसलिए क्या होता है मुझे मालूम नहीं! जो होगा देखा जाएगा।"

"सारे पैरिश के लोग आपसे नाता तोड़ लेंगे। आप जीवन में तो अकेली हो ही जाएँगी, मौत भी आपको अकेले झेलनी होगी!"

सोसम्मा का चेहरा अब तक ज़र्द पड़ चुका था। औरतें ख़ुश थीं कि चलो अच्छी तरह से डर गई है, अब रास्ते पर आ जाएगी। सब विदा लेने को थीं कि सोसम्मा ने बोलना शुरू किया, "मेरा जवाब सुनकर जाइए, शायद दोबारा मिलना न हो। मौत तो सबको ही अकेले झेलनी पड़ती है, उन्हें भी जो भूचाल, बाढ़ या ऐसी किसी दुर्घटना में इकट्ठे मारे जाते हैं; क्योंकि अन्तिम क्षणों में किस पर क्या बीतती है यह कोई नहीं जानता। जहाँ तक रही जीवन की बात सो वह किसी के बस की बात नहीं कि वह मुझे अकेला कर सके।"

पहली वाली बात का तो पता नहीं कि वह सही थीं या नहीं लेकिन दूसरी वाली बात में उन्होंने समुदाय की ताक़त को समझने में भूल की थी। समुदाय जितना छोटा हो उस पर धर्म उतना ही ज़्यादा हावी होता है और धर्म गुरुओं का शिकंजा उतनी ही सख़्ती से कसा हुआ होता है। ये बात भला आर्या से बेहतर कौन समझ सकता था। आर्या, जिसने बचपन में सैकड़ों बार सोसम्मा के घर का पानी पिया था, उनके हाथ की मिठाई खाई थी; नहीं, खाई नहीं थी, अपने छोटे भाई को खिलाई थी क्योंकि उसे ख़ुद तो मीठा बिलकुल पसन्द नहीं था। भाई को मिठाई देकर वह वादा ले लेती कि वह ठीक पाँच बजे पार्क में जाने की ज़िद करेगा ताकि आर्या अपनी सहेलियों के साथ शाम सात बजे तक खेल सके।

आर्या अट्ठारह साल की थी जब घर से भागी। किसी लड़के के साथ नहीं अपनी किताबों और बीस हज़ार रुपयों के साथ। सोसम्मा का सामाजिक बहिष्कार होने के आठ साल बाद उनके घर का दरवाज़ा खटखटाया था। इन आठ सालों में उसने सोसम्मा को बस दूर से देखा था क्योंकि वह बहुत सुबह निकल जातीं और देर रात लौटकर आतीं। मोहल्ले के दूकानदारों ने उन्हें सौदा बेचना बन्द कर दिया था इसलिए अक्सर रात में लौटते हुए उनके हाथ में सब्ज़ी या खाने-पीने का दूसरा सामान होता। इतनी जल्दी निकलने और देर से लौटने के बावजूद कोई उनके ऊपर पानी उछाल देता, कोई कूड़ा फेंक देता, बच्चे फ़ब्तियाँ कसते। फ़ादर ने दलित बस्ती में उनके ख़िलाफ़ प्रचार तो किया ही, गिरजे से दलितों को मिलनेवाली दूसरी सुविधाओं पर भी रोक लगाने की धमकी दी। इसके बावजूद उनसे मिलने तीन-चार दलित महिलाएँ उनकी कॉलोनी पहुँची। कॉलोनी के फाटक पर उन्हें रोक दिया गया। बहस हुई और यह बात भी उठी कि किसी के भी आने-जाने पर कैसे रोक लगाई जा सकती है। लेकिन मन्दिर में प्रवेश के

लिए आन्दोलन हो सकता है क्योंकि भगवान् सबका माना जाता है; एक अकेली अधेड़ उम्र महिला के साथ कौन कितने दिन खड़ा होता है? सोसम्मा तक पहुँचना स्वजात और परजात दोनों का बन्द! एक दिन स्कूल ने सोसम्मा को बिना कोई कारण दिए नौकरी से अलग कर दिया। मिशनरी स्कूल में न कोई ट्रेड यूनियन, न किसी ट्रिब्यूनल की सुनवाई। जब यह हुआ तो सोसम्मा ने अपना सारा पैसा सीरियन बैंक से निकालकर एक सरकारी बैंक में रख दिया। यह काम उन्होंने बहुत सावधानी से किया। चार क़िस्तों में सारा पैसा नए अकाउंट में रखवाया और इसी में ग्रेच्युटी और प्रोविडेंट फंड के भी पैसे रखवा दिए। सीरियन क्रिश्चियन समुदाय यूँ बिलबिला उठा जैसे अपना पैसा इधर से उधर करके सोसम्मा ने उनके मुँह पर थप्पड़ मारा हो। फ़ादर पूछने पहुँचे तो सोसम्मा ने टका-सा जवाब दिया कि अपना पैसा वे कहाँ रखें यह उनका निजी मामला है। धर्मगुरु की राय, सवाल-जवाब को कोई निजी जीवन में दख़लंदाज़ी समझे यह भला फ़ादर कैसे बर्दाश्त करते? धमकाने की कोशिश की तो सोसम्मा ने साफ़ कह दिया—उन्हें यहाँ रहना वैसे भी पसन्द नहीं, इसलिए इस फ़्लैट को बेचकर कहीं दूसरे इलाक़े में बसने के बारे में सोच रही हैं।

फ़ादर तिलमिलाए हुए निकले। वे प्रभु के एकनिष्ट सेवक थे और प्रभु थे कि उनकी एक नहीं सुन रहे थे। फ़ादर होने के नाते उनकी ज़िम्मेदारी थी कि कोई भी आत्मा उनके होते हुए भटकने न पाए; उन्हें तो बस यही फ़िक्र थी कि सोसम्मा अपनी आत्मा को शैतान के हवाले न कर दे। सोसम्मा न तो सख़्त बीमार पड़ रही थीं, न अकेलेपन से घबरा रही थीं, न नौकरी छूटने से परेशान थीं, न प्रभु की शरण में लौटने की कोई कोशिश कर रही थीं। फ़ादर को यह चिन्ता खाए जा रही थी; प्रभु को न माननेवाले नास्तिक का कुछ भी अनिष्ट नहीं हो रहा है, यह सोच-सोचकर पादरी और समुदाय के लोग विचलित हो रहे थे।

रास्ता ईबन एंडरसन ने सुझाया। एंडरसन, जो कोची का बड़ा प्रॉपर्टी डीलर, ज़मीन दख़ल करने में माहिर, आधे दामों ज़मीन ख़रीदकर चौगुने दाम पर बेचनेवाला, दो बार झगड़े की ज़मीन के मामले में ख़ून के केस में उसका नाम भी शामिल था। उसका दावा था कि उसके बीच में पड़े बिना कोई सीरियन क्रिश्चियन न तो प्रॉपर्टी बेच सकता है और न ख़रीद सकता है। मोहल्ले से सोसम्मा का निकल जाना उनकी गिरजे से आज़ादी साबित करेगा और दूसरों के लिए भी समुदाय से कटने की राह खोलेगा। समय के साथ लोग भूल जाएँगे कि चर्च क्या कर सकता है। हाथ आई मिसाल को भागने नहीं देना है। उन्हें इसी जगह क़ैद रखकर, उन्हें

जला-जलाकर, सबको जताकर उस मक़ाम तक पहुँचाना है जहाँ वे प्रभु की शरण में लौटने के लिए बाध्य हो जाएँ।

सोसम्मा ने दूर एक बस्ती में काम शुरू कर दिया। वह बस्ती ईसाइयों की नहीं थी इसलिए यह शक पनपते देर नहीं लगी कि वे ईसाई धर्म का प्रचार और धर्म परिवर्तन करने आई हैं। फ़ादर ने भी सोसम्मा की छोटी बहन को भेजा; एक नन का आना, सोसम्मा से घुल-मिलकर बात करना, शक यक़ीन में बदल गया। हिन्दू समाज सेवक भी उनके ख़िलाफ़ प्रचार करने लगे। घर पर परेशान करने की कोशिशें जारी रहीं। उनका अख़बार रोज़ फटा मिलता, डाक से आनेवाली पत्रिकाएँ ग़ायब हो जातीं, बालकनी पर सूखते कपड़ों पर कभी गोबर, कीचड़, कभी रंग और स्याही छिड़की हुई मिलती। घर के दरवाज़े पर कोई डिस्प्यूटेड प्रॉपर्टी लिख गया। पूरा दिन लगाकर तारपीन से साफ़ किया, दो दिन बाद फिर लिखा मिला। अनजान लोग वैसे ही ईसाई इलाक़े में आना नहीं चाहते ऊपर से झगड़े की मिलकियत का पता चलता तो बिलकुल ही बिदक जाते। अक्सर कोई बिजली का मेन स्विच बन्द कर देता। वह देर तक यही समझती रहतीं कि बिजली चली गई और गर्मी में बैठी रहतीं। पड़ोस से टेलीविज़न की आवाज़ आती तो नीचे भागतीं। धीरे-धीरे आठ सालों में सोसम्मा बिलकुल तनहा हो गईं।

ऐसे में आधी रात के बाद की दस्तक पर सोसम्मा का जी तो नहीं चाहा कि दरवाज़ा खोलें लेकिन दस्तक इतनी बेक़रार थी कि उनसे रहा नहीं गया। किरिच भर दरवाज़ा खोलकर झाँकी फिर आर्या को अकेला देख थोड़ा और खोला।

"मैं घर से भाग आई हूँ," आर्या ने अन्दर घुसते ही कहा।

"चार घर की दूरी तय करने को भागना तो नहीं कहा जाएगा। लड़का कहाँ मिलेगा?" सोसम्मा सीधे मुद्दे पर आ गईं।

"मेरी शादी तय कर दी गई है। मुझे दिल्ली जाकर पढ़ना है।"

"सारे दस्तावेज़, सर्टिफिकेट हैं?"

"हाँ, बीस हज़ार रुपये और मेरा सोना भी है।"

"बात करना क्या बेहतर न होगा?"

"यह आप तो न कहिए!" सोसम्मा ने आर्या का जवाब सुनकर सिर्फ़ सिर हिलाया।

"मेरे यहाँ क्यों?"

"आपके यहाँ कोई ढूँढ़ने नहीं आएगा। वे समझते हैं आपके यहाँ कोई छुपने की हिम्मत नहीं करेगा। आपके यहाँ शैतान का बसेरा जो है।"

"मेरे यहाँ रह लो लेकिन मैं एक बार तुम्हारे माँ-बाप से बात करूँगी।"

"कीजिए, लेकिन यह न बताइएगा कि मैं यहाँ हूँ।"

चर्च के आँगन में ही भीड़ जमा थी। आर्या की माँ चर्च की सीढ़ियों पर बैठी रो रही थीं, पिता पास सिर झुकाए मुजरिम से खड़े थे, जिस लड़के से बात पक्की हुई थी उसके माता-पिता, जी खोलकर दोनों को गरिया रहे थे; ज़ाहिर है औलाद की आवारगी माँ-बाप की ज़िम्मेदारी है। गुस्से और चिन्ता में किसी ने ध्यान नहीं दिया कि सोसम्मा भी भीड़ में सबसे पीछे खड़ी हैं।

"शायद उसे लड़का पसन्द नहीं था!" सोसम्मा की बात पर सब ने उन्हें घूरा।

"लड़का सामने खड़ा है, कोई है जो एक भी कमी दिखा सके?" लड़के की माँ ने बिफर के पूछा।

"नापसन्द करने के लिए किसी कमी का होना ज़रूरी नहीं है।" सोसम्मा ने धैर्य से कहा।

"पसन्द नहीं था तो कहती, हमारे लड़के को लड़कियों की कमी है क्या?" लड़के के बाप ने जवाब दिया।

सोसम्मा आर्या के पिता से मुखातिब हुईं, "क्या आपने आर्या से पूछा था?"

"क्या मैं अपनी लड़की का बुरा चाहूँगा?"

"फिर भी, क्या आपने उससे पूछा?"

"मैंने बहुत से लड़के देखने के बाद माईकल को पसन्द किया। लड़का जब मुझे पसन्द है तो उससे क्या पूछना?"

सोसम्मा ने गहरी साँस ली, "तब तो कोई दिक़्क़त नहीं है। इतना पसन्द है तो आप इससे शादी कर लीजिए।" भीड़ एक पल को तो हतप्रभ रह गई फिर जितने मुँह उतनी बात; सोसम्मा पर गालियों, कोसनों की बौछार हो गई। एक-दो औरतों ने तो उन्हें मारने के लिए चप्पल उतार ली। सोसम्मा बिलकुल चुप, एक-एक बात सुनती रहीं और एक-एक को नज़र भरकर देखती रहीं। जब ज़रा ख़ामोशी हुई तो दो क़दम बढ़कर फ़ादर के सामने खड़ी हो गईं, "आठ सालों से आपके बहकावे में समुदाय मुझ अकेली पर अत्याचार कर रहा है। व्यक्ति की इच्छा-अनिच्छा से आपको कोई सरोकार नहीं, बस आपकी बात मानी जाए, आपके खींचे हुए दायरों का उल्लंघन न हो, परिभाषाएँ आपकी, जीवन दूसरों का; मैं आपकी दलितों से नफ़रत से असन्तुष्ट थी, आज लड़कियों के हक़ों के हनन की भी चिन्ता है। मैं यहाँ से चली जाना चाहती थी, सबसे दूर काम करना चाहती थी, लेकिन आप मेरे यहाँ से निकलने में बाधाएँ अटका रहे हैं। आज मैं फ़ैसला सुनाती हूँ, अब मैं यहाँ

से कहीं नहीं जाऊँगी, इसी कॉलोनी से मेरी अर्थी निकलेगी। अर्थी जल्दी निकल सकती है क्योंकि आपके साथ ख़ूनी क़ातिल हैं। इस दोस्ती का आप प्रभु को क्या जवाब देंगे आप जानें। मेरा विवेक, आपको और आपके गिरजे को नकार कर प्रभु का सामना करने को तैयार है।"

सोसम्मा घर लौट आईं। दस दिन के भीतर उन्होंने आर्या को दिल्ली भेजने का इन्तज़ाम कर दिया और दलित बस्ती में एक परिवार का पता देते हुए यह हिदायत भी की, "इस पर सिर्फ़ अपने ठीक से पहुँचने की ख़बर भेजना और उसके बाद कोई संपर्क मत करना।" हिदायत उन्होंने ख़ुद भी मानी और आर्या के पत्र के जवाब में बस इतना ही जवाब दिया, "खुश हूँ तुम ठीक-ठाक हो; अब पत्र लिखने की ज़रूरत नहीं।"

छह साल बाद आर्या लौटी थी। दो साल पहले आईएएस में सिलेक्शन के बाद उसने माँ-बाप को खत लिखा था और उसका नाम कैंडिडेट लिस्ट में देखने को कहा था। पिता लालबहादुर शास्त्री अकादमी मसूरी में, जहाँ वह ट्रेनिंग कर रही थी, आकर मिल गए थे। खानदान की वह पहली सिविल सर्वेंट थी, गर्व से पिता की छाती दुगुनी हो गई थी। ग़ुस्सा कब का ख़त्म हो गया था।

बहुत सँभलकर, घुमा-फिराकर, बहुतों की ख़बर लेने के बाद आर्या ने सोसम्मा के बारे में पूछा। अपनी बेटी पर फूली न समाती हुई आर्या की माँ ने नारियल का दूध कीमे में डालते हुए पूछा, "कौन? ओह वह, ज़्यादा कुछ तो मालूम नहीं उनके बारे में, हाँ, दलित बस्ती में काम करते हुए उन्हें हार्ट अटैक आया, दो साल पहले। ख़ैराती एम्बुलेंस से अस्पताल ले जाई गईं। बचने की उम्मीद नहीं थी पर बच गईं। बड़ी टाँठी है बुढ़िया, बेशर्म मर के नहीं देती।"

"बाहर नज़र आती हैं?"

"हाँ कभी-कभार। एंडरसन ने उनसे कहा भी कि वह उनका मकान बिकवा देगा लेकिन वह राज़ी नहीं हुईं; कहने लगीं उन्होंने क़सम खाई है, उनकी अर्थी यहीं से निकलेगी; उनके मरने का इन्तज़ार करे।"

"शायद उन्हें उम्मीद है कि उनकी अर्थी को सीरियन ईसाई कन्धा देंगे और फ़ादर फ्यूनरल सर्विस पढ़ देंगे।"

"वह नहीं होनेवाला, फ़ादर ने सबसे कहा है कि उन्होंने ख़ुद सोसम्मा की आँखों में से डायन झाँकती हुई देखी है। हम सबको, उन्हें गाली देने, या उनके बारे में बात करने से भी मना किया है।"

"चलो, रोज़-रोज़ की खिट-खिट से तो जान छूटी बेचारी की," आर्या ने दिल में सोचा और उनके यहाँ जाने के बारे में सोचने लगी। अब उसे दिन में,

सबकी नज़रों के सामने उनसे मिलने या उन्हें अपना कहने से डर नहीं लग रहा था। लेकिन उसके आने के तीसरे दिन ख़बर तेज़ी से कॉलोनी में फैली : सोसम्मा के घर से भयानक बदबू उठ रही थी। पाँच-छह दिन से उन्हें किसी ने नहीं देखा था, कल रात से सड़ने की बदबू फैलने लगी थी जो सुबह होते-होते असहनीय हो गई थी।

लोग जमा हो गए, फ़ादर भी पहुँच गए और उन्होंने ऐलान किया, "म्यूनिसिपैलिटी को ख़बर कर दो, एक लावारिस लाश है, आकर ले जाएँ। ऐसे ही मृत्यु होती है प्रभु से मुँह मोड़नेवालों की।" नगरपालिका की हर्स घर के बाहर लग गई थी। मोहल्ले वाले, अपनी-अपनी छतों, बालकोनियों से तमाशा देख रहे थे। दो कर्मचारी अन्दर गए।

आर्या ने जब अपने बाप के भी चेहरे पर, 'यही सज़ा है नास्तिकों की।' वाला भाव देखा तो चुप न रह सकी। "पापा आपको मालूम है मैं घर छोड़कर कहाँ गई थी?"

"तूने ख़ुद ही तो बताया था की तू दिल्ली गई थी।"

"मैंने झूठ बोला था, मैं सोसम्मा आंटी के यहाँ थी, दस दिन!"

"क्या! तो यह उस डायन का किया-धरा था?"

"मैं ख़ुद अपनी मर्ज़ी से उनके पास गई थी। उन्होंने मुझे दस दिन रखा, देखभाल की, दिल्ली जाने का टिकट करवाकर दिया, स्टेशन पर छोड़ा। क्या आप लोग अब भी उनके दफ़न में शामिल नहीं होंगे?"

"क्यों? हम क्यों भाग लें उस नास्तिक के दफ़न में?"

"पापा, उन्होंने मुझे सुरक्षित रखा, मेरी सहायता की, आप लोग ज़रा भी एहसानमन्द नहीं?"

"बेकार बातों में समय बरबाद मत करो। याद है न, शाम को ख़ास तुम्हारे लिए गिरजे में प्रार्थना रखी गई है। एहसानमन्द तो हम प्रभु के हैं, जिन्होंने हमें यह दिन दिखाया।"

आर्या ने धीरे से सिर हिलाया और बोली, "सोसम्मा ने समझा कि प्रभु को माननेवाले कितने जातिवादी और स्त्री विरोधी होते हैं। मैं यह भी समझ रही हूँ कि आस्थावान कितने एहसान फरामोश हैं। नेक इनसानों का किया गया उपकार प्रभु की दया मानकर गटक जाते हैं। लेकिन मैं ऐसी नहीं हूँ। मैं यह मानती हूँ कि मुझे यह दिन सोसम्मा ने दिखाया।"

"ठीक है बाबा, जो जी चाहे मान, अब तैयार तो हो जा।"

"मैं नहीं जाऊँगी। जिस गिरजे में सोसम्मा जैसी नेक इनसान के लिए जगह नहीं थी वहाँ मेरे लिए भी कोई जगह नहीं हो सकती।"

"कैसी बातें कर रही हो? पूरे कुनबे में कितनी बदनामी होगी।"

"कौन-सा कुनबा? मेरा कुनबा तो बहुत छोटा-सा है। अभी तो मैं उस कुनबे में बस सोसम्मा को ही जानती हूँ।"

"उस नास्तिक सोसम्मा को इतना ही सगा समझती थीं तो वापिस क्यों आई?"

"चली जाती हूँ! वैसे भी हमारे कुनबे के हर फर्द को अपनी राह अकेले ही तय करनी होती है।"

शाम ढल रही थी जब हर्स रवाना हुई। ड्राइवर और दो कर्मचारी सामने बैठे थे, पीछे लाश के साथ एक नौजवान लड़की थी जिसके साथ एक सूटकेस था; जिसे दफ़न के बाद अपनी यात्रा जारी रखनी थी।

कोबरा सवार सरस्वती

इस सड़क पर दौड़ते हुए रुक्की का रुकने को जी नहीं चाहता। वह बार-बार उसी जगह पहुँच जाती थी क्योंकि सड़क गोल थी, यूनिवर्सिटी को घेरे हुए जैसे उसके चारों तरफ़ कुंडली मारे हुए। वही राह होते हुए भी और अनगिनत बार गुज़रे हुए भी रुक्की को कुछ न कुछ नया दिख ही जाता था। ख़रगोश और मोर तो रोज़ ही दिखते, अक्सर साही और सियार भी रास्ता काट जाते। कई बार कोई लोमड़ी बीच राह में खड़ी हो जाती; एक बार तो एक नीलगाय ने उसकी तरफ़ थूथनी भी बढ़ा दी थी, फिर शायद उसे ऋषि दधीचि न पाकर, मामूली इनसानी गन्द से उकताहट के भाव से फिर अपने बच्चे की तरफ़ मुड़ गई थी।

रुक्की को आज तक समझ में नहीं आया था कि वह ख़ुद को क्या कहकर मिलवाए; बंगलादेशी, कैनेडियन, मुसलमान या ईसाई। उसके दादा बताया करते थे कि बांग्लादेश की आज़ादी की लड़ाई में उनका परिवार तितर-बितर हो गया था। जब पाकिस्तानी फ़ौज ने हथियार डाले और एक-एक करके तीनों बेटे ज़िन्दा सलामत घर लौट आए तब दादा ने शुक्राने के तौर पर यह फ़ैसला लिया कि धरती का वह हिस्सा रहने के क़ाबिल नहीं है जहाँ भाषा के नाम पर इतना ख़ून ख़राबा हो जाए। आज़ाद ख़याल और प्रगतिशील थे इसलिए पूरे भारतीय महाद्वीप की राजनीति पर गहरी नज़र रखते थे और यह समझ रहे थे कि धर्म, संस्कृति और भाषा की आग कुछ मन्द ही पड़ी है लेकिन भड़क कभी भी सकती है। लिहाज़ा चल पड़े कनाडा। तब तक काफ़ी बंगाली कनाडा में आन बसे थे, हर बड़े शहर में 'बंगो समाज' मौज़ूद था और एशियन मूल के लोग भी काफ़ी थे। लेकिन दादा ने यह कहकर परिवार को इन सबसे अलग रखा कि जब देश बदल लिया तो भाषा, रहन-सहन, संस्कृति सब ही बदलना चाहिए और कनाडियन समाज में रच-बस

जाने देना चाहिए। बेटे अगर बाप से दो क़दम आगे न निकलें तो वे बेटे काहे के हुए? बाप ने अगर मच्छी, नजरुल गीति और 'त' को 'ज़' कहने से निजात पाई थी तो बेटों ने जीवन साथी भी कनाडियन यानी गोरे वाले कैनेडियन चुने। मुसलमान थे लेकिन कोई न तो मस्जिद जाता, न रोज़े नमाज़ से लगाव रखता। दादा ने ही ख़ुद को इतना बदल लिया था और इतना अलग-थलग रखते थे कि कोई पूछताछ करने का अवसर नहीं पाता था और कोई ढीठ अवसर जुटा भी ले तो उसे साफ़ जवाब मिलता, "हमारे पुरखों ने धर्मान्तरण किया इसलिए हम अब अपनी इच्छा से जो चाहेंगे वह रखेंगे या छोड़ेंगे।" लोग उनके नाम के साथ लगे 'शेख़' की पूछते तो कहते, "खाते-पीते लोग रहे होंगे हमारे पुरखे, उच्च वर्ग ख़रीद लिया होगा, या आप यह कहना चाह रहे हैं कि मैं अरब हूँ?" उनकी साँवली रंगत, खुचरा दाढ़ी और नाटे क़द को देख कोई भी ग़ैरतमन्द मुसलमान ऐसा कहकर अरब नस्ल को बट्टा कैसे लगाता?

लिहाज़ा काले, छोटे क़द के बाप और गोरी, लम्बी माँ की साँवली, मँझोले क़द की, कैनेडियन लबो लहज़े, काले बाल और काली आँखों वाली लड़की थी रुक्की जिसकी सिर्फ़ एक ही चीज़ ख़ालिस थी, उसका नाम रुकमनी। और इसी असली नाम की वजह से उसके जीवन में खलबली मची थी। वैसे जीवन जन्म से ही बहुत ठहरा हुआ नहीं था। पिता, चाचा जितना भी कैनेडियन बनने की कोशिश क्यों न करें गिनती तो उनकी 'ब्लैक' में होती थी। वे ख़ुद अफ़्रीकी मूल के ब्लैक से नफ़रत करते थे और गोरे कैनेडियन से दबते थे। काम भी उन्हें वही मिलते थे, ऑफ़िस बॉय, सफ़ाई कर्मचारी, शॉप असिस्टेंट! कोई दस-बारह साल की उम्र से रुक्की को लगने लगा था कि उसके पैर ज़मीन पर जमे हुए नहीं हैं, जैसे वह कभी फिसलती, कभी रेंगती हुई, बिना पैरों के खिसक रही है। अजीब बात यह थी कि यह अहसास उसे तब भी होता जब वह सिर्फ़ खड़ी या बैठी होती। अक्सर उसे लगता जैसे वह ज़मीन से थोड़ा ऊपर है और वह झुककर पैरों के तलवों के नीचे हाथ डालकर जाँचती और पिता से, जो पैरों को छूने को ख़ास बंगाली हरकत मानते थे, डाँट खाती। अकेली खड़ी होती तो पैर के पूरे निचले हिस्से को, एड़ी से लेकर पंजों तक को ज़मीन पर दबाकर ख़ुद को यक़ीन दिलाती कि ज़मीन से उसका संपर्क क़ायम है। धीरे-धीरे इस अलगाव या दूरी का इतना असर हुआ कि वह पढ़ाई में पिछड़ने लगी, कहीं आना-जाना छोड़ दिया और ख़ामोश रहने लगी। शुक्र है कि कनाडा में सरकारी स्कूलों में फेल नहीं करते। हाई स्कूल में थी जब एक टीचर ने उससे नाम पूछा और उसके

'रुक्की शेख़' बताने पर मुस्कुराकर बंगला में पूछा, 'घोटी न बांगाल?' (पश्चिमी या पूर्वी बंगाली?)

"मैं कैनेडियन हूँ बंगला नहीं बोलती।" रुक्की ने गर्व से जवाब दिया।

"हाँ, मैंने देखा कि स्कूल में तुम्हारा नाम 'रुक्की' दर्ज है। भला किसका छोटा है, कल पूछकर बताना।"

दादा बहुत बूढ़े हो गए थे इसलिए उन्हीं के पास वक़्त था। कैसी अद्‌भुत बात हुई कि अपना पूरा नाम सुनते ही उसे लगा जैसे ढलान उतरते-उतरते अचानक समतल आ गया हो या छोटा-सा उतार हो जिसको देखने में असावधानी हुई हो, जिससे हल्का-सा लड़खड़ाना हो जाए लेकिन सामान को पा लेने का ढाँढस भी बँधे। दादा भी बुज़ुर्गी में एक क़िस्म की घर वापसी कर रहे थे, बिना पूछे ही बहुत कुछ बता गए बंगाल के बारे में। यह भी कि पूर्वी बंगाल में मुसलमान भी संस्कृत मूल के नाम रखते हैं।

अगले दिन रुक्की तक़रीबन दौड़ती हुई उस अध्यापिका के पास पहुँची और जो कुछ दादा ने बताया सब बिना रुके बता गई। "रुकमनी कौन थी, यह नहीं बताया?" अध्यापिका ने मुस्कुराकर पूछा।

"यह ऐतिहासिक नाम है?"

"ऐतिहासिक तो नहीं लेकिन हाँ, मिथकों में से है!"

"साढ़े तीन बजे स्कूल ख़त्म होगा, चार बजे घर पहुँचूँगी तो दादा सोते मिलेंगे, शाम को टहलने निकल जाएँगे और जब लौटेंगे तब घर के सब लोग खाना खाने के लिए जमा होंगे। शायद देर रात उनसे बात हो पाए, अगर तब तक मैं उत्सुकता से मर न गई। आप ही बता दीजिए न?"

अध्यापिका जोर से हँसी, "ख़ून में नाटकी मज़ाक़ियापन तो है बंगाली वाला। रुक्मणि कृष्ण की पहली पत्नी, भाई के घर का राजपाट, ऐशो आराम छोड़कर बेरोज़गार, इधर-उधर भटकनेवाले कृष्ण के साथ भाग गईं। रुकमनी वह जो अपने फ़ैसले ख़ुद ले।"

शब्दों की तासीर थी या अन्तिम वाक्य का असर, रुकमनी ने बंगाली क्लब और पूर्वी समाज में जाना शुरू कर दिया। अपने जैसे आधे, पौने, सवाई बंगाली लड़के-लड़कियाँ उसे कितने अपने लगे, सत्यजीत राय, ऋत्विक घटक की फ़िल्में, नए-नए सीखे बंगाली शब्दों के टूटे-फूटे जुमले, रबीन्द्र संगीत पर डांस। कॉलेज पूरा किया यही सपना लिए कि मास्टर्स भारत की किसी यूनिवर्सिटी से करेगी; दाख़िला हुआ और सेशन शुरू होने से पहले एक महीना उसने ढाका में अपने

दूर दराज़ के रिश्तेदारों के साथ गुज़ारा। सबने कहा वह अपनी जड़ें तलाश करने जा रही है; उसे मालूम था कि वह अपने वजूद को छूने की कोशिश कर रही है।

बांग्लादेश में रिश्तेदारों ने अपने घर खोल दिए। एक दिन भी उसे होटल में नहीं रहना पड़ा। एक महीना तो अलग-अलग तरह के सन्देश चखने में गुज़र गया। भीड़-भाड़, शोर-शराबे और ट्रैफ़िक जैम वाला ढाका, जिसके बाहर निकलते ही ऐसी हरियाली फैली थी जो आँखों से प्रवेश करके, दिल से गुज़रती हुई सीधी आत्मा को सराबोर कर देती। अनजान लोग ऐसे अपना लेंगे, रुक्मिणी ने कभी सोचा भी नहीं था और जब सोचने लगी तो एहसास हुआ क्या फ़ालतू की बात सोच रही है। यूनिवर्सिटी के हॉस्टल की रूम मेट भी ऐसे मिली जैसे हमेशा की दोस्त हो। खुली जगहों की कोई कमी नहीं है कनाडा में भी लेकिन इस यूनिवर्सिटी की बात ही कुछ और थी। घूमते-घामते सामने से आता हुआ शख़्स नामी बुद्धिजीवी निकलता, बराबर में जॉगिंग करता, सब्ज़ी तुलवाते इनसान के बारे में पता चलता कि वह नामी साइंटिस्ट या अन्तर्राष्ट्रीय स्तर का कवि है। कनाडा में तो गोरे बुद्धिजीवी अपने आगे किसी को कुछ नहीं समझते, यहाँ धूप सेंकता मोनिटर गिरगिट भी ऐसी तरस भरे अपनत्व से देखता जैसे कह रहा हो, 'हाँ, अभी अधकचरे हो, मगर लगे रहो, मुझ जैसे हो जाओगे!'

और सबसे अद्भुत थे प्रोफ़ेसर नीलकान्त चौधरी! जितने क़िस्से उन्हें वामपंथियों और वामपंथी आन्दोलनों के याद थे शायद ही किसी और को याद होंगे। मज़ाकिया इस क़दर कि अपनी एकल स्थिति पर भी कटाक्ष किये बिना नहीं रहते; इतने पढ़े-लिखे कि शक होता कि उनकी जानकारी की कोई सीमा है भी या नहीं। अकेले रहते थे, साठ वर्ष छू रहे थे लेकिन शरीर पर एक बोटी भी फ़ालतू नहीं थी। छात्रों से बातचीत में ज़ोर से खुलकर हँसते, बहुत ही मज़े का खाना पकाते और खिलाते हुए कहते, "बीवी नहीं है इसीलिए घर पर खाना अच्छा बनता है।" कोई बेबाक छात्र कह ही देता, 'सर आपकी बीवी कितनी ख़ुशनसीब होती' तो तपाक से जवाब देते, "जो है नहीं उसकी इतनी फ़िक्र और मैं जो तुम्हारा गुरु हूँ, सामने हूँ, उसके बारे में नहीं सोचते, माँ सरस्वती की कृपा है कि अकेला हूँ तभी तो निरापद माँ की सेवा कर सकता हूँ।"

उसी रात रुक्की ने तय कर लिया था कि उसे सरस्वती के बारे में और जानकारी हासिल करनी है और प्रोफ़ेसर नीलकान्त से बेहतर कौन बताता। उनके पास समय बहुत नहीं होता क्योंकि उनकी देखरेख में बहुत सारी पी-एच.डी. हो रही थीं। और एम.ए., एम.फिल. की क्लासें तो वह लेते ही थे। उनका रिकॉर्ड

था कि उन्होंने एक क्लास आज तक नहीं छोड़ी है और अगर छूटी तो उन्होंने रिशेड्यूल कर ली। वे ख़ुद को नास्तिक कहते थे लेकिन बात-बात पर माँ सरस्वती की कृपा है/बनी रहे वग़ैरह भी वाक्यों का वज़न बढ़ाने को लगा देते। आख़िर क्या माजरा था? रुक्की का बहुत जी चाहता था उनसे बात करने को, और उनको क़रीब से सुनने को, यह समझने का कि यह क्या गुत्थी थी, नास्तिकता के हाथ में हाथ डाले चलते हैं देवी-देवता! लेकिन बहुत कोशिश करके भी उसे कभी क्लास में पहली पंक्ति में जगह नहीं मिलती। शायद उसकी प्रबल इच्छा ही उन तक पहुँची होगी क्योंकि एक दिन भरी क्लास के सामने उन्होंने पूछा, "तुम कभी आगे क्यों नहीं बैठती?"

"कोशिश करती हूँ, लेकिन यह सब हमेशा मुझसे पहले पहुँच जाते हैं।"

"तुम जल्दी नहीं उठ सकती?"

"उठ सकती हूँ, लेकिन यह लोग तो शायद रात में सोते ही यहीं हैं।" पूरी क्लास हँसने लगी और उन्होंने एक लड़के को कनखियों से देखकर कहा, "आजकल के लड़कों को तो लड़की पटानी भी नहीं आती! पीछे जा भाई!" जब वो लड़का खिसियाकर उठा तो वे रुक्की से बोले, "तुम पटना मत।"

"सवाल ही नहीं उठता सर, अभी तो मुझे सरस्वती को समझना है।" उन्होंने एक पल उसे ध्यान से देखा फिर पढ़ाने लगे। एस्थेटिक्स की पढ़ाई, पश्चिमी समाज की ढेरों किताबें, भारतीय रीति-रिवाजों का भंडार! इस सबके बीच में भला एक बंगलादेशी, मुस्लिम, ईसाई नास्तिक को कनफ़्यूजन न हो, ऐसा तो हो ही नहीं सकता। और कनफ्यूजन के निवारण के लिए इनसान उसी के पास तो जाएगा जो जवाब देने की स्थिति में हो और समझाने की इच्छा भी रखे।

पहली बार उनके कमरे में प्रवेश करते ही रुक्की की नज़र संगमरमर की सरस्वती पर पड़ी। उसकी नज़रों को टिका देख नीलकान्त चौधरी बोले, "दिलवाड़ा मन्दिरों की है।"

"मैंने आज तक, खड़ी हुई सरस्वती नहीं देखी।"

"यह अनोखी है। संगमरमर भारत में बहुत बाद में शिल्पकला में इस्तेमाल हुआ है। मकराना से निकलनेवाला मार्बल बहुत मज़बूत नहीं होता, लेकिन दिलवाड़ा में इसकी अद्‌भुत पोलिश हुई है। बताओ तुम्हें इस मूर्ति में सबसे सुन्दर क्या लग रहा है?"

देर तक निहार कर रुक्की बोली, "मुझे तो सब कुछ ही बेहतरीन लग रहा है इस मूर्ति में।"

"ध्यान से देखो, इस मूर्ति की जान है यह हंस; कारीगरी और शिल्पी की भक्ति की मिसाल! देवता के मुक़ाबले वाहन पर ज़्यादा ध्यान देने का मतलब समझती हो? ज्ञान जब तक बहे न, यात्रा न करे तब तक उसका कोई लाभ नहीं। ठहरा हुआ, रुका हुआ ज्ञान जड़ हो जाता है।"

अभिभूत-सी लौटी थी रुक्की; अभी तक सरस्वती पर फ़िदा दिल आज हंस पर मर मिटा था। उस हंस पर जिसने उड़ान भरने के लिए उसके चित्त में पंख फड़फड़ाने शुरू कर दिए थे; कहाँ तक, कितनी लम्बी उड़ान भरेगा ज्ञान उसका?

नीलकान्त चौधरी के पास वह अक्सर जाने लगी और हर मुलाक़ात में उसे एहसास होता कि उसकी जानकारी तो बढ़ी लेकिन ज्ञान का दायरा भी और फैल गया; मंज़िल और दूर चली गई। एक बेचैनी-सी उसे घेरने लगी जैसे वह एक रेत घड़ी में क़ैद है और आस-पास उसे सुरक्षित रखे हुए रेत धीरे-धीरे सरक रही है। पहली बार उसे समय के गुज़रने का एहसास हुआ। जब उसने यह बात नीलकान्त चौधरी को बताई तो वे मुस्कुराए और बोले, "यह डर तो मुझे भी लगता है और मैं तो 60 का होनेवाला हूँ। लेकिन तुम कर सकती हो; क्यों एम.ए. के बाद लौटना चाहती हो? एम.फिल. और पी-एच.डी. करो। हाँ, जानता हूँ कनाडा में इतने में ही तुम्हें बहुत अच्छी नौकरी मिल सकती है लेकिन शोध एक साथ होता है नहीं तो फिर टलता रहता है।" और फिर उन्होंने वह कहा जो उसके दिल की बात थी, "सरस्वती की एक झलक देखकर क्या तुम जीवन भर सन्तुष्ट रह लोगी? जब मौक़ा है उससे याराना करने का तो कर लो न। इस बार हम फील्ड वर्क के लिए बसन्त पंचमी पर निजामुद्दीन औलिया की दरगाह चलेंगे।"

रुक्की स्तब्ध रह गई थी, क्या सचमुच सूफ़ी दरगाहों पर बसन्त पंचमी मनाई जाती है?

सारी रात स्काईप पर चैट करने के बाद एक रुकावट तो पार हुई; माँ-बाप अनमने से राज़ी हो गए थे। अब आगे देखते हैं; एम.फिल. का एडमिशन टेस्ट भी तो देना है।

"तुम उसकी फ़िक्र मत करो। मैं अच्छी तरह तैयारी करवा दूँगा और इंटरव्यू में तो मैं रहूँगा ही।"

लिखित परीक्षा अच्छी गई थी। दो दिन बाद इंटरव्यू था और आज शाम नीलकान्त सर ने उसे अपने घर बुलाया था। वह सोफ़े पर बैठे किताबें खोल-खोलकर उसके सामने कर रहे थे, वह सामने कुर्सी पर बैठी उनसे किताबें लेती जाती और अपनी डायरी में नोट करती जाती। एक किताब के पन्ने पलटते हुए उन्होंने ख़ुश होकर

कुछ दिखाने के इरादे से उसे बराबर में आकर बैठने को कहा। ये इशारा उन्होंने इतने अनमने ढंग से किया कि रुक्की बिना सोचे-समझे उनकी बग़ल में आकर बैठ गई। वह किताब पर झुकने का इरादा कर रही थी तो फिर वह सोफ़े पर चित कैसे हो गई और नीलकान्त सर उसके ऊपर क्या कर रहे थे; उसके होंठ कौन चबा रहा था और पूरे शरीर को किसके हाथ टटोल रहे थे?

कलाई कसके और मुट्ठी ढीली छोड़कर उसने तानकर उनके मुँह पर मारी और घुटना एक झटके के साथ मोड़ा। वह नीचे लुढ़क गए और वह ज़ोर से चिल्लाई, "हाऊ डेयर यू!" नीलकान्त अब तक सँभल गए और गाल सहलाते हुए बोले, "सॉरी, सॉरी! मुझे पहले तुमसे पूछना चाहिए था तब आगे बढ़ना चाहिए था।"

"पूछते तो मैं साफ़ इनकार कर देती।"

"तुम ऐसा क्यों करती? तुम मेरी सिफ़ारिश से एम.फिल. और मेरे अंडर पीएच. डी. करना चाहती हो, और बदले में कुछ नहीं देना चाहती?"

"आप काम और शारीरिक सम्बन्ध को एक समझते हैं?"

"सिर्फ़ मैं नहीं, ऐसा तो फ़ैज़ तक ने कहा है, कुछ इश्क़ किया कुछ काम किया। और भई हमारे यहाँ तो दोनों के लिए शब्द भी एक ही है 'काम'!"

"आपको भाषा भी मुझे सिखानी होगी ऐसा मैंने सोचा नहीं था। काम और वासना में फ़र्क़ है लेकिन आप जैसों की समझ में नहीं आएगा।"

"कमाल है कनाडा में रहकर भी तुम इतनी बैकवर्ड हो—जा रही हो?" वे उसे बैग उठाते देखकर बोले, "बेवकूफ़ी मत करो रुकमनी, तुम्हारा भविष्य बहुत उज्ज्वल है और तुम्हें पता चलेगा, आई एम अ ग्रेट लवर; चाहो तो मैं इसकी गवाही दिलवा दूँ कुछ पुरानी पी-एच.डी. स्कोलर से?" वे भद्दे ढंग से मुस्कुराए।

"मुझे लगता है आप दिमाग़ी तौर पर बीमार हैं।"

"सोच लो, परसों के इंटरव्यू में बस 72 घंटे हैं।"

रुक्की को मालूम था इंटरव्यू में जाने का अब कोई फ़ायदा न था, डिपार्टमेंट में भी बस एक आध औपचारिकता पूरी करने के अलावा और कोई काम न था। वह वापसी का टिकट जल्द से जल्द करवाने के लिए हर एयरलाइन्स का वेबसाइट खंगाल रही थी कि अचानक उसकी नज़र पड़ी—'Metoo' और यौन उत्पीड़न की अनगिनत वारदातें, पीड़ितों के खुलासे और उनसे जुड़ती प्रतिक्रियाएँ, ग़ुस्सा और दुःख! उसने अपना फेस बुक पेज खोला और स्टेटस अपडेट में जो गुज़रा उसे लिखने लगी; न जाने कब उसके आँसू बह निकले, कब वन्दना ने उठकर उसे पानी पिलाया और थर्मस उठाकर चाय लेने चली गई। सब कुछ लिखकर, पोस्ट करके

उसने एक ठंडी साँस ली; चलो लिख देने से इतना तो हुआ, जैसे कुछ ग़लत खा लेने के बाद उगल देने से निजात का एहसास होता है।

हफ़्ते भर बाद वह सबसे विदा लेने अपने डिपार्टमेंट में थी कि सामने से नीलकान्त चौधरी आते हुए दिखाई दिए। रुक्की ने सोचा कि शायद वह ज़रा सकपकाएँगे, शायद रास्ता बदल लें, कुछ अप्रस्तुत महसूस करेंगे क्योंकि उनके साथ एक असिस्टेंट प्रोफ़ेसर और एक रिसर्च स्कॉलर भी थे। लेकिन वे आगे बढ़कर मुस्कुराते हुए मिले और बोले, "अरे रुकमनी, पता चला तुम वापिस जा रही हो। वैसे समझ तो मैं तभी गया था जब तुम इंटरव्यू के लिए नहीं आई।"

"नहीं नीलकान्त चौधरी, समझ तो तुम उसी दिन गए थे, जब तुम्हारे सेक्सुअल अटैक के बाद मैंने तुम्हारी पिटाई की थी।"

वह लम्हें भर को हिचकिचाए फिर हँसकर, एक आँख ज़रा दबाते हुए बोले, "पढ़ी तुम्हारी पोस्ट।"

"तुम पढ़ो इसीलिए तो तुम्हें अनफ्रेंड नहीं किया; और तुमने लोगों के कमेंट भी देखे होंगे। कितनी ही लड़कियों ने हिम्मत दिखाई तुम्हारी सच्चाई सामने लाने में।"

"ख़ैर इतना ज़रूर है कि तुम और तुम जैसी बाक़ी 'Metoo' वालियाँ जितना भी ज़ोर क्यों न लगा ले, मेरा बिगड़ेगा कुछ नहीं, क्योंकि होगा कुछ नहीं।"

"तुम पहले भी ग़लत थे, आज भी ग़लत हो। होगा तो ज़रूर! अब जिन लड़कियों को तुम बुलाओगे वे या तो किसी को साथ लेकर जाएँगी या अपनी रज़ामन्दी से तुम्हारे साथ हमबिस्तर होने के इरादे से जाएँगी। दोनों मामलों में चुनाव करके फ़ैसला उनका होगा।"

वह मुड़कर चार-पाँच क़दम बढ़ी, फिर मुड़ी और बोली, "हाँ एक बात तो मैं बताना भूल ही गई। सरस्वती के बारे में। अब वह हंस की सवारी नहीं करती। साफ़, श्वेत, शक्तिशाली हंस छोड़कर आजकल उसने तुम जैसे ज़हरीले कोबरा को अपना वाहन बना लिया है। यह साँप सरस्वती के चारों तरफ़ कुंडली मार कर बैठे हैं, न उसे कहीं जाने देते हैं, न किसी को उस तक पहुँचने देते हैं। इसीलिए शायद ज्ञान रुककर ठहर गया है और कहीं पहुँच नहीं रहा है।"

गोलाकार के तीन कोण

शुरू में शोर बुरा नहीं लग रहा था। शाम ढल रही थी, चिड़ियाँ की चहचहाहट, सड़क से अपनी रेड़ियाँ खींचते, खोमचे समेटते फुटकर दूकानदारों की आवाज़ें, पास की कोयला खादानों से लौटते मज़दूरों के गीत, बच रहे मुट्ठी भर साग को बेचकर ठेला ख़ाली करने की तमन्ना में फटे गले से पुकारता सब्ज़ी वाला; इस सब में वह शोर भी घुल गया था। लेकिन जब यह सारी आवाज़ें धीरे-धीरे शान्त हो गईं तो सामने के कमरे से आनेवाला शोर दामोदरन को ज़रा अखरने लगा। पूरब में रात यूँ भी जल्दी होती है, अनजान जगह में टहलने भी नहीं निकला जा सकता और दिनभर घूमा भी बहुत था इसलिए थकान भी थी; लेकिन नींद कोसों दूर थी।

संगूर नदी के किनारे बसा बन्दरबननगर, जिसके पास ही पहाड़पुर के प्राचीन बौद्ध मठों के अवशेष थे जिससे कोई पचास किलोमीटर दूर था बिक्रमपुर, जहाँ ऋषि आतिशी का जन्म हुआ था। कहते हैं भगवान बुद्ध एक बार यहाँ आए थे और उनके प्रभाव से ये पूरा क्षेत्र बौद्ध हो गया था। आज उस वक़्त की सिर्फ़ इमारतें बाक़ी थीं। दामोदरन चिन्तन करना चाह रहा था, जो कुछ देखा था उसे अपने अन्दर समो लेना चाहता था। जब शोर से सोच में खलल पड़ने लगा तो वह आरामकुर्सी से उठा। यह तो उसे रेस्ट हाउस के मैनेजर ने कमरा देते हुए बता दिया था कि बाक़ी छह कमरों में किसी कॉलेज की लड़कियाँ ठहरीं हैं जो इतिहास की फील्ड ट्रिप पर ढाका से चिट्टागोंग या चटटोग्राम का भ्रमण करने निकली हैं। वह थोड़े चीख़-पुकार, चिल्ला-मिल्ली के लिए जेहनी तौर पर तैयार था। तो फिर उसे किस चीज़ ने चौंकाया था? वह कान लगाकर सुनने लगा। उच्चारण बंगला था लेकिन जो गीत गाया जा रहा था वह हिन्दी का था। यहाँ

बांग्लादेश में भी बॉलीवुड फ़िल्मों का प्रभाव था। वह मुस्कुराया और अपने कमरे से निकलकर उस कमरे के दरवाज़े को खटखटाया जहाँ से पहले शोर और अब गीत सुनाई दिया था। तीसरी बार में दस्तक सुनी गई। शोर कम हुआ और एक ज़नाना आवाज़ ने पूछा, "के भाई?"

"डिनर होए छे बोधाए," एक दूसरी आवाज़ ने अटकल लगाते हुए कहा।

"सात टा बजे आछे, डिनर 8.30 होबे।"

"आमी देख्छी।"

"एके बारे नोए," ज़रा उम्रदराज़ महिला की आवाज़ आई। फिर किसी ने उठकर दरवाज़े का एक पाट आधा खोला। दामोदरन की नज़र दो बड़ी-बड़ी आँखों से चार हुई, साँवली रंगत, ज़रा गोलाई लिए हुए नाक, चौड़ा माथा और ज़रा भरे होंठ—"बोलून?"

"जी कुछ नहीं, हिन्दी गीत सुने तो घर याद आ गया इसलिए—।" दामोदरन ज़रा सकपका गया।

"आप भारतीय हैं?" पाट पूरा खुल गया।

"जी कोलकता से।"

"ओ कोलकता" दूसरा पाट भी आधा खुल गया, "वहाँ रहते हैं?"

"जी रहता तो बोलपुर, शान्तिनिकेतन में—"

"शान्तिनिकेतन!" दरवाज़ा पूरा खुल गया, "आइए आइए न!" दामोदरन 23 जोड़ी आँखों की चुभन सहता हुआ अन्दर आते हुए बोला, "नहीं, दरअसल मैं—"

"शोर से परेशान हो गए होंगे," महिला ने जुमला पूरा किया, "क्या करूँ रात में लड़कियों को बाहर नहीं भेज सकती, इसलिए कमरे में ही कुछ मनोरंजन करना पड़ता है।"

दामोदरन खिसिया गया और मुड़ते हुए बोला, "नहीं नहीं, कोई बात नहीं।"

"अरे अरे जाइए मत! हम लोगों को कुछ शान्तिनिकेतन के बारे में बताइए!" उसने अपना नाम तान्या इमाम बताया। डेढ़ घंटा कैसे बीता पता ही नहीं चला। जब केयरटेकर ने आकर कहा, "आपका खाना कमरे में लगा दिया है", तो एक शैतान लड़की ने पूछा, "आप क्या हमसे अच्छा कुछ खानेवाले हैं?" और दूसरी बोली, "हमारे साथ खाइए न, हम आपके अच्छे खाने को नज़र नहीं लगाएँगे।" खाना खाते हुए दामोदरन ने कहना शुरू किया, "प्रोफ. इमाम—" तो मेज़ पर एक हँसी का फव्वारा फूट पड़ा! हैरान दामोदरन को समझाते हुए एक चुलबुली-सी

लड़की बोली, "इमाम से कोई खिचड़ी दाढ़ी, लम्बे कुरते और ऊँचे पजामे वाला शख़्स मालूम होता है।"

एक और बोली, "हम सब तान्या मैम कहते हैं।"

दस बजे के क़रीब सब अपने-अपने कमरों में चले गए। ग्यारह बजे के क़रीब जब बहुत मच्छर काटने लगे तो दामोदर ने ओडोमोस के लिए सूटकेस खोला। एक-एक कपड़ा निकालकर, खोलकर देखा लेकिन ओडोमोस की ट्यूब होती तो मिलती। आधी रात को क्या किया जाए दामोदरन यह सोच ही रहा था की दरवाज़े पर हलकी-सी दस्तक हुई, जैसे कोई सबसे छुपाकर इस दरवाज़े को खटखटा रहा हो। सामने तान्या खड़ी थी जिसने दबे लहज़े में पूछा, "क्या आपके पास ओडोमोस है?"

दामोदरन ने लाचारी जतानी शुरू की ही थी कि उसने एक कॉयल आगे बढ़ाते हुए कहा, "जानती हूँ इससे प्रदूषण होता है, लेकिन मच्छर तो सोने नहीं देंगे।"

दामोदरन चुप रहा, उसे याद नहीं आ रहा था कि किसी अनजान ने उसके बिना माँगे उसके लिए कुछ किया हो; ख़ामोशी को भरने के लिए अचानक बोला, "आपको कॉफ़ी पसन्द है?"

"बहुत! हमारे कमरों में बिजली की केतली नहीं है, सस्ते वाले हैं न। वैसे मैं अपने लिए महँगा वाला कमरा ले सकती थी, लेकिन मुझे लड़कियों के साथ ही रहना पसन्द है।"

कॉफ़ी पाउच खोलते हुए दामोदर ने पूछा, "कॉफ़ी पीने से आपकी नींद तो नहीं उचट जाएगी?"

"मुझे तो वैसे भी रात भर जागना है, चौकीदार जो हूँ।"

"लड़कियों की आप अकेले ज़िम्मेदारी उठा रही हैं।"

"एक और आई थीं साथ लेकिन उनके पति की तबीयत ख़राब हो गई इसलिए लौट गईं। पता नहीं तबीयत ख़राब हुई थी या पत्नी के हाथ की मच्छी याद आ रही थी।" एक फ़िजिकल ट्रेनिंग इंस्ट्रक्टर भी हैं साथ लेकिन उनको बस में चक्कर आता है इसलिए जल्दी सो गए।" दोनों हँसे।

"आपके पति को भी तो आपके हाथ की बनाई मच्छी की याद आ रही होगी।"

"मैं पति से अलग रहती हूँ। तलाक़ नहीं हुआ है; उन्होंने दूसरी शादी कर ली है। आप अपनी सुनाइए।" उसने जल्दी से बात बदलते हुए कहा।

"शान्तिनिकेतन में संजुक्ता बोटनी और मैं स्टेटिस्टिक्स पढ़ाता हूँ।"

"शान्तिनिकेतन और स्टेटिस्टिक्स, अजीब जोड़ है। हम तो शान्तिनिकेतन को संगीत, साहित्य और कला का केंद्र जानते थे।"

"मुझे साहित्य, कला, संगीत पसन्द है, उसे नहीं। पिछले कुछ सालों में बौद्ध कला में रुचि बढ़ी है मेरी, पहली बार बांग्लादेश आया हूँ। बाहर बरामदे में बैठें, मौसम अच्छा हो गया है।"

"हाँ, पचास पार कर लेने के बाद भी एक महिला को एक अकेले पुरुष के कमरे में नज़र नहीं आना चाहिए।" दामोदरन उसके तंज़ पर मुस्कुराया।

"आप लोग कब तक बाहर रहेंगे?"

"तीन दिन और; राजशाही का अगरपुर विहार और महास्थानगढ़ जहाँ ऋषि आतिशी का जन्म हुआ था।"

"अरे, इन जगहों पर तो मुझे भी जाना है। मैंने टैक्सी ली हुई है।"

"तब तो मुलाक़ात होगी आपसे।"

बुद्ध की राह पर, यानी प्रेम की राह पर बहुत देर बात करते रहे दोनों। प्रेम, सबके लिए, हर प्राणी के लिए, पेड़-पौधों के लिए भी, पत्थरों, नदियों के लिए भी। रात का अन्धकार छँट रहा था जब तान्या ने अचानक कहा, "आप यहाँ आकर ख़ुश नहीं मालूम हो रहे हैं।"

"क्यों, ख़ुश तो हूँ; मेरी वर्षों की मुराद पूरी हुई है।"

"वही तो मैं कह रहीं हूँ, मुराद पाने पर जितना ख़ुश आपको होना चाहिए उतने आप हैं नहीं।"

दामोदरन पहले तो चुप रहा फिर बोला, "सच बताऊँ तो मुझे इन सारे प्राचीन अवशेषों को देखकर अफ़सोस हुआ, यूनानी मोज़ेक का फ़र्श है हर जगह, इस्लामी ग्राफ़िक डिज़ाइन हैं हर तरफ़! इनमें बौध क्या है?"

"सही कह रहे हैं, और गौतम बुद्ध की सारी नई मूर्तियाँ सुनहरी क्यों हैं?"

"जिस आदमी ने राजपाट, सोना-चाँदी इतना कुछ ठुकरा दिया उसके नाम पर इतना सोना!"

"यह इलाक़ा बुद्ध के आगमन से लेकर चौदहवीं सदी तक बौद्ध रहा। आदि शंकराचार्य के पुनर्जागरण के बाद भी यहाँ सनातन धर्म की पुन:स्थापना नहीं हुई। वह तो मुस्लिम शासकों ने यहाँ जबरन इस्लाम फैलाया।"

"आप मुसलमान होकर भी यह कह रही हैं?"

"धर्म बदलने से सत्य थोड़ी बदल जाएगा। आज जो सरकारी मदद इनकी देख-रेख के लिए दी जा रही है वह भी तो मुसलमान अफ़सरों के माध्यम से

पहुँच रही है। जितनी समझ है उसी का परिचय दे रहे हैं। हर जगह सुनेहरा रंग लीप रहे हैं।"

"जन का अपनाना भी एक मुश्किल, अपनी इच्छा के अनुसार ढाल लेते हैं, कहीं सुनहरे बालों वाला ईसा तो कहीं सोने-चाँदी के बुद्ध।"

"इसी बात को समझ कर शायद शुरू में बौद्ध अर्चना में स्तूप को ध्यानकेन्द्र किया गया था।"

"स्तूप भी तो सुनहरे हैं।" तान्या ने अगरपुर स्तूप की तरफ़ इशारा किया।

"मुझे उम्मीद नहीं थी कि कोई दूसरा मेरी तरह सोचनेवाला मिलेगा, मुझे लगता था कि हर कोई मन्दिर-मस्जिद को आलीशान देखना चाहता है।" दामोदरन ने गम्भीर होकर कहा, "शायद अपनी-अपनी ज़रूरत है ईश की। किसी को वह भयावह, शक्तिशाली, सज़ा देनेवाला, ग़ुस्सैल चाहिए और किसी को सखा, साथी, सुख-दुःख का शरीक और हमदर्द की तलाश है।"

बस इतनी ही जानकारी थी दोनों की एक-दूसरे के बारे में। संजुक्ता को दामोदर का अन्दर-बाहर सब मालूम था; मसलन उसे मालूम था कि जब तक वह कहेगी नहीं तब तक इतवार को दामोदरन नहाएगा नहीं। दामोदरन को भी मालूम है कि वह कहेगी ज़रूर। एक बेटी और एक बेटा है, बेटी को दामोदरन ज़्यादा प्यार करता है लेकिन ख़याल ज़्यादा बेटे का रखना पड़ता है जो औटीस्टिक है। संजुक्ता दोनों बच्चों का पूरा ख़याल रखती है लेकिन उसे प्यार का दिखावा पसन्द नहीं। संजुक्ता और दामोदरन दोनों अमेरिका में पी-एच.डी. करने गए थे, वहीं मिले और शादी भी वहीं हुई; दामोदरन अपने देश, अपने वतन लौटना चाहता था, संजुक्ता को लौटना पड़ा क्योंकि उसकी माँ बीमार थीं।

बांग्लादेश से बोलपुर लौटते ही संजुक्ता ने उसका सूटकेस हमेशा की तरह ख़ाली किया, घर पर धुलनेवाले कपड़े मशीन में और ड्राइक्लीनिंग वाले अलग रखे शाम को बाज़ार पहुँचाने के लिए। इतवार था तो आदतन दामोदरन पसरा रहा जब तक संजुक्ता ने टोका नहीं, खाने में उसके पसन्द की चीज़ें थीं लेकिन जब वह बौद्ध मठों की बात करने लगा तो बेटी प्रिया ने आँखों से इशारा किया और उसे याद आया कि संजुक्ता को खाने की मेज़ पर गपबाज़ी पसन्द नहीं। शाम को बेटे प्रमोद की गिटार की क्लास थी, प्रिया का ट्यूशन; दिन-रात में ढला और अगले दिन से फिर काम की धाएँ-धाएँ! वृहस्पत को दामोदरन ने उकताकर पूछा, "तुम्हें क्या कोई दिलचस्पी नहीं है बांग्लादेश के बौद्ध विहारों में?"

"तुम घूमने गए थे, ज़रूर जो जी चाहा होगा, देखा ही होगा?"

"तुम्हें नहीं जानना?"

"जानना होता तो ख़ुद चलती तुम्हारे साथ।"

हमेशा की तरह उसके कपड़े धुले और इस्त्री किए होते, खाने-पीने की चीज़ों की कभी कमी न होती, घर साफ़-सुथरा, सजा-सँवरा रहता; दोनों अच्छा कमाते थे। शादी के शुरू के दिनों में दामोदर ने अपने कॉलेज की भीतरी पॉलिटिक्स की घर में बात करने की कोशिश की थी। संजुक्ता ने बात सुन ली पर न तो कोई प्रतिक्रिया दी न ही अपने कॉलेज की कोई बात बताई। धीरे-धीरे दोनों का बिन कहे का रिश्ता ज़्यादा हो गया। संजुक्ता उसकी ज़रूरतें समझती और पूरी करती। संजुक्ता ख़ुद का भी उतना ही ख़याल रखती, कोलकता की हर साड़ी एक्सिबिशन से चुनिन्दा साड़ियाँ ख़रीदती, फ़िल्म की बहुत शौक़ीन नहीं थी लेकिन नाटक बहुत देखती; यह सब वह अकेले करती और नाटक या किताब पर चर्चा करने की उसे आदत नहीं थी। पाँच साल से दोनों शान्तिनिकेतन आ गए थे।

बांग्लादेश से लौटने के तीन सप्ताह बाद उसने तान्या को फ्रेंड रिक्वेस्ट भेजी इस मेसेज के साथ, "अगर आप मुनासिब समझें तो स्वीकार करें।"

"भला दोस्ती करने में मुनासिब क्या?" जवाब के साथ स्वीकृति मिली और फिर रोज़ बातें होने लगीं। वह पहले से ज़्यादा अपने लैपटॉप पर वक़्त गुज़ार रहा है, अगर इस बात पर संजुक्ता ने ध्यान दिया तो कहा कुछ नहीं। चार महीने बाद तान्या प्राचीन भारत पर एक कांफ्रेंस में भाग लेने कोलकता आई। बोलपुर से दामोदरन कैसे न जाता? बातें, मुलाकातें, तान्या का पेपर, प्राचीन युग पर लम्बी चर्चा और कोलकता की गलियाँ। तान्या पहली बार भारत आई थी; अचानक ही हुआ सब कुछ, तान्या अड़ गई कि दामोदर को उसके साथ साड़ियाँ ख़रीदने चलना होगा, वह हैरान कि साड़ी ख़रीदने में वह क्या करेगा; एक-एक करके वह हर साड़ी अपने बदन पर लगाती और उसकी राय पूछती; पहली बार दामोदर को एहसास हुआ कि कोई महिला उसकी पसन्द के कपड़े पहनना चाहती है।

"अरे आप कोलकता में पले-बढ़े हैं मुझे अपना स्कूल-कॉलेज नहीं दिखाएँगे।"

मध्यमग्राम स्कूल की पुरानी, कई जगह से जर्जर हो गई इमारत के बाहर कब वह अपनी बड़े होने और पढ़ने की कहानी सुनाने लगा। पिता जो उसे दस साल का छोड़ नक्सल आन्दोलन में शामिल हुए, या उनके हाथों अगवा किए गए; माँ न विधवा न सधवा, उसे पढ़ाने की ज़िद ठाने वह स्कूल की अध्यापिका; एक बार जो कथा बही तो बचपन से लेकर आजतक का अकेलापन बह निकला। दिल में बन्द यादों के बक्स को खोलने का सिलसिला भी अजीब है। यह बक्स

होता तो हर घर में है लेकिन इसमें रखी चीज़ों को धूप देने का ख़याल तब आता है जब कोई और अपना बाक्स खोलता है। तान्या भी अपने बचपन से लेकर जल्दी शादी और पति से अलहदगी की सारी दास्तान सुना गई। जिस तरह से 22 सालों में कभी संजुक्ता से बात नहीं हुई थी वह चार दिनों में तान्या से हुई, आप से तुम पर पहले कौन आया? किसने मुस्कुराकर कहा, "एक तरह से देखें तो जीवन का आख़ीर ही है हमारा।" किसने जवाब दिया, "उम्र को सालों से कब जाँचता है प्रेम।"

चार दिन बाद तान्या लौट गई और जाते-जाते दोनों ने एक-दूसरे से प्रेम का इक़रार कर लिया।

तीन साल लग गए दोनों को एक-दूसरे के लिए आज़ाद होते। तान्या का पति उसे तलाक़ नहीं देना चाहता था, उसे मनाना और थोड़ा धमकाना पड़ा; संजुक्ता को तलाक़ से कोई ऐतराज़ न था लेकिन शादी अमेरिका में हुई थी इसलिए लम्बा प्रोसेस था। तान्या का बेटा पिछले सात सालों से लन्दन में था, माँ की तन्हाई को समझता भी था और पश्चिमी जीवन को अपने भीतर उतार भी चुका था; लेकिन दामोदरन के दोनों बच्चों पर बुरा असर पड़ा; बेटी बड़ी थी, कॉलेज में आ चुकी थी अपने हिसाब से इश्क़ उसे करने का हक़ था, माँ-बाप का फ़र्ज़ था उसे रोकें, समझाएँ। दिल खोलकर लड़ी भी और पिता को, 'बुढ़ाता मजनूँ' कहने लगी। बेटा चुप हो गया, केवल दुःख भरी नज़रों से उसे देखता और देर रात तक बाहर घूमता रहता।

संजुक्ता ने बस एक ही शर्त रखी कि घर का और बच्चों का ख़र्च दामोदरन को देना होगा। प्रमोद के इलाज और दवाइयों का भी और तलाक़ जब हो तब हो दामोदरन को अलग घर ले लेना होगा। उसका कहना था बच्चों की देखभाल तो वही करेगी, तो फिर ख़र्चा भी वह क्यों करे? शायद दामोदरन को उसके इतनी जल्दी तलाक़ पर राज़ी हो जाने की उम्मीद नहीं थी इसलिए सारी शर्तें मान लीं, एक कमरा किराये पर ले लिया और अपना सामान लेकर, जो संजुक्ता ने बड़े क़रीने से देख जाँचकर, सूटकेसों और कार्टनों में भरकर उसके हवाले कर दिया था, अलग हो गया। जब कमरा लिया था तो उसका विडियो बनाकर तान्या को भेजा था, उसने जवाब दिया—"अच्छा है, अभी तुम अकेले हो तो ठीक है, हम साथ होंगे तो बड़ा फ़्लैट देख लेंगे। चाहो तो बुक कर दो।"

दो की तनख़्वाह में घर आराम से चलता था, अब एक की आमदनी में दो घर चलाना मुश्किल होने लगा—दामोदरन को संजुक्ता का तर्क समझ में आया

कि परिवार साथ था तो सब कुछ किया जा सकता था अब वही सब वह अकेले क्यों करें; घर और बच्चों को समय भी वह दे और ख़र्चा भी वही करे। हर दो-तीन महीने में दामोदरन की माँ को बीस-पच्चीस हज़ार रुपये घर के ख़र्च से बचाकर वही भेजा करती थी। वह बन्द हुआ तो मेदिनीपुर से माँ का फ़ोन आया, तो संजुक्ता ने साफ़ कह दिया, "आपसे रिश्ता आपके बेटे से बना था, जब बेटे से रिश्ता टूट गया तो आपसे भी ख़त्म हो गया। बच्चे चाहें तो आपसे सम्बन्ध रख सकते हैं, मैं उन्हें नहीं रोकूँगी।" माँ ने घबराकर दामोदरन को फ़ोन किया तो उन्हें भी क्या, क्यों, कैसे, सब कुछ बताना पड़ा। सब कुछ जानकार, दु:ख व्यक्त करके उन्होंने अपनी ज़रूरत बताई। दामोदरन ने बैंक अकाउंट देखकर बीस हज़ार भिजवाए। एक प्रोफ़ेसर भला ट्यूशन दे यह कम ही सुनने में आता है, लेकिन यह भी करने की कोशिश की उसने। इस सबके बीच में सामने का एक दाँत हिलने लगा उसका, डेंटिस्ट को दिखाने का वक़्त ही नहीं मिला और जब मिला तो देर हो चुकी थी। वैसे डॉक्टर ने कहा कि वह इम्प्लांट कर सकते हैं लेकिन एक प्लेट के चालीस हज़ार उसके बस की बात न थी।

कपड़े अब न कभी वक़्त पर धुलते, न इस्त्री होते, अक्सर नहाना रह ही जाता, शेव दिनों नहीं बनती और बाल या बहुत छोटे कटवाता ताकि बार-बार कटवाने की नौबत न आए या फिर कटवाना भूल ही जाता। शुरू-शुरू में दोस्तों ने, "आख़िर प्रोफ़ेस्सोर्गीरी दिखाई देने ही लगी," कहकर मज़ाक़ उड़ाया, कुछ एक ने सवाल करके जानने की कोशिश की, माजरा क्या है फिर सब उदासीन हो गए। मोटा तो वह कभी नहीं था लेकिन अब जैसे तीन दिन पुराना दसेहरी आम हो गया।

तान्या अचानक नहीं आई थी। उसके आने की सूचना थी दामोदरन को; चाहता तो कमरा साफ़ कर सकता था, बेड की चादर बदल सकता था, कुर्सियों के लिए कुशन ख़रीद सकता था, एक आध तस्वीरें, पेंटिंग्स या पोस्टर दीवारों पर सजाता; टेक अवे खाने के प्लास्टिक के पुराने डिब्बे तो फेंक ही सकता था। तान्या को जूठे बर्तनों और बचे हुए बासी खाने की महक से उबकाई आने लगी; इतना सुदर्शन आदमी साल भर में ऐसा डरावना लगने लगा था ख़ास करके हँसने में। ख़ैर दाँत तो वह बनवा देगी, और क्या-क्या करना है उसकी सूची वह मन ही मन तैयार करने लगी थी कि अचानक रुक गई। उसे ऐसा क्यों लग रहा था कि वह अपने लिए एक गुड्डा तैयार कर रही है, जिसके कपड़े वह बदले, बाल वह कटवाए, घर वह सँवारे। दोनों में साफ़गोई शुरू से थी, इसलिए यह बात उसने दामोदरन से कह दी।

"क्या तुमने दाँत से, या नाक नक़्शे से मोहब्बत की थी?" दामोदरन ने ज़रा बुरा मानते हुए पूछा।

"शकल सूरत, क्या पहला परिचय नहीं होती? कलफ़ लगी, चुन्नटदार धोती पहने, साफ़-सुथरे चेहरे के आदमी और बदरंग लुंगी में बिना नहाए-धोए आदमी में कुछ फ़र्क़ नहीं है क्या?"

"अब क्या करूँ, यह सब तो संजुक्ता किया करती थी। जब तुम आ जाओगी तो तुम कर दिया करना।"

तान्या ने चौंक कर उसे देखा, कुछ देर चुप रही फिर बोली, "मैंने अकेले ख़ुद की देखभाल की है, अपने-आपको और अपनी ज़रूरतों को सँभालती हूँ, तुमसे प्यार करतीं हूँ, प्यार तुम्हें दे सकती हूँ, मगर तुम्हारी केयरटेकर नहीं हो सकती।"

दामोदरन हँसने लगा, "तब तो मेरे इसी भेस की तुमको आदत डालनी होगी।"

"प्यार शून्य में हो चाहे जाए, पनपता नहीं। प्रेम को भी खाद, मिट्टी, हवा, पानी की ज़रूरत होती है।" तान्या इतना कहने के बाद कुछ पल रुकी, फिर बोली, "मैं आज तक समझती थी कि ज़्यादातर पुरुष महिलाओं को खेलनेवाली गुड़िया समझते हैं, मुझे मालूम नहीं था पुरुषों को ख़ुद भी गुड्डा बनने की इतनी तमन्ना होती है!"

लगी बँधी, एक लीक या ढर्रे पर चलनेवाली ज़िन्दगी थी तीनों की; न जाने कामदेव ने अपना तीर किस एंगल से छोड़ा जो गोल-गोल घूमता रहा, लगा तो किसी को नहीं लेकिन जिससे घायल तीनों हुए, जिसने छुआ एक को भी नहीं लेकिन अछूता कोई भी न बचा। क्या जाने दोष कामदेव का था, या इन तीनों का जिन्होंने ज़रूरत को देखभाल, देखभाल को मोहब्बत और मोहब्बत को ज़रूरत पर निर्भर कर दिया था?

बरामदे के पेड़

"चार महीने के बाद बारिश हुई है!" नहीद ने अचरज से आसमान की तरफ़ देखा था। आतिफ़ हँसा और बोला, "तो भाई यह कोई बंगाल थोड़ी है, कभी भी आसमान चूने लगे। यह दिल्ली है, चौमासे में भी कई-कई हफ़्ते नहीं बरसता। रेगिस्तान से इतना पास जो है।" तीन सालों में उसे आदत-सी हो गई थी ख़ुश्क मौसम की, रेत मिली हवाओं की और अकेले जीवन की। आदत का स्मरण से कोई लेना-देना नहीं, यह नहीद ने दिल्ली आकर ही जाना था। याद तो अब भी आती थी बंगाल की बारिश।

इस साल भी लगा तक़रीबन पूरा सावन सूखा निकल गया था। पेड़ बदरंग हरे हो गए थे, ऐसा सुरमई रंग जिसमें सिर्फ़ दिल्ली ही अपने पेड़ों को रंग सकता है; जहाँ पड़ोस के रेगिस्तान, आस-पास के चटियल मैदानों और चट्टानी अरावली से उड़नेवाली धूल, सुलगते हुए घूरों से बिखरती राख, वाहनों से अटी हुई सड़कों से उठती भभक, हर तरफ़ बन रही इमारतों की गर्द और उन्हें बनानेवाले मज़दूरों के अस्थायी घरों के चूल्हों से उठते धुएँ में घुल-मिलकर पत्तियों पर कीट की परत जमा देती। बादल घिरे और पहली बूँदें पड़ीं और पत्तों पर बहती कलेजी हरी लकीरें बनातीं उन्हें और भी मैला और बदशक्ल कर गईं। फिर बूँदों की रफ़्तार बढ़ी और जमकर बारिश शुरू हो गई। कुछ लम्हों के भीतर पेड़ बिलकुल भीग गए; पत्तियों से बहनेवाला पानी गन्दगी मायल-सा ज़मीन पर रिसता रहा। थोड़ी देर में पत्तियाँ धुलकर बिलकुल साफ़-चमकदार निकल आईं। जब बारिश मुस्तक़िल और तेज़ पड़ने लगी तो नहीद ख़ुद को रोक नहीं पाई और बाहर आ गई। तीसरी मंज़िल के फ़्लैट के ऊपर 11 मंज़िलें और थीं। उसकी बालकनी ऊपर से ढँकी थी और बारिश का पानी अन्दर नहीं आता था। नहीद ने रेलिंग थाम कर एक हाथ आगे बढ़ाया। ऊपर का छज्जा ज़रा निकला हुआ था, हाथ बढ़ाने पर भी गीला नहीं हुआ। वह हाथ

फैलाए रही कि शायद कोई मनचली बूँद, ज़मीन की तरफ़ सीधे बढ़ने के बजाय तिरछी होकर उसकी हथेली को नम कर जाए। कुछ देर तक जब हथेली सूखी रही तो उसने मायूस होकर हाथ अन्दर खींच लिया। उसने ख़ुद भी तो कभी डगर पर तिरछे होकर अपने झुकाव को बदलने की कोशिश नहीं दिखाई थी। ख़ानदान की इज़्ज़त, लड़की जात की सुरक्षा, बाप का फ़र्ज़ जैसे गुरुत्वाकर्षक ताक़तों ने उसे भी तो सीधा नीचे गिराया था। फिर वह क्यों उम्मीद करे कि नन्ही-सी नाज़ुक-सी, पल में भाप हो जानेवाली बूँद अपना पथ बदल पाएगी?

कुछ सोचकर नहीद बालकनी की रेलिंग से पीठ लगाकर खड़ी हो गई। इतना तो था कि ठंडी हवा थी और गिरती हुई बारिश की झंकार। मौसम के बदलने से इनसान का मिज़ाज कैसे बदल जाता है। सुबह से उसका मूड ख़राब था। कल रात खाने में मछली बनाने से जो बहस शुरू हुई थी वह सुबह तक ज़ारी रही थी। आतिफ़ को ऐतराज़ था कि रात को मछली नहीं खानी चाहिए। नहीद का कहना था, घर पर तो कभी किसी ने ऐसा नहीं सिखाया; वहाँ तो हर समय मछली मिलती भी है और खाई भी जाती है। आतिफ़ ने अपना पसन्दीदा जुमला टाँक दिया, "यह बंगाल थोड़ी है;" बहुत नहीं लेकिन थोड़ा-सा चिढ़ने लगी थी नहीद इस ताने से जो उसके साड़ियाँ ख़रीदने के शौक़ से लेकर बीच-बीच में बंगला बोल देने पर उस पर कसा जाता था।

वे लोग बंगाली नहीं थे; लखनऊ से वाजिद अली शाह के साथ देश निकाला भोग रहे उनके पुरखे कोलकाता के पास मटिया बुर्ज में आ बसे थे। वक़्त के साथ-साथ उर्दू ज़बान कम होती गई और लखनऊ तहज़ीब अपने शबाब से ढलकर बस कबाब में ही बाक़ी रह गई थी, जो खाने के लिए हर शाम मटिया बुर्ज में बंगाली बाबुओं की अफ़रा-तफ़री मचती।

नहीद के अब्बा ने अपने नवाबी जुड़ाव पर इतराना छोड़कर ख़ुद को सर्वहारा स्वीकार कर लिया था। एक टेनरी में मैनेजर थे और वहाँ की ट्रेड यूनियन के सचिव भी। 1977 में ज्योति बसु ने ट्रेड यूनियन की एक मीटिंग सम्बोधित करते हुए उनका नाम लेकर कहा था : अगर लईक़ अहमद जैसे मैनेजर ख़ुद को ट्रेड यूनियन का अंग माने तो समझ लेना चाहिए बदलाव बहुत दूर नहीं है, क्योंकि बड़े पदों पर बैठे लोगों को भी मार्क्सवाद के फ़ायदे नज़र आने लगे हैं। लईक़ अहमद फर्राटेदार बंगला बोलते थे, दो बार वार्ड का एलेक्शन जीत चुके थे और पूरी तरह से बंगाल में रच-बस गए थे।

पाँच पीढ़ियों में इतनी तब्दीली तो आई ही थी कि उनके घर की सब औरतें

साड़ियाँ पहनतीं, दोपहर के खाने को भात कहतीं, मर्द अरजदार पजामे की जगह रंग-बिरंगी लुँगियाँ बाँधते, शेरवानी कभी-कभार जाड़ों में नज़र आती और लखनवी कुरते को बिलावजह पंजाबी कहने लगे थे।

बरेली में जन्मे, लखनऊ में पले-बढ़े और दिल्ली में नौकरी करनेवाले आतिफ़, ख़ुद को कन्नौज के चौबीसवें ब्राह्मण से कम न समझते और उठते-बैठते बाईसवें ब्राह्मण यानी नहीद को कभी उसके उच्चारण पर, कभी खाने में मसालों पर तो कभी रबीन्द्र संगीत या नजरुल गीति के शौक़ पर उसकी औक़ात याद दिलाते रहते। वे साइंटिस्ट थे इसलिए हर ऐतराज़ का वैज्ञानिक कारण भी बता देते, जैसा उन्होंने कल रात भी बताया! मछली में काँटे होते हैं, जो रात में दिखते नहीं और गले में फँस सकते हैं, इसलिए इसकी मनाही कर दी गई। नहीद ने उठकर कमरे के तीनों बल्ब और एक ट्यूबलाइट जला दी। बस! वह घमासान मचा जो रात सोने के बाद आज सुबह तक जारी रहा। जाते-जाते आतिफ़ कह गए, "तुम बंगाली हो न, चिल्ला-चिल्लाकर नारे लगाना तुम्हारी आदत है; बरगद के कव्वे हो तुम लोग जो अपनी काँव-काँव से किसी को बरगद की छाया में बैठने नहीं देते। इसीलिए लड़ने में तुम्हें मज़ा आता है। तुम चुप हो जाती तो मैं भी ख़ामोश हो जाता लेकिन बंगाली भला चुप हो सकते हैं?"

"काम करो तो दिल बहल जाता है," उसे अपनी अम्मी की सीख याद आई और साथ ही हँसी भी आई; औरतें भी अपने मन बहलाव के लिए क्या-क्या रास्ते निकाल लेती हैं। काम तो औरत को करना ही है, दिल बहल कर हल्का हो जाए या भारी बना रहे। लेकिन जब घटा उठने लगी और सुरमई, सफ़ेद और भूरे बादलों में होड़ लगी कि कौन ज़्यादा तेज़ी से आकाश को आलिंगन कर ले तो दिल ख़ुद ब ख़ुद ही शान्त होने लगा। जब बादल पूरी तरह से घिर गए और नमी मायल, कहीं दूर बरसने की सोंधी गन्ध लिए बयार बहने लगी तो दिल के आस-पास कुछ खनखनाहट-सी महसूस हुई, पहली बूँदों के साथ मन गुनगुनाने को करने लगा और जब आसमान ज़मीन को सराबोर करने को जोरों से बरसा तो उसकी ज़बान पर अपने आप, "रिमझिम झिम झिम, घनोदिया बरसे—" गीत आ गया। बंगाली भाषा में कितना प्रकृति से जुड़ाव का साहित्य मौज़ूद है जो उर्दू में नहीं है। शायद क्योंकि उर्दू शहर की ज़बान है और बंगला ऊँचे मगर लचीले नारियल और सुपारी के दरख़्तों तले, धान के खेतों में पसरी भाषा है।

नहीद गीत गुनगुनाते हुए बालकनी के पेड़ों को निहार रही थी। यह छोटे-बड़े गमले, जो उसने ही सूनी बालकनी पर रखे थे। ग़नीमत था कि बालकनी पर पेड़

रखने का फैशन बन गया था इसलिए आतिफ़ ने ऐतराज़ तो नहीं किया था लेकिन दो शर्तें लगा दी थीं। पानी, मिट्टी, सूखे पत्ते कभी बालकनी को गन्दा करते नज़र न आएँ। आतिफ़ के लौटने से पहले नहीद बालकनी पर आकर एक नज़र डाल लेती, कोई पत्ती, फूल दिन भर में सूखकर झड़े हों तो बुहार देती, किसी गमले से पानी रिसकर दाग़ बन गया हो तो पोंछ देती। खाद, पानी धूप मिलती रहे तो गमलों में भी पेड़ अपनी ज़िन्दगी जी ही लेते हैं; छोटे-छोटे से लगाए गए पौधे छह महीने में ही अच्छे चल निकले थे। कितनी ही लताएँ और झाड़ियाँ, जो बंगाल में ख़ुद ही उग आतीं और खर-पतवार मानकर उखाड़ दी जातीं, उन्हें यहाँ कितनी जतन से उगाया था उसने। सुपारी का पेड़ भी यहाँ उग गया था; फल नहीं देगा, यह बात पेड़ और नहीद दोनों को ही मालूम थी, लेकिन बार-बार जड़ों के पास से नए अँखुए उगते रहते। अपने अस्तित्व को बनाए रखने को पेड़ की इस कोशिश पर कितना हैरान हुई थी नहीद। धीरे-धीरे उसने खुरपी, जड़ें तराश देने का छोटा-सा हरवा, लताएँ बाँधने की सुतली, सहारे के लिए बाँस की खपच्चियाँ, टहनियाँ कतरने की कैंची और घास बँधे बाँस जिन पर मनी प्लांट चढ़ सके ख़रीद लिये थे। रोज़ आधे घंटे के क़रीब पेड़ों के साथ बीतता। अनजाना शहर, अनबूझा मौसम, अलग बोली, उकतानेवाली ज़िन्दगी में साथी बन गए थे ये बालकनी के पेड़।

अचानक उसे लगा जैसे गमलों में सिमटे, अभी तक सन्तुष्ट पेड़ कुछ तनाव में हैं। उसका गाना बन्द हो गया और वह पेड़ों को ध्यान से देखने लगी। फिर धीरे से हाथ बढ़ाकर उसने सबसे पास वाले मनी प्लांट को छुआ। उसे लगा जैसे कोई दुःखी होने के बावजूद सहानुभूति में बढ़े हाथ को दृढ़ता से पीछे धकेल रहा हो। टहनियों को छुआ और फिर वही खिंचाव-सा महसूस किया, जैसे कोई कह रहा हो, "रहने दो, हमारे दुःख को समझना तुम्हारे बस का नहीं!" गमले की तरफ़ नज़र डाली, मिट्टी गीली थी, घास से लिपटे लता के सहारों में भी नमी बाक़ी थी। पत्तों पर धूल जमी देखकर एक दिन आतिफ़ ने ताकीद की थी, "पेड़ लगाने का शौक़ है तो उन्हें साफ़ भी तो रखो!" वह एक छोटा-सा फव्वारा लगा कैन ख़रीद लाई थी और हर दूसरे-तीसरे दिन पेड़ों को धो देती। फव्वारे का ख़याल आते ही एक याद ने उसके पत्तियों को दुलारते हाथ को रोक दिया। पहले दिन उसने फव्वारे से पानी भरकर छिड़कते हुए कहा था, "यह तुम्हें सिर्फ़ साफ़ रखने के लिए नहीं लाई हूँ। यह तो इसलिए लाई हूँ कि तुम्हें बारिश में भीगने की याद न आए।"

किसी के दिल की कुढ़न समझ में आती है तो पलभर में और नहीं आती तो बरसों सहवास से भी नहीं आती। "बारिश में भीगना चाहते हो? क्या करूँ, तुम्हें

उठाकर बाहर नहीं रख सकती, क्योंकि सचमुच का बाहर तो यहाँ है ही नहीं। मनीप्लांट की ख़ूबसूरत, सफ़ेदी छितरी पत्तियाँ जैसे बड़ी-बड़ी गिलाफ़ी आँखों में तब्दील हो गईं, फ़र्न की झीनी-सी चिलमन जैसे किसी की लम्बी पलके, सुपारी और दूसरे पाम धीमे-धीमे हिलने लगे जैसे कोई किसी की बनावटी सहानुभूति पर तंज़ से सिर हिलाए और उनमें से झाँकती हुई, सब कुछ जानती और दिल में दबी ख़्वाहिशों को भाँपती आँखें जैसे व्यंग से मुस्कुराती हुई कह रही थीं, "हमारी छोड़ो, अपनी कहो! भीगने का तो बारिश में तुम्हारा भी बहुत जी चाहता है बल्कि तड़पता है, लेकिन क्या भीग सकती हो? हमारी तरह बस हाथ ही तो बढ़ा सकती हो।" सच ही था, पौधों की पत्तियाँ, टहनियाँ, पूरा ज़ोर लगा रहे थे बालकनी के बाहर निकलकर असली बारिश को पाने का।

नहीद की कमर अचानक रेलिंग की टेक छोड़ सीधी हो गई। जल्दी से उसने सैंडल उतारी और पैर रबर की चप्पलों में डाले, कानों के बुंदे और गले की चैन उतारकर सँभालकर रखी, छोटे-से प्लास्टिक के बटुए में कुछ पैसे रखे। आतिफ़ के घरवाले उसके लम्बे बालों पर मोहित हो गए थे। सास ने यहाँ पहुँचते ही हिदायत दी थी, "बहू, बारिश में बाल मत भीगने देना; नास हो जाएँगे, औरत का आधा गहना बाल ही तो हैं, इसी पर तो मर्दों का दिल रीझ जाता है!" उसका कितना जी चाहा था पलटकर पूछे, "और अम्मी, औरतें किस चीज़ पर रीझें? मर्दों के गंजेपन को कौन पसन्द करता है?" सारी ख़्वाहिशें औरतों से ही, कम खाएँ, चावल, मीठे से परहेज़ करें, सुन्दर लगे, मर्द चाहे जितनी तोंद बढ़ा ले! उसने हाथ बढ़ा कर जूड़े में लगीं सारी पिने एक-एक करके निकाल दीं; बाल पीठ और कमर पर फैल गए जैसे आज़ादी के लिए तड़प रहे हों। पेड़-पौधे भी तो धूप में झुलसते हैं, पाले में ठिठुरते हैं और बारिश में भीगते हैं। माना बहुत से झुलस कर मर भी जाते हैं, कुछ कीचड़, मिट्टी में रुल भी जाते हैं, लेकिन जीने का मज़ा तो लेते हैं और ज़िन्दा होने का सुबूत तो देते हैं। सोने के कमरे के दरवाज़े के पीछे लगी खूँटी से उसने बुरक़ा उतारा। दिमाग़ में कुछ कौंधा; कहाँ पढ़ा था उसने? हाँ याद आया, डेनमार्क की केरन डीक्सेन ने 'आउट इन अफ्रीका' में लिखा था, "यूरोप का दस्तूर है, पुरुष हाथ मिलाने के लिए दस्ताने उतारते हैं, महिलाओं के लिए नियम है कि वे दस्ताने नहीं उतारतीं; लेकिन दस्तानों के बिना हाथ मिलाने का अपना ही मज़ा है, क्योंकि हर स्पर्श का एहसास अलग होता है।" कोलकाता में उसने कभी बुरक़ा नहीं पहना था; जब ससुराल से उसके लिए भेजा गया तो उसने पहनने से साफ़ इनकार कर दिया था। जब दादी ने छोड़ दिया था, माँ ने कभी पहना नहीं

तो वह क्यों पहने? बाप ने समझाया था, "अभी पहन लो, बाद में आतिफ़ से बात करके अगर वह मान ले तो छोड़ देना।" तीन साल में उसने बात क्यों नहीं की? उसने ख़ुद से सवाल किया। मौक़ा तलाश करती रही? या दूसरी तलख़ियों के निबट जाने की राह देखती रही, या सिर्फ़ सुस्ती में? बहुत एहतिहात से उसने बुरक़ा वापिस खूँटी पर टाँग दिया। शायद अब वक़्त आ गया है, पुरानी लड़ाइयाँ निबटे या न निबटे, पहले के झगड़ों के हल निकले न निकले, यह वाली बात तो उसे करनी ही पड़ेगी! खिड़की से झाँककर इत्मीनान किया कि बारिश अभी भी इतनी तेज़ है कि पूरी तरह भिगो दे, फ़्लैट की चाबी उठाई दरवाज़ा खींचकर बन्द किया और लिफ़्ट की तरफ़ बढ़ी।

लिफ़्ट आकर रुकी तो अन्दर छह-सात साल का एक लड़का अपनी छोटी-सी साइकिल पीछे करते हुए उसे सवालिया नज़रों से देख रहा था। वह मुस्कुराई और बोली, "मैं ज़ैदी आंटी हूँ विनय।"

"जो काला लबादा..." बच्चा खिसियाकर चुप हो गया। शायद उसके घर में ऐसे ही नहीद के बारे में बात होती होगी।

नहीद मुस्कुराई, "हाँ वही वाली, उसे बुरक़ा कहते हैं।"

"आज नहीं पहना आपने?"

"नहीं! तुम बारिश में साइकिल चलाओगे?"

"हाँ, मुझे भीगना पसन्द है।"

"मुझे भी," दोनों हँसे।

लिफ़्ट का दरवाज़ा खुला तो साइकिल धकेलते हुए वह बोला, "अब मत पहनो बुरक़ा ज़ैदी आंटी, आप ऐसे बहुत सुन्दर लगती हैं।"

नहीद उसकी तरफ़ मुड़ी और उसके कन्धे पर हाथ रखते हुए बोली, "मेरा नाम नहीद है, चाहो तो नहीद आंटी कह सकते हो!"

अपनी वाली शहरज़ादी

सुनिए साहिबान दास्ताँ शहरज़ादी की! जी? वह वाली शहरज़ादी जिसने 1001 कहानियाँ सुनाईं? जो उर्दू में अलिफ़ लैला और अंग्रेज़ी में अरेबियन नाइट्स कहलाईं? अब उसकी कहानी में नया क्या? पुरानी कहानियों को सुनाने का नया ढंग क्या? भई तरीक़ा बदलने से बात कैसे नई हो जाएगी; कहानी वही रहेगी जैसे भी सुनाई जाएगी? एक मिसरा है न 'कहने में उनके सामने बात बदल-बदल गई!' लो भई उर्दू शायरी की अब टाँग टूट गई! कहानी तो वही है कि एक बादशाह अपनी बीवी से बहुत प्यार करता था और उसे शिकार का भी बहुत शौक़ था। एक दिन बीवी को छोड़ शिकार खेलने गया और छह दिन की कहकर लौट आया चौथे दिन। अपनी बीवी को एक ग़ैर की बाँहों में पाकर न सिर्फ़ उसे मरवा डाला बल्कि यह फ़ैसला भी किया कि औरतज़ात का भरोसा नहीं किया जा सकता लिहाज़ा अब वह हर रात नया ब्याह रचाता और सुहागरात पर नई दुल्हन से कहानी सुनाने की फ़रमाइश करता; कहानी ख़त्म होती और दुल्हन का सिर काट दिया जाता। ऐसा चलता रहा जब तक एक वज़ीर की बेटी ने अपने पिता से ख़ुद को सुलतान से ब्याहे जाने की फ़रमाइश नहीं की। एक हज़ार एक रात वह सुलतान को नई-नई कहानियाँ सुनाती रही जिसका अन्त वह अगली रात के लिए उठाकर रख देती। इस तरह वह तब तक ज़िन्दा रही जब तक कि सुलतान उसका आशिक़ नहीं हो गया। हो गई पूरी कहानी; अब भला इस कहानी में नया क्या? पाठक और श्रोतागण आप भी उसी पुराने ढर्रे के निकले! क्या आप भी नहीं समझते कि पुरानी धारा में पिघलती बर्फ़ का नया पानी मिलता रहे तो ताज़गी बनी रहती है। नई व्याख्या का ख़याल आना और यह सवाल पैदा होना कि जो नई व्याख्या दिख रही है वही शायद असली हो। सारी कहानियाँ काल्पनिक ही तो हैं, जो केवल अन्तर्चेतना में ही जीवन

पाती हैं। कौन-सा जीवन असली है और कौन-सा नकली, यह कौन तय करेगा। अगर मान लें कि नई सोच, नई व्याख्या सम्भव है तो इसे दर्ज कैसे किया जाए? साहब दर्ज करने की ही तो सारी मुसीबत है, किसने गढ़ा, किससे कहा, उसने क्या समझा और फिर क्या लिखा; कल्पना बेचारी इन चार सीढ़ियों पर लड़खड़ा जाती है, अक्सर गिर भी पड़ती है और जब सँभालती है—अरे साहब, आपने भी क्या शब्द प्रयोग किया! जो सँभल गई तो कल्पना कहाँ रही? वह तो ठोस होकर ठस हो गई—उसे ही तो फिर से जगाना है जैसे रोज़ सुबह जगती थी कल्पना की शहरज़ादी! सुबह? लेकिन कहानी तो रात को सुनाती थी? तो आप क्या समझते हैं पाठक जी? क्या सुनाते वक़्त ही ज़िन्दगी पाती है कल्पना और बनती है कहानी? उलझाइए मत और बात को घुमाइए भी मत! श्रोता हैं या आलोचक? जो कहा भी नहीं, लिखा भी नहीं वह तलाशने लगे? हाँ शहरज़ादी हर रात कहानियाँ सुनाती; लेकिन दिन, उसका क्या करती थी। वह चार पहर का दिन जिसमें उसे चार पहर की रात के लिए ऐसी कहानी रचनी होती थी जो उसे अगले दिन तक ज़िन्दा रखे। तो सुनिए साहिबान कहानी उस औरत की जो एक ऐसे वज़ीर की बेटी थी जो एक मामूली इनसान था और अपनी क़ाबलियत और अक्लमन्दी के बलबूते पर वज़ीर के ओहदे तक पहुँचा था। जिस पर सुलतान बेहद भरोसा करता था और राज का सबसे मुश्किल और पेचीदा काम सौंपता था। दिनभर का काम निबटाकर, थका-हारा मगर ख़ुश लौटनेवाला वज़ीर, दरबार और शाही महल के क़िस्सों से अपने परिवार को हँसाने और दिल बहलानेवाला वज़ीर कैसे चुप हो गया था। उसकी ख़ामोशी, उसका संजीदा चेहरा, उसकी ग़मगीन आँखें देखकर घरवाले ख़ामोश तो थे मगर फ़िक्रमन्द भी थे। सुलतान के साथ हुए फ़रेब, उसकी प्यारी बीवी की दग़ाबाज़ी से सभी वाक़िफ़ थे। ग़ुस्से, दुःख और जगहँसाई के डर से वह उस धोखेबाज़ बीवी को मरवा चुका था मगर उसका ग़ुस्सा गुनहगार को सज़ा देकर उतरा नहीं था। अब वह बेग़ुनाहों का ख़ून बहा रहा था और सारा देश उसके इस फ़ैसले के आगे लाचार था। इस तरह की बेबसी तो वज़ीर के चेहरे पर कभी नुमाया नहीं हुई थी! सबके दिल में कौतूहल था, लेकिन दिल की बात ज़बान पर लाने की कोई हिम्मत न करता कि ज़रा छेड़ने से कहीं कोई बवंडर न फट पड़े। आख़िर वज़ीर की बेटी शहरज़ादी ने हिम्मत की और पूछा, "बाबा, आज सारा मुल्क बेग़ुनाहों के ख़ून से भीगा है, हम सब भी ग़म में डूबे हुए हैं फिर भी आप तो ऐसे ग़मगीन लगते हैं जैसे दुःख की अन्तहीन खाई में मुसलसल नीचे और नीचे गिर रहे हों! कुछ कहिए तो सही कि उसका कोई हल ढूँढ़ा जाए।"

बेटी की बात सुनकर वज़ीर की छाती फट पड़ी और कई दिनों के रुके आँसू आँखों से बह निकले, "हाँ बेटी, सुनी-सुनाई पर जो तुम लोग हो ऐसे अफ़सुर्दा, कैसे बताऊँ तुमको कि मैं ही हूँ वह जो पूरा करता है सज़ा इन लड़कियों की! भरोसेमन्द, वफ़ादार होना गुनाह साबित होगा, यह कभी सोचा न था, सुबह लाएगी हर दिन मौत का मंज़र यह सोचा न था, मैं वह बदनसीब हूँ जो तैनात रहता है जल्लाद के संग, कि कहीं माँ-बाप, भाई या क़ातिल की रहमदिली छुड़ा न ले जाए उन कमसिन हसीनाओं को; मैं रखता हूँ ध्यान, तलवार गिरे बराबर उस नाज़ुक गर्दन पर, कि सिर धड़ से अलग हो और रूह जिस्म से! हर लड़की की फ़रियाद में सुनता हूँ आवाज़ तेरी, हर चेहरे में दीखता है चेहरा तेरा, सोचकर सिहर जाता हूँ, रोज़ जो मरती हैं मासूम लड़कियाँ, कब तक रहेंगी देश में लड़कियाँ, आएँगी कहाँ से माँएँ और बहनें, खेलेंगी कब तक इन गोदों में लड़कियाँ, पड़ोसियों पर फिर, दूर-दूर तक दौड़ेंगी फ़ौजें, लूट का सबसे क़ीमती सामान होंगी लड़कियाँ, फिर यह भी ख़याल आता है दिल में, रोज़ नई लड़की चाहिए सुलतान को, रखूँ कब तक महफ़ूज़ मैं अपनी औलाद को।

शाम भर शहरज़ादी, अपने घर के चक्कर लगाती रही, हर चीज़ हर सजावट क़रीने से लगाती रही, जैसे उसे किसी दूर, लम्बे सफ़र पर निकलना हो! जब ढली रात और झुटपुटा गहराने लगा, बन-सँवर कर वह निकली अपनी आरामगाह से और अपने पिता से बोली, "रोज़ सवेरे करते हैं आप राज महल का रुख, आज शाम ही को चलिए, ब्याह के मुझे सुलतान को छोड़ दीजिए मुझे मेरे हाल पर! या तो सुलतान का रुख औरत की तरफ़ से साफ़ करूँगी, या जान देके अपनी चैन की नींद सो रहूँगी!" बाप ने पलभर को उसकी शान्त ठहरी हुई आँखों को देखा, शायद अपनी बेक़रारी का अनुरणन बेटी के दिल में सुना, चुपचाप उठा और उसे संग ले चला राजमहल की तरफ़ जहाँ रहती थी तैयारी हर दिन सुहाग रात की।

दुल्हन के कमरे में पहुँचकर शहरज़ादी की नज़र ठहरी उस शफ़्फ़ाफ़ सफ़ेद बिस्तर पर जिस पर आज उसकी ज़िन्दगी के लम्हों का फ़ैसला होगा। हज़ारों आँखें उस बिस्तर से झाँकतीं नज़र आईं। डरती, लरज़तीं, काँपती, सिसकतीं, बोलतीं आँखें। वह जिन्होंने सजे, सँवरे, ख़ूबसूरत चेहरों से झाँककर फ़रियाद की होगी, "क्या है कुसूर हमारा, क्या बिगाड़ा है हमने तुम्हारा?" वह जो अपना कौमार्य समेटे, सहमी हुई यहाँ लाई गई होंगी, जिनसे अपनी हवस पूरी कर लेने के बाद फ़रमाइश हुई होगी 'कहानी सुनाओ!' जो अपना ज़ख़्मी, टूटा जिस्म लिए, नए रिश्ते को समझने की, पुरुष को भाई और पिता के अलावा भी कुछ और जानने की कोशिश कर

रही होंगी, जो यह उम्मीद लगाए थीं कि जो दूसरियों के साथ हुआ वह भला उनके साथ क्यों होगा, भला उनका हुस्न, जवानी और कौमार्य उनके इतना भी काम न आएगा कि उन्हें ज़िन्दगी बख़्शें? नहीं, नहीं, वे तो ज़िन्दा रहेंगी सुलतान की सुलताना बनकर। कैसे-कैसे सपने रहे होंगे इन हज़ारों आँखों में, कैसी उड़ान भर रही होगी कल्पना उनकी; और तभी जब वह सोते हुए बादशाह के बराबर में सो जाने की तैयारी कर रही होंगी वह अचानक जाग उठा होगा और एक अलसाई-सी मुस्कान उसके चेहरे पर खेली और ख़ुमारी से लबरेज़ आवाज़ में उसने कहा, "नींद नहीं आती, कोई कहानी सुनाओ।"

कमसिन लड़की ने घबराकर कमरे की खिड़की की तरफ़ देखा होगा जहाँ से सहर की पहली किरण झाँकेगी और उसके लिए दिन का उजाला नहीं मौत का अँधेरा लाएगी। क्या कहानी सुना पाई होगी वह, क्या नया गढ़ पाएगी? ऊँघते बीच-बीच में खर्राटे भरते सुलतान को किस तरह के क़िस्से में उलझा पाएगी, उससे तो सोचा भी न जा रहा होगा, नानी, दादी से सुनी कहानियाँ पंख लगाए न जाने कहाँ उड़ गईं, नया कुछ सोचने का ठहराव, वक़्त, सुकून, यकसुई उसके पास कहाँ थी? क्या कहे, क्या सुनाए, किस तरह की दास्तान की डोर पकड़ मुसलसिल पास आती मौत को कुछ दूर पीछे धकेल सके।

कुछ ऐसी भी आँखें थीं जो हसरत से पीछे तक रही थीं। यह उनकी थीं जो कुँवारियों के घरवाले थे; जो रातोंरात, जो कुछ भी बन पड़ा, समेटकर, अपनी बेटी को लेकर इस देश को छोड़कर भाग रहे थे। जब बेगुनाहों से हिसाब माँगा जाता है गुनहगारों का, जब मासूम चुकाते हैं क़र्ज़ मुजरिमों का, तब ऐसे ही लोग घर से बेघर होते हैं। दिन की रोशनी में सीना तानकर, सिर ऊँचा करके चलनेवाले, इसी तरह रात के अँधेरे में मुँह छुपाए निकलते हैं, अपनी चहेतियों की जान और इज़्ज़त बचाए; हसरत से तकते उस आँगन को जहाँ बचपन खेला, उन पेड़ों को जिनपर झूलों ने गगनचुम्बी पींगें मारी, उस चौखट को जहाँ डोली उतरी, उस कोने को जहाँ भाई-बहन ने मिलकर सिक्के बोए कि कल पैसों का पेड़ उग आएगा! क्या करते? बेटियाँ घर की इज़्ज़त, आँखों का नूर होती हैं, जानते-बूझते उन्हें कैसे क़ब्र के अँधेरे में धकेल देते, इसलिए दबे पाँव निकलते, रात की चादर ओढ़े, वतन की मिट्टी को माथे से लगाते, लौटकर आने का वादा करते, चल पड़ते परदेस में देस बसाने।

शहरज़ादी अभी यह सब सोच ही रही थी कि बादशाह के आने की नौबत बज उठी। दरवाज़े का पर्दा ज़रा-सा खिसकाकर, उसके सामने लगे आदमक़द आईने में

दूर से आते उसने सुलतान को देखा—ख़ूबसूरत, ऊँचा क़द, क़ीमती लिबास पहने, उसकी चाल में बाँकपन था—लेकिन इस सब से भी ज़्यादा उसकी शख़्सियत में एक गुरूर था—किस बात का? कि वह इतनी ताक़त रखता है कि किसी की भी जान ले सकता है? शहरज़ादी ने ज़रा और ध्यान से उसे देखा, हाँ इसे घमंड है कि यह मौत का फ़रिश्ता है; यह बादशाह यह मान बैठा है कि जान लेने की ताक़त दुनिया की सबसे बड़ी ताक़त है। शहरज़ादी ने अपने सीने पर एक हाथ रखा और सर को एक झटका दिया। दिल और दिमाग़, बस यही थे दो हथियार उसके पास जिनसे लैस वह इस रण में उतरेगी, जहाँ उसकी ज़िन्दगी का फ़ैसला होगा। दुश्मन उसे मारने का फ़ैसला कर चुका था, अपनी हिफ़ाज़त ख़ुद करने के अलावा उसके पास रास्ता ही क्या था।

सुलतान का पूरा हाव-भाव एक शिकारी का था। वक़्त काटने और दिल बहलाने के नए-नए तरीक़े सोचना और शिकार खेलना यही उसके शौक़ और काम थे। जब जी चाहता शिकार को निकल जाता, जंगल की बयाबानी, अनजान रास्तों का सफ़र, घात लगाकर शिकार का इन्तज़ार, पानी पीते, ख़ूँख़्वार जानवर पर पीछे से, छुपकर वार करना, नगरी के राजा की जंगल के राजा पर जीत—बस्ती की बयाबान पर विजय—सब वाह-वाह करते, अलाव की रोशनी में मुर्दा शेर की खाल उतारी जाती और राजमहल की किसी दीवार की सजावट बनती! ख़ैर, वह भी अखाड़े में उतरने को तैयार थी, बचाव के सारे पैंतरे वह चलेगी और बचाव का सबसे अच्छा दाँव है वार! अगर नई-नई जगह घूमना, जंगल बयाबान की ख़ाक छानना ही है शौक़ सुलतान के, तो यह शौक़ उसका पूरा करेगी शहरज़ादी, उसे ऐसी दुनिया दिखाएगी जिसे घूमने को उसका दिल मचल उठेगा। आराम, अजाइश, अमीरी की चकाचौंध में क़ैद सुलतान को, आज़ादी तक पहुँचानेवाली राह बनेगी शहरज़ादी, जिस पर चलकर वह दुनिया का चप्पा-चप्पा छू सकेगा—ऐसी दास्ताने गढ़ेगी जिनमें अरबी इत्र की ख़ुशबू हो, हिन्द का ज्ञान और चीन की कारीगरी—वह ज़िन्दगी की कहानी कहेगी, जो रूप और रंग बदलती, नए साँचों में ढलती सदा बहती रहती है! और शायद ज़िन्दगी उससे ख़ुश होकर उसका साथ न छोड़े—क्यों वह मौत से ज़िन्दगी की भीख माँगे, क्यों न वह ज़िन्दगी से साथ निभाने का वादा ले?

सुलतान कमरे के दरवाज़े तक आ पहुँचा। शहरज़ादी ने झुककर सलाम किया फिर बोली, "तशरीफ़ रखिए सुलतान, इस कश्ती जैसी कुर्सी पर बैठिए!"

सुलतान ने नज़र भरकर उसे देखा! डर और घबराहट का चेहरे पर नामोनिशान न था। ज़रा हैरान होकर उसने पूछा, "क्यों इसी कुर्सी पर क्यों बैठूँ?"

शहरज़ादी मुस्कुराई, पहला दाँव ख़ाली नहीं गया था, सुलतान की उत्सुकता जाग चुकी थी। हँसकर बोली, "क्योंकि आपको सिंधबाद जहाज़ी के साथ समुंद्री सफ़र पर निकलना है। सुनिए सुलतान कहानी सिंधबाद जांबाज़ की जो जीतने निकला था अथाह समुद्र को!"

सारी रात बुनती रही जाल चमनजारों, बयाबानों, सैययारों और अफ़सानों के, एक मामूली इनसान की जांबाजी, दिलेरी, हिम्मत और कौशल के! सारी रात मंत्रमुग्ध सुनता रहा कहानी सुलतान और सफ़र करता रहा दास्तान के साथ-साथ, यहाँ तक कि थककर चूर हो गया और शहरज़ादी के बिस्तर पर सिर रखकर सो रहा!

सहर हुई और दरवाज़े पर जल्लाद हाज़िर हुआ! सुलतान को सोता पाया—यानी आज नहीं होगा फ़रमान ज़ारी, आज नहीं रंगी जाएगी तलवार उसकी किसी बेग़ुनाह के ख़ून से! क़दमबोसी को झुका वह उसकी जिसने एक करिश्मा कर दिखाया था और शहरज़ादी ने देखा वह जो हुआ था दुनिया में शायद पहली बार—जल्लाद रो रहा था! उसी दम फ़ैसला किया उसने, वह रचेगी कहानी ऐसे क़िस्सों की जो अजूबे हों, लेकिन हों ज़िन्दगी का हिस्सा, जो हैरान कर दें सुननेवालों को क्योंकि वह उनकी आपबीती लगे; जो हँसाएँ भी और रुलाए भी, जिन कहानियों के सितमगरों पर ग़ुस्सा भी आए और मजलूमों के साथ हमदर्दी भी पैदा हो!

हाँ, रात भर का जगा सुलतान दिन भर सोएगा और रात भर की जगी शहरज़ादी अपनी कल्पना पर सवार, गली-गली, कूचे-कूचे मारी-मारी फिरेगी, नई दास्तानों की तलाश में। आज उसने एक कुँवारी को बचाया, क्या कल भी कामयाब होगी? कनीज़ें उसे सजातीं, सँवारती, उसके बालों में मोती पिरोतीं, बेहतरीन कमख़्वाब और रेशम उसे पहनातीं, तरह-तरह के जेवरों से उसकी ख़ूबसूरतीं उभारतीं। वह सब कुछ उन्हें करने देती, ताकि रतजगे की थकान उसके चेहरे पर नुमाया न हो, सुलतान कहानी सुनने से पहले उसे मार न डाले। एक हज़ार रात शहरज़ादी कहानियाँ सुनाती रही, एक हज़ार रातें सुलतान फ़रमाइश करता रहा, 'उसके बाद? फिर क्या हुआ? इसके आगे?' और शहरज़ादी, 'यह कल बताऊँगी' कहकर एक दिन ज़िन्दगी से और छीन लेती; जीने के लिए या कहानी बुनने के लिए? आख़िर रातों की गिनती एक हज़ार एक पर पहुँची और कहानी अपना ताना-बाना बुनती, मदहोशी का जाल फैलाती, अपने उरूज पर पहुँची और थम गई! कहानी का अन्त आते-आते, एक हज़ार एक रातों की जगी, एक हज़ार एक दिनों की थकी शहरज़ादी बेहोश होकर गिर पड़ी!

सुलतान ने उसे बड़े इत्मीनान से देखा, मुस्कुराया और ताली बजाई! औरत!

है तो आख़िर यह भी औरत, कब तक खड़ी रह पाएगी मर्द के सामने; कितनी दूर तक टक्कर ले पाएगी उनसे? आख़िर टूट जाएगी, हार जाएगी! क्योंकि मर्द फिर मर्द है, मोहसिन, स्वामी, मालिक! ताली की आवाज़ सुनकर दरवाज़े पर जल्लाद आकर खड़ा हो गया। लेकिन यह क्या? जल्लाद के पीछे यह लड़कियों की भीड़ कैसी? क्या यह एक हज़ार एक कुँवारियाँ थीं जिनकी जान शहरज़ादी ने बचाई थी! नहीं-नहीं, यह एक हज़ार एक कहानियाँ थीं जिन्हें शहरज़ादी ने अपने ख़ूने जिगर से सींच कर ज़िन्दगी बख़्शी थी! जो भी थीं, उनकी मौजूदगी से सुलतान भौचक्का रह गया! एक हज़ार एक जोड़ी हाथों ने शहरज़ादी को सहारा देकर उठाया, उसकी पेशानी सहलाई, उसके मुँह पर ठंडे पानी के छींटे मारे और सब एक साथ बोलीं, "बस, बहुत हुआ! अब चलो हमारे साथ; हम तुम्हें आज़ाद कराने आए हैं।"

जब शहरज़ादी उनसे घिरी हुई उनके साथ चली तब सुलतान को समझ में आया कि वह क्या खो रहा है और वह शहरज़ादी की तरफ़ बढ़ता हुआ बोला, "मत जाओ शहरज़ादी, मुझे अकेला छोड़कर न जाओ। तुम मेरी ज़िन्दगी हो, अब मैं तुम्हारे बिना, तुम्हारी कहानियों के बिना नहीं जी सकता।"

"मैं भी एक इनसान हूँ सुलतान; मैं भी जीना चाहती हूँ। आपके महल में एक हज़ार एक दिन और रातें गुज़ारने के बाद मेरी ज़रूरतें बदल गई हैं। अब मैं किसी की शर्तों पर जीना नहीं चाहती, किसी की पवित्रता की परिभाषा पर खरी नहीं उतरना चाहती, अब मैं अपनी कहानियाँ लिखना चाहती हूँ। अब मुझे अकेलापन चाहिए, वक़्त चाहिए, यकसुई चाहिए, खुली हवा चाहिए।

अलिफ़ लैला की कहानियाँ यही बताती हैं कि सुलतान ने विश्वास कर लिया कि सब औरतें बेवफ़ा नहीं होतीं, लेकिन यह नहीं बताती कि शहरज़ादी का क्या हुआ? आज भी बार-बार जन्म लेती है शहरज़ादी और हर बार जब वह कुछ कहना चाहती है तो उसकी ज़बान बन्द कर दी जाती है, हाथ से क़लम छीन ली जाती है, उसके लिखे को वक़्त की धूल में दबा दिया जाता है, उसकी सोच, उसकी कल्पना का अपहरण किया जाता है, उसके ख़याल को बचकाना, छिछला, बेमानी करार देकर उड़ा दिया जाता है। आज भी जीने की खातिर कहानियाँ गढ़ती है शहरज़ादी, आज भी खुली आबोहवा में साँस लेने की तमन्ना करती है शहरज़ादी।

सयानी दीवानी

दीवानी! यह शब्द हर कोई उनके नाम के साथ जोड़ता था। नाम क्या, उनसे रिश्ते के साथ; क्योंकि नाम तो अब उनका यही शब्द हो गया था। कोई दीवानी ख़ाला कहता तो कोई दीवानी चची पुकारता, कुछ दीवानी आपा या दीवानी भाभी भी बुलाते और बहुत कम उम्र लौंडे-लपाड़े उन्हें बड़े इत्मीनान से दीवानी दादी या दीवानी नानी कहकर चूरा-पट्टी या दाल-सेव दिलाने की ज़िद करते। छह-सात बरस की नुज़हत की भी रिश्ते में वह नानी लगती थी। उसने उनका ज़िक्र सुना था लेकिन देखा पहली बार तब, जब वह अपनी अम्मी और दो बड़े भाइयों के साथ बरेली शहर से अपने ननिहाल के गाँव उधईपुर किसी शादी में गई। उन्हें देखकर वह किस कदर हैरान हुई थी और उनसे दूर रहकर, उनके चारों तरफ़ चक्कर काटती रही, शायद इस उम्मीद में कि उसे उनकी दीवानगी का कोई सुबूत मिल जाए। वैसे कुछ तो मिला क्योंकि वह मुस्कुरा-मुस्कुराकर कनखियों से उसे देखती जा रही थी जैसे साफ़ समझ रही हों कि वह क्या तलाश कर रही है। कोई और समझदार बड़ा होता तो उसकी इस हरकत पर डपट देता, ज़्यादा सयाना होता तो एक आध लप्पड़ भी जड़ देता।

वैसे इतना तो वह पहली बार ही में समझ गई थी कि कुछ हरकतें तो दीवानी नानी अजीब-ओ-ग़रीब करती हैं। सबसे पहले तो उनके जीने का रंग-ढंग और दिनचर्या ही पागलों की-सी थी। मसलन वह तीन कमरों के घर में, दो कुत्तों, पाँच बिल्लियों, तीन बकरियों और एक अदद तोते के साथ रहती हैं। कुत्ते भी उनके अजीब थे; औरतों, लड़कियों से बोलते तक भी नहीं, ऐसे बने रहते जैसे बाल ब्रह्मचारी हों और किसी मर्द के पाजामे का सिरा दिखा नहीं कि भौंक-भौंककर घर सिर पर उठा लेते; तोता, कुत्तों से दो क़दम आगे था; मर्द ज़ात को चुन-चुनकर

ऐसी-ऐसी गलियाँ देता कि सुननेवालों के कान के लवे जलने लगे और मर्दुए बेचारे, टाँगों के बीच वह दुम दबाए जो लाखों साल पहले झड़ चुकी है, कानों पर हाथ रखे उलटे पैरों लौट जाते हैं। ज़ाहिर है कि इन्हें यह ट्रेनिंग दीवानी नानी ने ही दी होगी और यक़ीनन यह दीवानेपन का सुबूत थी।

लेकिन दूसरी तरह से देखा जाए तो उनमें पागलपन की कोई खसलत न मिलती। बड़ी ही साफ़-सुथरी रहती, कपड़े हमेशा सलीक़े से पहनती, घर बाक़ायदा साफ़-सुथरा रखती, पकवान ज़ायकेदार बनाती। दुनिया भर की जड़ी-बूटियाँ उन्हें मालूम थीं; गाँव भर उनसे मुफ़्त इलाज करवाता था, हर किसी के सुख-दुःख में शरीक होती; फिर भी न जाने क्यों वह दीवानी कहलाती! और वह ख़ुद भी इस नाम पर न बिगड़ती न ज़रा भी बुरा मानती। हाँ, इतना ज़रूर नन्ही-सी नुजहत ने समझ लिया था कि जहाँ जवान होती, शादी के लायक़ लड़कियाँ बैठतीं वहाँ दीवानी नानी को बैठा देख दो-चार बड़ी-बूढ़ियाँ आकर बैठ जातीं, दीवानी नानी की कोई भी बात अक्सर वाकया भी पूरा नहीं होने देती और जल्द ही दीवानी नानी ख़ुद ही उठकर चल देती। उनके चले जाने पर सब बड़ी-बूढ़ियाँ इत्मीनान की साँस छोड़तीं।

उस साल जब मुहर्रम स्कूल की गर्मियों की छुट्टियों में पड़ा तो नुज़हत गाँव आई। उसकी उम्र अब सोलह साल थी। वह उम्र जिसमें हर सवाल का जवाब चाहिए होता है और कोई भी जवाब तसल्लीबख़्श नहीं होता, क्योंकि हर जवाब से एक और सवाल पैदा हो जाता है। इस बार वह तय करके आई थी कि वह पता लगाकर ही रहेगी कि आख़िर कब और कैसे 'दीवानी' शब्द उनका नाम हो गया था और आख़िर उनका असली नाम क्या था। ढूँढ़ने से तो कहते हैं ख़ुदा भी मिल जाता है और जो न भी मिले तो दावा तो किया ही जा सकता है कि मिल गया; अगले को कौन-सा मिल जाएगा और भला चेक करने कौन जानेवाला है? फिर भला नाम की क्या बिसात है?

कुछ दादी अम्मा की बड़ी आपा से, कुछ ख़ाला की जेठानी से, और बहुत कुछ रमज़ानी बुआ से जो चौंसठ साल से इस घर में नौकर थीं, अपनी जवानी में हर जवान मर्द का एक आध बच्चा जन चुकी थीं और उन्हें धड़ल्ले से पुकारती भी थीं "ए मिर्ज़ा बेग के—", "कहाँ मर गई इमदाद हसन की", कुछ टुकड़े-टुकड़े, पुर्ज़ों, लीरियों, तहों में से हक़ीक़त सामने आई। वैसे सबने जानकारी देने से पहले इतना ज़रूर कहा, "बता तो रहे हैंगे पर आगे किसी से न कहना, सुननेवालों पर बुरा असर पड़ेगा।"

पन्द्रह साल की थी जब इस घर में ब्याह कर आई। ऐसी ख़ूबसूरत कि देखनेवाला सोचे कैसी फुरसत में रहा होगा अल्लाह जब उन्हें बनाया! रंगत ऐसी कि हाथ लगाने

से मैली हो जाए, त्वचा ऐसी की माथे पर टिकाई नज़र ख़ुद-ब-ख़ुद फिसलकर गालों से होती हुई नुकीली ठुड्डी पर आ जाए। इतने हुस्न की मलका का भी नाम किसी को याद नहीं। रज़ा इमाम की बीवी थी सो रज़ा भाभी कहलाने लगी। लेकिन रज़ा भाई ऐसे थे कि नाम के बिलकुल उलट, किसी बात पर राज़ी न होते। न उन्हें उनका पकाया खाना अच्छा लगता, न उनका उठना-बैठना, न पहनने-ओढ़ने का ढंग, न बात करने का तरीक़ा, न किसी से हँसना-बोलना।

हाथ तो उन्होंने सुहाग रात को ही उन पर छोड़ दिया था। सास जैसे तैयार ही दरवाज़े के बाहर खड़ी थीं, 'हाय हाय' करती अन्दर घुस आईं। बेटे को बुरा-भला कहा, बहू को सहारा दिया, लेकिन जब ख़ुद को कोसने लगी तो दु:ख और तकलीफ़ से तक़रीबन बेहोश हो गई दुल्हन ने ख़ुद को सँभाला, उन्हें नज़र भरकर देखा और धीरे से बोली 'तो आपको मालूम था' सास फूट-फूटकर रो पड़ीं और रोते-रोते उन्होंने जुर्म क़ुबूल किया, "बचपन से ऐसा था कि ज़रा कोई प्यारी, ख़ूबसूरत चीज़ देखी नहीं कि उसे नोच डालता; छोटा था तो झाड़ियों में लगे फूलों से लेकर, सिर में बँधे गजरे, ख़ूबसूरत चूड़ियाँ, कानों की बालियाँ नोचता, बड़ा हुआ तो मुर्ग़ी के चूजों के पर नोचता, गर्दन मरोड़ देता। बाप थे तो पहले तो इस सब को मर्दानगी कहकर गर्व करते रहे, जब बात हद से आगे बढ़ गई तो दूसरे छोर पर पहुँच गए; मारने-पीटने लगे। घटनाएँ बन्द हो गईं, लेकिन मैं ही जानती हूँ कितनी बार मैंने दरवाज़े के पीछे से, मरे हुए पिल्ले और बिल्ली के बच्चे उठाकर फेंके। दिल ऐसा काँपता कि मैंने उन घरों में जहाँ छोटे बच्चे थे जाना छोड़ दिया। उधर बाप की आँखें बन्द हुईं और इधर फिर वही सब खुलेआम शुरू। मुझ बदनसीब को सबने यही कहा शादी के बाद ठीक हो जाएगा।"

दुल्हन ने उसके बाद कोई सवाल न किया—न यह पूछा कि अगर ठीक हो ही सकते थे तो अड़ोस-पड़ोस में शादी क्यों नहीं की? क्यों इतनी दूर रिश्ता किया? इसीलिए न कि समधियाने से बहुत आना-जाना न रहे। ग़रीब घर देखा ताकि ज़्यादा सवाल-जवाब, जाँच-पड़ताल न हो और ख़ूबसूरत लड़की भी तो इसीलिए ढूँढ़ी ताकि बीमारी जल्दी ठीक हो सके।

रज़ा हसन सबके साथ हिलते-मिलते, बातें करते, खेत-बग़ीचों की ख़बर रखते, मंडी बराबर जाते, तहसील में अक्सर पाए जाते। कुछ दिनों में ऐसा हुआ कि घर में या आस-पास न कोई मेमना या पिल्ला मरा पाया गया, न मुर्गियों के दड़बे में एक साथ कई बच्चों की गर्दन टूटी मिले, आँगन में गुलाब और बेले की झाड़ियाँ भी फूल चटकाने लगीं। बस एक रज़ा भाभी ही थीं जिन्हें देखकर उन्हें न जाने

क्यों ऐसा ताव आता जैसे सर पर शैतान सवार हो गया हो। कितनी बार तो उनके जिस्म पर पड़े नील के निशानों और उधड़ी खाल पर पुल्टिस करते हुए नावन तक रो पड़ती। लेकिन रजा भाभी न जाने किस मिट्टी की बनी थीं। कम तकलीफ़ में होती तो वज़ू करके दो रकाअत नमाज़ ज़्यादा पढ़ लेती, ज़्यादा तकलीफ़ होती तो घंटों कुरआन खोले तलावत करती रहतीं।

सास और रिश्तेदारों को भी यक़ीन होने लगा कि रज़ा हसन ठीक हो रहे हैं। ऐसी ख़ूबसूरत और नेकसीरत बहूँ की दुआएँ क्या अल्लाह नहीं सुनेंगे? सब रज़ा भाभी को भी दिलासा देते, "अब तो ठीक हो रहे हैं; ऐसी अल्लाह वाली मिली है तभी तो लत छूट रही है। ज़रा सब्र करो दुल्हन और अल्लाह पर भरोसा रखो, तुम्हें भी कोशिश करनी चाहिए कि एक आध बच्चा हो जाए तो—सब ठीक हो जाएगा!"

दो साल गुज़रे तो रज़ा इमाम को एहसास हुआ कि अपनी बीवी को मारने-पीटने में वह ख़ुद भी तो हलकान हो जाते हैं। अब उन्होंने अपना दिमाग़ उस तरफ़ लगाया जिससे बीवी को सज़ा भी दी जा सके और उन्हें भी ज़्यादा ज़हमत न उठानी पड़े। अच्छा-ख़ासा बड़ा घर था। झाड़ू, सफ़ाई-लिपाई के लिए लगाईं गई औरत निकाल दी गईं; खाते-पीते कुनबे में मनों के हिसाब से गेहूँ की ज़रूरत रहती; रज़ा भाभी तीन-चार घंटे रोज़ चक्की चलातीं, चार भैंसों के चारे, पानी, दूध दुहाई और गोबर सफ़ाई करती, उपले कंडे थोपतीं, फिर भी बात-बेबात उनका खाना बन्द कर दिया जाता, कड़कती ठंड में पति का जी चाहता तो उन्हें घर से बाहर कर देते और फाटक की दहलीज़ पर चुपचाप सिर झुकाए बैठी रहतीं, जब तक कि रात का चौकीदार उन पर तरस खाकर अपनी रिसां-रिसां जलती अँगीठी उनके पास लाकर रख जाता और लाठी बजाता न जाने किसको जगाता, वापस गली की गश्त करने लगता।

शायद ऐसे ही पूरी उमर निकल जाती; शायद ख़ुदकुशी कर लेती; लेकिन उन्हें तो दीवानी बनना था। इस गाँव का एक नियम था। भिखारी, साधू, संत, पीर, फ़क़ीर और दरवेश कोई भी गाँव के अन्दर पाँव नहीं रखते थे। गाँव के बाहर एक बड़ा सा पीपल का पेड़ था। जितने भी पैर में शनि लिए, काम-काज में निठल्ला, चटोरपन की आदत से मजबूर, फ़ालतू घूमनेवाले थे वहीं आकर डेरा जमाते और गाँव वाले, जिससे जो बन पड़ता उन तक पहुँचा आता। कोई-कोई संत गीत-संगीत के धनी होते तो शाम को उनके यहाँ भजन कीर्तन, सोज़खानी, मरसिया चलता, कोई प्रवचन देता, कोई चुप आँख बन्द किये गौतम बुद्ध बनने

का जतन करता; औरतें बच्चों को आशीष दिलाने पहुँच जातीं, बड़े-बूढ़े आस-पास की ज़मीन साफ़ करके, हुक़्क़ा-चिलम भरे पसर जाते, आवभगत बहुत होती लेकिन सब गाँव के बाहर।

एक बार एक बहुत पहुँचे हुए दरवेश ने यहाँ डेरा जमाया। इस गाँव में सबके वह जाने-पहचाने थे; सात-आठ सालों में एक बार लोहे के कड़े बजाते इस गाँव को अपने चक्कर में लपेटते थे। लेकिन रज़ा भाभी के ब्याह के आने के बाद यह पहली बार था कि दरवेश बाबा तशरीफ़ लाए थे। रज़ा भाभी की शादी को सात साल बीत चुके थे, गाँव का अगियारा-पिछवाड़ा भी नहीं देखा था उन्होंने। राजा इमाम ज़मीन के किसी मुक़दमे के सिलसिले में बरेली गए हुए थे। सास ने मौक़े का फ़ायदा उठाया और राजा भाभी को दरवेश बाबा की पीपल तले की देर रात होनेवाली कुरानख़ानी में ले गईं! पहले तो रज़ा भाभी को अपने कानों पर यक़ीन ही नहीं आया। गली पार की हवा जैसे उन्हें बहिश्ती हवाओं जैसी मालूम होने लगी। जी चाहता था बुरक़ा उतार फेंके और आस-पास लहलहाती हुई हरियाली में खूब दौड़े, कीचड़ भरे खेतों में फिसलकर गिर पड़े और खूब जोर-जोर से हँसे।

पेड़ के नीचे जब बहुत सारी औरतें जमा हो गईं तब दरवेश बाबा ने कुरानख़ानी शुरू की। उनकी तर्ज़ और अन्दाज़ ऐसा था की सब मंत्रमुग्ध से सुन रहे थे। क्योंकि आज औरतों का दिन था इसलिए उन्होंने कलाम पाक ज़्यादा देर तक नहीं पढ़ा और भला औरतें क्या समझेंगी कहकर कुरआन को माथे से लगाकर हरे कपड़े में लपेटकर रख दिया। पास ही पराँठे और हलवा बन रहा था। यह देखकर कि सब तैयारी में अभी समय लगेगा दरवेश बाबा ने दाढ़ी पर हाथ फेरते हुए कहा, "ख़वातीन का मजमा है, अल्लाह जानता है बुनियादी ग़ुनाह से लेकर आज तक होनेवाले सब ग़ुनाहों की जड़ में औरत जात होती है। जो सचमुच अल्लाह के बन्दे हैं वे औरतजात से तालुक़ नहीं रखते और अल्लाह अपने नेक बन्दों से ख़ुश होकर क्या इनाम देता है!"

मजमे के मर्द ख़ामोश थे। उनमें से कोई भी ऐसा नहीं था जिसका औरत जात से कोई तालुक़ ही न हो या तालुक़ रखने की तमन्ना ना हो! लेकिन अल्लाह क्या इनाम देगा यह जानने की भी सबमें ललक थी। बात को समझते हुए दरवेश बाबा ने पलटा खाया, "औरत से संपर्क न चाहे ऐसे तो गिनती के एक-दो ही होंगे पूरी दुनिया में!" मजमे ने इत्मीनान की साँस तो ली लेकिन कुछ हताश भी हो गए, यानी अल्लाह का इनाम गया हाथ से? "मगर आप लोग मायूस न हों। जब तक सही राह दिखानेवाले मुझ जैसे लोग मौज़ूद हैं आपके लिए अल्लाह का इनाम

पाना और बागे जन्नत की हवा खाना मुमकिन है। जो अपने घर की औरतों पर कड़ी नज़र रखें, उन्हें गुमराह होने से पहले ही सख़्ती से नेक राह पर ले आए, जो औरत पर निगरानी रखकर उसके हर क़दम को जाँचता और परखता रहे, और सबसे बढ़कर जो औरत की ज़रा-सी भी ग़लती पर उसे सज़ा देने में न देर करे न कमी करे उसके लिए जन्नत के दरवाज़े भी खुलेंगे और उसे मनचाही हूरों का इनाम भी मिलेगा।

जमा लोग 'वाह वाह' कहकर तालियाँ बजाकर, एक आध अल्लाह की रहमत पर आँसू बहाकर, दरवेश बाबा की तारीफ़ कर रहे थे कि उन्होंने आँखों से पर्दा हटाया और जन्नत तक का रास्ता साफ़ किया। इसी शोर में ज़नाने की तरफ़ से एक आवाज़ आई जिसने सवाल किया, "औरत के लिए क्या हुक्म है यह तो आपने बताया नहीं दरवेश बाबा। जब मर्द उसकी हर साँस पर अपना हुक्म मनवाएगा और ज़रा-सी भी ग़लती पर उसे मनचाही सज़ा देगा तो औरत को क्या करना है?"

दरवेश बाबा ने हैरत से बीच में पड़े परदे की तरफ़ देखा, दाढ़ी पर हाथ फेरते हुए कहा, "लाहौल विला क़ूवत! यह कौन जाहिल है जिसको इतना भी नहीं पता कि औरत को सब्र करना है और दुआ माँगनी है!" सब फिर 'सुभानाल्लाह', 'वाह वाह' का जाप करने लगे। दरवेश बाबा अपने कहे का असर देख और भी तफसील से बताने लगे, "अल्लाह ने हूरों को मुश्क से, चन्दन से, कपूर, लोबान और इत्रों से बनाया है। औरत को बनाया तो मर्द की पसली से है लेकिन उसे दो ऐसे गुण दिए हैं जिनके माध्यम से जन्नत का रास्ता खुल जाता है। औरत को अगर जन्नत तक पहुँचना है तो उसे चाहिए कि सब्र करे और दुआ माँगती रहे, अल्लाह ज़रूर उससे ख़ुश होकर उसे जन्नत में जगह देगा।"

"लेकिन वहाँ उसे मिलेगा क्या?" ज़नानी आवाज़ ने तकरार किया। "फ़रिश्ते तो आपने अभी बताया सब नपुंसक हैं और हूरें तो नेक मर्दों के लिए हैं, तो जन्नत में अगर कोई भूली-भटकी औरत पहुँच भी गई तो उसके साथ कौन रहेगा? अकेली औरत तो आपने ही कहा पाप का कुआँ होती है, इसलिए अल्लाह एक अकेली औरत को तो जन्नत में रखेंगे नहीं!"

दरवेश बाबा ने एक साँस में जितनी गालियाँ उनको याद थीं दे डालीं। जी भरके औरत ज़ात को बुरा-भला कहा। इतनी देर में शायद उन्हें उम्मीद थी कि पराँठे और हलवा बनकर सामने आ जाएगा और वे नज़र पढ़कर फूँक देंगे और तबर्रुक बाँटना शुरू हो जाएगा। लेकिन नज़र की थाल पर गिद्ध की आँखें गड़ाए रमज़ानी बुआ खड़ी थीं। उनके ऊपर परदे की बन्दिश नहीं थी इसलिए

वह हाथ में हलवे के कढ़ाव की कफगी लिए मर्दों और औरतों के ठीक बीच में आ खड़ी हुईं।

"बात तो गे ठीक कह रही हैंगी रज़ा दुल्हन; गे फिकर तो हमें भी हैगी!"

"तुम काहे को फिकर करो हो रमज़ानी बुआ, तुम तो जन्नत में न होने की!" किसी मनचले ने पुकार कर कहा।

"गे ही तो फिकर हैगी, हम होते तो सब लम्पट मर्दुओं को सँभाल लेते जैसे हियाँ सँभालते हैंगे, उहाँ किसके सहारे होंगी गे शरीफ़ ज़ादियाँ?" सारी आँखें, परदे के सामने और पीछे से दरवेश बाबा पर लगी थीं, उनका बचकर निकल पाना मुश्किल था; हर कोई जैसे पल भर को उस अकेली आवाज़ के साथ खड़ा हो गया था जिसने सवाल किया था! दरवेश बाबा ने जल्दी से सबको सन्तुष्ट करनेवाला जवाब दिया, "मरते वक़्त जिसके साथ निकाह में होगी वही जन्नत में भी मालिक होगा और हमेशा अपनी देख-रेख और निगरानी में रखेगा!"

नज़र नियाज़ बँट गई, सब लोग अपने-अपने घरों को लौट गए। अगली सुबह दरवेश बाबा का भी कुछ पता न था; पहले इतनी जल्दी बिना कुछ दान, दक्षिणा, ज़कात लिए वह कभी गए नहीं थे; लेकिन जोगी संन्यासी का क्या भरोसा? कब आए कब चल दे! दो-चार बार रज़ा दुल्हन की सास ने ज़रूर ध्यान दिया कि वे न नमाज़ पढ़ रही हैं न क़ुरआन खोलकर तलावत कर रही हैं। एक आध बार दबी ज़बान कहा भी लेकिन फिर यही सोचकर चुप रही कि रज़ा इमाम जब बाहर हैं तो उन्हें हर चीज़ से छुट्टी मना लेने का हक़ होना चाहिए। घर के काम वह सारे पूरी ईमानदारी से करती।

रज़ा इमाम जीत की ख़ुशी लेकर लौटे। इतनी बड़ी ज़मीन पा गए थे इसलिए पूरे गाँव से बधाइयाँ बटोरते फिरे और इसी अड्डेबाज़ी में उन्हें दरवेश बाबा के साथ वाली घटना की ख़बर मिल गई। हथेली वैसे ही खुजला रही थी, ग़ुस्से से भननाए हुए लौटे और बीवी के बालों की मुट्ठी भरी और एक घूँसा ही जमाया था कि अगले पल ज़मीन पर पड़े बिलबिला रहे थे। रज़ा दुल्हन उनकी छाती पर बैठी उन्हें थप्पड़ घूँसे मार रही थीं। जो कभी नाज़ुक गुलाबी फूल जैसा हाथ था सालों चक्की चलाने से पत्थर हो गया था, हथौड़ों की तरह गालों पर पड़ रहा था। दो दाँत शहीद हुए और नाक की हड्डी टूट झर-झर ख़ून बहने लगा। माँ और दूसरे रिश्तेदार लपके, उन्हें उठाया गया; ज़रा सँभले तो तलाक़ देने का फ़ैसला कर चुके थे। गवाह और मौलवी बुला लिए गए। सूरज के पश्चिम की ओर बढ़ते-बढ़ते सब जमा होने लगे। अहीर बस्ती, धोबी टोले, कसाई, मोची

सब जमा हो गए थे। भला शरीफ़ों में तलाक़ होता ही कहाँ है, एक है तब भी दूसरी, तीसरी ले आओ और जो न लाना चाहो तो इधर-उधर मुँह मारने को कोई कम चारा तो है नहीं।

पूरे बनाव श्रृंगार के साथ रज़ा दुल्हन अपने कमरे से निकली और एकटक रज़ा इमाम को देखती रही। फिर मुस्कुराकर बोली, "पचास हज़ार मेहर तय हुआ था, दे दो तो मैं गिन लूँ!" बिलबिलाकर रज़ा इमाम उठे ही थे कि वह फिर बोली, "हाथ सलामत चाहते हो तो अपने पास रखो और सबके सामने अपने इस ग़ुस्से का भेद नहीं खुलवाना चाहते तो मेहर चुपचाप दे दो।" रज़ा इमाम की माँ रोने लगी थीं लेकिन बिना उनकी तरफ़ देखे वह बोलीं, "मालूम तो सबको है ही, लेकिन कहा आजतक किसी ने नहीं है। यह बात मुझसे बेहतर कौन जान सकता है; कह दूँगी तो बात सबकी ज़बान पर आ जाएगी।" तड़प कर रज़ा इमाम की माँ उठी और कल के आए रुपयों में से पचास हज़ार बहू के हाथ में रख दिए।

इद्दत के तीन महीने वह उसी घर में रही, इसी दौरान उन्होंने अपने लिए गाँव की ग़रीबों की बस्ती के पास पाँच बीघा ज़मीन ख़रीदी। यह भी पता चला की नावन के कहने से राज मिस्त्री ने उनका घर बहुत सस्ते में बना दिया। दो भाई उन्हें वापिस घर ले जाने आ गए थे लेकिन उन्होंने जाने से इनकार कर दिया और साफ़ कह भी दिया कि सात साल तो बहन की ख़बर न ली, अब मेहर की रक़म हड़पने चले आए। भाई हमेशा को नाता तोड़ लौट गए, तलाक़ के बाद ससुरालवाले रिश्ता तोड़ ही देते हैं। सबसे पहले उन्होंने हाट बाज़ार ख़ुद जाना शुरू किया। इस पर शरीफ़ अमीरों ने सन्देसा भेजा कि वे अपने नौकरों से उनका सारा बाहर का काम निबटा दिया करेंगे। रज़ा दुल्हन ने हँसकर जवाब दिया कि वह ग़रीब घर की लड़की हैं, इस काम की उन्हें आदत है। देखते-देखते मुँह ढँकनेवाला काला बुर्क़ा उतर गया और उसकी जगह हिजाब ने ले ली, फिर कुछ साल बाद बस चादर ओढ़ने लगी। शरीफ़ घरों में उनके बारे में ब़ात भी करनी मुश्किल थी क्योंकि नई बहुएँ और सयानी बेटियाँ कुरेदना शुरू कर देतीं; बात न किए बिना गाली देना भी मुश्किल! उनका मिलना-मिलाना, उठाना-बैठना मज़दूरी करके खानेवालों के साथ ही होता। ज़मीन से खाने भर को निकल आता; वह शरीफ़ों से लापरवाह बकरी, कुत्तों, तोते और पड़ोसियों के साथ ख़ुश थी।

फिर सुनने में आया कि डाकिया बहुत आने लगा उनके घर और बड़े-बड़े पार्सल दे जाता। कुछ दिन बीच में नावन के हवाले अपना घर कर, तीन महीने ग़ायब रही। वापिस लौटी तो टिबिआ कॉलेज से यूनानी हिक़मत का सर्टिफिकेट

लेकर। जब रज़ा इमाम मरे तो रज़ा भाभी चालीस साल की थीं। सास अभी तक ज़िन्दा थीं जिन्होंने उनको वापिस बुला लेने के सब जतन किये। लेकिन उन्होंने हफ़्ते में एक चक्कर से ज़्यादा उनके घर का मंज़ूर नहीं किया। दवा इलाज के लिए जब चाहो बुला भेजो कभी मना नहीं करती। धीरे-धीरे साख बन गई और इज़्ज़त भी मिल गई। लोग गाय का दूध घटने से लेकर टीबी जैसी बीमारियों के लिए उनकी राय माँगने लगे।

"कोई दूसरा नाम क्यों नहीं पड़ा उनका या उनका अपना ही नाम क्यों नहीं फिर से उन्हें मिला? रज़ा भाभी से दीवानी भाभी क्यों कहलाने लगीं भला?" नुज़हत ने कहानी की आख़री कड़ी सुनने के बाद पूछा।

"लो भला, इतनी नमाज़ रोज़े की पाबन्द, अचानक सब कुछ छोड़ दे तो दीवानी नहीं तो क्या सयानी हुई? और फिर रुकी कहाँ, बुर्क़ा छोड़ा, हिजाब छोड़ा, घर-बार छोड़ा और अकेली जानवरों के साथ रहती है, तो दीवानी तो हुई!"

"किसी ने उनसे पूछा नहीं कि उन्होंने अचानक सब कुछ क्यों त्याग दिया?"

"लाख पूछा लेकिन कुछ न बोली, बस नावन से इतना कहा, "जब न यह लोक बदलेगा न वह लोक तो इस सबमें समय नष्ट करने से क्या फ़ायदा?"

"इबादत, नमाज़, तलावत, रोज़े को समय बरबाद कह वह दीवानी नहीं तो और क्या है?"

हमेशा की उसकी आदत थी, चाहे जितना शोर क्यों न मचा हो, ट्रेन ने चलना शुरू किया नहीं कि उसके झकोरों से नुजहत को बेसुध नींद आई। आज पहली बार था कि ट्रेन को स्टेशन छोड़े तीन घंटे हो गए थे और नींद उसकी आँखों से कोसों दूर थी। आँख खोले रखती या बन्द कर लेती, सवाल कभी सामने तैरता रहता कभी कानों में गूँजता हुआ सुनाई देता। वही सवाल जिसका कोई जवाब तसल्लीबख़्श हो ही नहीं सकता; क्या कारण था कि अपनी मुसीबत को समझकर, हर पहलू पर ग़ौर करके, जब यह समझ में आया कि अल्लाह भी निरुपाय है, उन्होंने ख़ुद अपनी ज़िन्दगी सँवारने की कोशिश की तो उन्हें 'दीवानी' कहा जाने लगा और वह इनसान, जो बेबस चिड़ियों को, आश्रित कुत्ते, बिल्लियों को बेरहमी से मार डालता था, असहाय नौकर-चाकर को बेवजह पीटता था और निर्भर पत्नी की जान का दुश्मन था वह आराम से इज़्ज़त की चादर ओढ़े, रज़ा इमाम बना रहा और इस दुनिया से विदा हुआ?

सिगरेट वाली मज़ार

जब ज़ोहरा पहली बार उस ज़मीन को देखने आई थी जिस पर बनने वाली हाउसिंग सोसाइटी में उसने फ़्लैट बुक किया था, तो एक ओर ईंट गारे सीमेंट की बोरियों, रेत और बदरपुर के ढेर थे और दूसरी तरफ़ नीम, अमरूद, खजूर और शहतूत के पेड़। पेड़ों के बीच, उसे मिट्टी का एक ढेर नज़र आया था। शायद किसी नाली की ख़ुदाई से निकली हुई मिट्टी होगी। ढेर के पास कुछ झोंपड़ियाँ भी थीं जो मज़दूरों के अस्थायी घर जैसी मालूम हो रही थीं। डेढ़ साल बाद जब फ़्लैट की चाबी लिए यहाँ रहने आई तो यही मिट्टी का ढेर एक मज़ार में तब्दील हो चुका था। बाक़ायदा लाल रंग का चबूतरा, बाथरूम टाइल्स से बनी क़ब्र जो तीन मीटर के क़रीब लम्बी थी और 'नौगजा पीर' कहलाती थी। न जाने कितनी नौ गजा पीरों की क़ब्रें ज़ोहरा अपनी चालीस साल की ज़िन्दगी में देख चुकी थी। पास की अस्थायी झोपड़ियाँ भी अब कुछ बेहतर हो गई थीं। अमरूद, नीम, खजूर और शहतूत के पेड़ अभी भी मौज़ूद थे जो मज़ार के चारों तरफ़ एक हरा झुरमुट-सा बनाए थे। इन पेड़ों के बाद एक बहुत कम ऊँचाई की मुँडेर थी जो चारदीवारी का भी काम देती थी और जिस पर आते-जाते लोग ज़रा सुस्ताने को भी बैठ जाते थे। इस ईंट-गारे के जंगल में यह हरियाली का झुरमुट दिल, दिमाग़ और आँखों को राहत बख़्शता।

जब ज़ोहरा ने यह मालूम किया कि यह मज़ार कब और कैसे वजूद में आई, तो पता चला कि ग़ाज़ियाबाद डेवलपमेंट अथॉरिटी ने तो पूरी ज़मीन जगत सिंह नाम के बिल्डर को बेंची थी। उस वक़्त उनके नक़्शे में किसी मज़ार की मौज़ूदगी का ज़िक्र ना था और जब कॉलोनी का नक़्शा बना तो उसमें भी मज़ार के लिए कोई जगह नहीं छोड़ी गई। मज़ार पर हक़ जमाने जब 'नौ गजा पीर' के वारिस जगत सिंह के पास पहुँचे तो उन्होंने जगह छोड़ने से साफ़ इनकार कर दिया। उस जगह

पर बत्तीस फ़्लैट बननेवाले थे। भला इतना पैसा वह क्यों छोड़ देते? सज्जादनशीनों ने भी अज़ीज़ों, रिश्तेदारों, ख़ैरख़्वाहों को जमा कर लिया। कुछ हिन्दू भी जुट गए, क्योंकि मज़ार तो एक धर्मनिरपेक्ष जगह मानी जाती है। घुटन भरे फ़्लैटों के आस-पास किसे इतनी खुली जगह नहीं सुहाती?

धरने की ख़बर मिली तो जगत सिंह बमकते हुए पहुँचे। भीड़ के साथ दिल खोलकर तू-तू मैं-मैं हुई। आख़िर वे जाट थे, उनकी गुट्टी में यह उसूल डाला गया था—'ज़मीन किसी के बाप की नहीं, दाब की होती है।' धमका डरा कर, मज़ार पर जो अभी तक एक मिट्टी का ढेर ही थी, एक लात मारते हुए कह गए, "बिगाड़ ले मेरा कुछ भी। कल बुलडोज़र के सामने या तू नहीं या मैं नहीं!"

अगले दिन सुबह पलंग पर मुर्दा पाए गए।

मज़ार को पक्का होते, चार दीवारी घिरते और जुमेरात को अगरबत्ती, लोबान सुलगते वक़्त ना लगा। सबसे बड़े मुरीद यानी भक्त जगत सिंह के बेटे मोहित सिंह हो गए थे। यह अलग बहस है कि वह इस हादसे से डर गए थे या इतनी बड़ी कंस्ट्रक्शन कम्पनी पा लेने से सन्तुष्ट हो गए थे। हर बेटा यह मानता है कि बाप की बनाई सल्तनत वह ज़्यादा बेहतर चला सकता है। बाप हमेशा उसकी राय और तजवीज़ों को नज़रअन्दाज करता रहता है। बहुत कम बेटे बाप की लम्बी उम्र की दुआ करते हैं।

मज़ार पुख़्ता भी हो गई, सामने से गुज़रनेवाली सड़क का आधा हिस्सा भी उस तक पहुँचनेवाली चार सीढ़ियों ने छेंक लिया, क़ब्र के ऊपर रंग-बिरंगी झंडियाँ भी टँग गईं, मज़ार पर हरी रेशमी चादर ढक दी गई और एक टीन का बक्सा भी दान के लिए नमूदार हो गया। मज़ार की रखवाली एक बड़े मियाँ किया करते थे। वह मज़ार से लगी दो झोपड़ीनुमा कोठरियों में अपनी दो बीवियों और पाँच में से चार बेटियों के साथ रहते थे। पाँचवीं यानी सबसे बड़ी बेटी ब्याह के मेरठ में थी। रात नौ बजे मज़ार की रोशनियाँ गुल हो जातीं, दान पेटी अन्दर चली जाती और बड़े मियाँ जो पीर बाबा कहलाने लगे थे, डगमगाते हुए कोई भोंडा-सा गीत गाते अपनी सल्तनत के चक्कर काटते। उम्र की वजह से वे हमेशा ही डगमगाते हुए से चलते मगर रात के डगमगाने में एक लहरियापन, एक मस्ती सी शामिल होती।

वैसे पीर बाबा में सारे ऐब सही लेकिन आवाज़ उनकी ऐसी कड़कदार और बुलंद थी कि कई-कई ब्लाक पार तक की दीवारों को कँपा देती। इसी आवाज़ के सहारे इस कॉलोनी में काम करनेवाली औरतें, यहाँ ज़रा सुस्ताने बैठ जातीं। घने

पेड़ों की छाँव रहती, सुनसान जगह में बड़ी उम्र की औरतें दो झपकी ले लेतीं, कम उम्र वालियाँ बर्तन माँजने, कपड़े धोने से उखड़ गई नेल पोलिश लगाती, च्युइंग गम की टिकिया निकालकर चबाती या चुटकी भर गुटका फाँकती और अपनी-अपनी घरों की मालकिनों की नक़्ल उतारकर जी हलका कर लेतीं। मजाल है कि कोई आता-जाता मर्द इन औरतों से कुछ दिल्लगी की कोशिश करे। वैसे कहने-सुनने में यह औरतें कुछ कम नहीं थीं। ज़्यादातर पराए घरों में लम्बे अरसे से काम कर रही थीं। शौक़ीन मिज़ाज साहबों से लेकर बुरी नज़र वाले ड्राइवर, चौकीदारों, बावर्चियों सबसे जूझ चुकी थीं। सुरक्षा के मामले में आत्मनिर्भर थीं। मगर पीर बाबा उसकी नौबत नहीं आने देते थे। ज़रा किसी मर्द ने पेड़ों के झुरमुट का रुख किया कि वह मज़ार के सिरहाने से बमकते, "हुआँ क्यों? हुआँ क्यों बे? पानी का हैण्ड पम्प हियाँ लग रिया हैगा, मज़ार गे हैगी, गे ख़ैरात का बक्स है, गे मैं बैठा हूँगा, अगरबत्ती माचिस मेरे कने हैगी! वाँ काँ बढ़ा जा रिया हैगा? आ हियँ! अबे कान पट हो गए हैंगे? आ हियाँ! बेचारे आदमी की वह हालात होती जो आला नस्ल की कुतिया की तरफ़ थूथनी बढ़ाने पर फटकार खाकर लेंडी कुत्तों की होती है। दुम दबाकर भागता।

इन्हीं औरतों में कुछ ज़्यादा शौक़ीन मिज़ाज थीं। या यूँ कह लीजिए ज़्यादा ज़माने की सताई हुई थीं। बतिया लेने भर से, च्युइंग गम चबाने या गत्ते के टुकड़े पर कमर सीधी कर लेने भर से उन्हें शायद सुकून नहीं मिलता था। यह भी हो सकता है कि ये समय के साथ चलना चाहती हों और गुटका फाँकना और बार-बार उठकर पीक थूकना इन्हें पिछले ज़माने का लगता हो। जो भी वजह रही हो, इन औरतों में से सात-आठ ऐसी थीं जिनको तस्कीन, सिगरेट के एक आध कश मारकर ही मिलती थी। ज़्यादातर तो एक ही सिगरेट सुलगाई जाती जो एक से दूसरे के होंठों से लगती। भला इस महँगाई में एक सिगरेट अकेले पीने की हिम्मत कौन जुटाए? फिर इससे मिलनेवाली राहत ज़रा लम्बे वक़्त तक फैल जाती। जात पाँत भूलकर, यहाँ तक कि एक मुस्लिम महिला का जूठा भी सब मुँह से लगा लेतीं।

यूँ तो ये औरतें सर से आँचल ढाँपकर, पेड़ों की आड़ में होकर ही सिगरेट सुलगातीं लेकिन इस सिगरेट घुमैया में बेचारी पकड़ी जातीं। एक-दूसरे की तलब की फ़िक्र ही पर्दाफाश कर देती और मज़ार से पीर बाबा कड़कते, "लाहौल-ए-विला क़ूवत, लानत है औरत ज़ात पर! गे यही जगह मिली थी तुम लोगों को नापाक करने के लिए? कमबख़्तो! गे ग़लीज़ काम हियाँ कीजो भी मत; बल्कि

सोचियो भी मत! लात मारकर चौहद्दी के बाहर फेंक दूँगा क़सम पीर बाबा की!" औरतें खिसियानी हँसी हँसतीं, सिगरेट जल्दी-जल्दी बुझातीं, सारी की सारी उठकर बड़बड़ातीं, कुढ़तीं अपने-अपने कामों को हो लेतीं। बूढ़े से बहस कोई ना करती; भगवान ना करे, बद्दुआ दे दे, पीर बाबा के वारिस ठहरे, फल गई तो क्या होगा?

वैसे बड़े मियाँ ख़ुद दिन में चार-पाँच बार चिल्लम भरवाते। मज़ार की दाईं मुँडेर से पीठ लगाकर बैठ जाते और ज़ोर से आवाज़ देते "हुक़्क़ा"! आवाज़ सुनते ही उनकी जवान वाली बीवी, नीचा-सा घूँघट किए, अन्दर से भरा हुआ हुक़्क़ा लिए आती और चारों में से एक बेटी, चूल्हे में से चिमटे में अंगारा लाकर हुक़्क़े पर रखती। बड़े मियाँ जल्दी-जल्दी गुड़गुड़ाते हुए तीन-चार कश खींचते और 'हूँ' की आवाज़ के साथ गर्दन झटकते। बीवी और बेटी दोनों अन्दर चली जातीं।

ऐसे में एक दिन बड़े मियाँ की सबसे बड़ी बेटी ससुराल से अपने माथे पर तलाक़ का दाग़ लिए, बग़ल में अपने चार साल के बेटे को दबाए बाप के घर आ पहुँची। रोने-पीटने, मिलने-मिलाने से जब फुरसत हुई तो उसने मज़ार की देखरेख में हाथ बँटाना शुरू किया। हैंडपम्प से मटके भरकर दीवार के पास रखने उसी ने शुरू किए ताकि कोई मज़ार के सामने से प्यासा न गुज़रे। आस-पास के घरों से फूल लाकर मज़ार पर रखने शुरू किए, कहीं से एक पुराना सीडी प्लेयर हासिल किया और उस पर जुमेरात को कुछ देर कव्वाली और नात के सीडी बजाने लगी। उसका बेटा भी अक्सर कव्वालियों पर उछलता नाचता नज़र आता। पेड़ों तले बैठनेवाली औरतों से भी इसी बेटी ने बातचीत शुरू की और दोपहर बाद उनके साथ बैठने लगी। बड़े मियाँ ने जब टोका तो वह तमककर बोली, "तो क्या हुआ, वह इनसान नहीं हैं क्या? अपनी मेहनत की खाती हैं कोई चोरी-चाकरी, ख़ून-क़त्ल तो नहीं करतीं।"

मज़ार की हालत अच्छी होती जा रही थी। साफ़ दिख रहा था ख़ैरात अच्छी आ रही है। दोनों कोठरियों में आराम की चीज़ें आ गई थीं। एक पुराना कूलर, चूल्हे की जगह गैस, तीन-चार कुर्सियाँ और एक जनरेटर जो रात की लम्बी लोड शेडिंग में खड़बड़ा-खड़बड़ाकर मज़ार पर उजाला किये रहता। बड़े मियाँ हर जुमेरात को कव्वाली की सीडी चलवा देते। ज़ाहिर है कि इतनी गुमनाम-सी मज़ार का ना उर्स होता था ना इस पीर की शान में कोई कव्वाली ही वजूद में आई थी। निजामुद्दीन औलिया और अजमेर के ख़्वाजा पर बनी कव्वालियाँ लहक-लहककर बजतीं।

बड़े मियाँ चुप तो हो गए लेकिन मौक़े की तलाश में रहे। शाम ढले एक दिन बड़ी लड़की पाँच-छह औरतों से घिरी अपनी आपबीती सुना रही थी। ससुराल में हुए अत्याचारों का ज़िक्र करते-करते सुबक-सुबककर रो पड़ी। हमदर्दी जताने के लिए या उसको ढाँढस बँधाने की ग़रज़ से किसी औरत ने उसकी तरफ़ सुलगती हुई सिगरेट बढ़ा दी। इससे पहले कि वह सिगरेट ले पाती, बूढ़े की गरजदार आवाज़ ने मज़ार के सिरहाने से दुत्कार भरी—"ख़बरदार! कमीनी, बद्ज़ात! ख़ुद तो दुनिया भरके गुनाह करे हैंगी ऊपर से दूसरों को बरबाद करने के शौक़ पाले हैंगी! देख रिया हूँ तुम लम्पट चौकड़ी को और तुम्हारी हरमज़दगी को! उठो! उठो हियाँ से कूँ! आज के बाद मज़ार के पास बैठी नज़र आईं तो देखियो! जाहिल, बेऔक़ात औरतज़ात! निकलो सब-की-सब हियाँ से!"

बड़ी बेटी को घसीटकर उन्होंने कोठरी में धकेला, बाक़ी औरतें गुनहगार-सी धीरे-धीरे खिसक लीं। वादे का पक्का साबित हुआ बूढ़ा। औरतें भरी दोपहर में मज़ार के आस-पास की हरियाली को ललचाई नज़रों से देखती। एक-दो ने डरते-डरते उनसे माफ़ी माँगकर फ़रियाद भी कीं, वह ऐसी ग़लती अब कभी नहीं दोहराएँगी; पर बूढ़े की चाल जितनी डगमग थी इरादा उतना ही मज़बूत था, टस से मस न हुआ।

माली हालात सुधरने से बड़े मियाँ का पीना भी बढ़ गया था। एक रात झूमते-डगमगाते मज़ार की सीढ़ियाँ चढ़ रहे थे कि पैर फिसला, लुढ़के और फिर कभी ना उठे। मज़ार अचानक लावारिस हो गई। काम करनेवाली औरतों ने आते-जाते धूल उड़ती मज़ार को देखा, कुछ आपस में बातचीत की; फिर दो-तीन ज़रा हौसले वालियों ने मुँडेर पर बैठना शुरू कर दिया। कोठरियों के दरवाज़े अक्सर बन्द रहते, कभी-कभार खुलते तो सारी औरतें यकायक मुँडेर से उछलकर भागतीं। आख़िर, दो-एक ज़रा निडर वालियों ने एक दिन कोठरी का दरवाज़ा खटखटाया। दरवाज़ा सूत भर खुला; बाहर सिर्फ़ औरतों को देखकर ज़रा और खुला।

"ए सुनो! कित्ते दिन दरवाज़ा बन्द किये पड़ी रहोगी? बाहर आकर कुछ पीर बाबा की ख़बर लो; सफ़ाई-सुथराई करो, मटकों में पानी भरो, दान पेटी रखो...!"

मज़ारवाली औरतों और कामवाली औरतों में ना जाने क्या बात हुई, मगर यह समझने में कोई ज़्यादा अक्ल की ज़रूरत नहीं कि मज़ार छोड़ इन सात औरतों के पास आमदनी का और कोई ज़रिया नहीं था। अगली जुमेरात के दिन तीन बेटियों ने मज़ार धोकर उसे साफ़ हरी चादर से ढँका और सिरहाने ख़ैरात का बक्स रख दिया। मँझली बेटी ने मटके माँझकर भरे और बड़ी बेटी ने पैताने एक पीतल की

पतीली लाकर रख दी। बड़ी वाली अम्मा क़ब्र के सिरहाने छोटी-सी दरी बिछाकर, तस्बीह लेकर बैठ गईं और छोटी बीवी क़ुरआन खोलकर, हिलहिलकर बुदबुदाने लगी। पतीली में बताशे हैं यह बात फैलते देर ना लगी और बच्चों की भीड़ मज़ार के इर्द-गिर्द जमा हो गई।

इतनी बड़ी जगह हो, इतनी अच्छी रिहाइशी कॉलोनी के बीचोबीच हो और किसी दूसरे की दीदी इस पर नज़रें ना गाड़ाए हों, यह तो हो ही नहीं सकता। दो-तीन मौलवियों ने तो बड़े मियाँ की ज़िन्दगी में ही चक्कर काटने शुरू कर दिए थे। अब दिलेरी से आने-जाने लगे। इन्हीं में एक को ज़रा आगे की सूझी और इसी शौक़ में हैंडपम्प से मटका भर रही मँझली लड़की का उन्होंने हाथ पकड़ लिया।

लड़की चिल्लाई और चीख़ सुनकर कोठरी से उसकी माँ-बहनों के आने से पहले आस-पास के घरों से पन्द्रह-सोलह कामवालियाँ लपकीं। किसी के हाथ में झाड़ू थी, किसी के हाथ कपड़ा कूटने की लकड़ी, कोई पोंछा लिये लपकी, तो कोई जाले साफ़ करने का बाँस! मौलवी साहब की वह गत बनी कि पूछिए मत!

औरतों ने मिलकर रोती हुई लड़की को सँभाला, हाथ-मुँह धुलाया, पानी पिलाया। जब सब अपने-अपने काम पर लौटने लगीं तो छोटी वाली बीवी बोली—"सुनो! तुम लोग यहाँ आकर आराम करती थीं, आ जाया करो ना!"

औरतों में से एक बोली, "मरने से पहले बाबा ने मना कर दी थी। उनकी आत्मा दुखी ना हो इस करके नहीं आते।"

"नहीं-नहीं, ऐसा कुछ नहीं है, आ जाया करो; तुम भी तो इनसान हो; थके, टूटे जिस्म को आराम तो चाहिए ही।"

औरतें चलने लगीं तो बड़ी बीवी बोली—"और सिगरेट-बीड़ी भी पी लिया करो, कोई कुछ नहीं कहेगा।"

फिर क्या था, सुबह से शाम तक औरतें मज़ार के पास मँडराती, सुस्ताती, बतियाती और सिगरेट साझा करती पाई जातीं। मज़ार वाली औरतें भी घर के काम से निबट कर इनके पास आ बैठतीं। सभी मिलकर अन्ताक्षरी खेलतीं, कभी-कभी भोजपुरी, मैथिली, हरियाणवी और अवधी के शब्द, लोक धुनों पर सवार, आबोहवा में बिछड़े वतन की आस भरी याद घोल देते। अक्सर बड़ी वाली बेटी का लड़का आदिल, औरतों के बीच कान्हा बना नाचता हुआ नज़र आता। सबकी सब उस पर जान देती थीं। एक कामवाली की बेटी सिलाई सीख रही थी; वह आदिल के लिए हरे रंग का कुरता-पजामा बना लाई; दूसरी ने सुनहरे मोती गूँथकर क्रुशिए

की टोपी बना दी। जुमेरात के दिन, कुछ देर को चार-पाँच साल का आदिल हरा कुरता-पजामा और टोपी पहन सबको बताशे बाँटता। बताशे लेनेवाले कभी उसके हाथ में पैसे थमा देते, कभी उसका हाथ ख़ुद ही अपने सिर पर रखकर पीर बाबा के वारिस का आशीर्वाद ले लेते।

मज़ार, दरगाहों, तीर्थों के ढकोसले को ना माननेवाली ज़ोहरा भी यहाँ से गुज़रती तो एक राहत-सी महसूस करती। शायद इन औरतों की फराख़दिली, आपसी मेल-मिलाप और दोस्ती, मुश्किल ज़िन्दगी में भी ख़ुशी के कुछ पलों को छू भर लेने की चाह ने इस जगह को एक इनसानों की बस्ती बना दिया था। एक ऐसा एहसास जो पास से गुज़रनेवालों पर भी अपनी छाप छोड़ता और वे ख़ुद को तनावमुक्त महसूस करते।

कुछ दिन बाद ज़ोहरा जैसी फ़्लैट मालकिनों ने और कुछ शोखमिज़ाज कामवालियों ने इसे 'पीर बाबा की मज़ार' के बजाय 'सिगरेट वाली मज़ार' कहना शुरू कर दिया।

पलक झपकते में पाँच साल गुज़र गए। इन पाँच सालों में कोई बदलाव ना आया हो ऐसा नहीं। ज़्यादातर कामवालियों के पास मोबाइल आ गए थे। मज़ार वालियों ने भी एक अदद मोबाइल जुटा लिया था और मज़ार के मुरीदों को चादर के साथ लाने की ज़रूरी चीज़ें, रमज़ान में सेहरी और इफ़्तार का वक़्त, हिजरी केलिन्डर में महीने की तारीख़, तावीज़ के दाम और पहनने के तरीक़े की जानकारी देने लगी।

सबकी सब औरतें ज़रा बेबाक और निडर हो चली थीं। उठने-बैठने में आँचल का ख़याल ना करतीं, दुपट्टा सिर या सीना ढँकने के बजाय गोद में लापरवाही से पड़ा रहता। एक ने तो माँ-बाप के तय किए रिश्ते से साफ़ इनकार कर दिया और जब मज़ार वाली बड़ी अम्मा ने समझाने की कोशिश की तो वह पलट कर बोली, "क्यों? जब निभानी मुझे है तो फ़ैसला भी तो मेरा चलेगा ना। सात साल की उम्र से माँ-बाप को कमा कर खिला रही हूँ इसलिए थोड़ी कि मुझे कुएँ में धकेल दें।" यह बात उसने इतनी ज़ोर से कही कि आस-पास के फ़्लैटों में भी सुनाई दी। पुराने कपड़े लेने में भी इन औरतों ने आनाकानी शुरू कर दी थी। दस बार उलट-पुलटकर देखती और कोई फटा या बदरंग निकल आता तो लेने से साफ़ इनकार कर देतीं। देनेवालियाँ अपना-सा मुँह लेकर रह जातीं।

लेकिन सबसे ज़्यादा तब्दीली आदिल में हुई थी। वह दस बरस का ख़ूबसूरत लड़का हो गया था, मगर एक अजीब ज़िद उसके सर पर सवार हो गई थी।

जब तक उसे 'हुज़ूर' न कहो तब तक बात मानना तो दूर की बात ऐसा बनता जैसे उसने कुछ सुना ही ना हो। मुरीद तो उसे 'हुज़ूर' कहते और शायद यहीं से उसने यह शौक़ पाला भी हो, लेकिन अब वह अपनी खालाओं, अम्मी, यहाँ तक कि अपनी दोनों नानियों से भी ख़ुद को 'हुज़ूर' कहलवाता। कामवालियाँ अक्सर भूल जातीं या शायद चुटकी लेने के लिए उसे 'आदिल', 'भैया' या 'बचुआ' कह देतीं। बस! मज़ार पर तो क़हर ही बरपा हो जाता। सारी मिलकर मनातीं, कान को हाथ लगाकर क़सम खातीं कि अब ऐसा नहीं करेंगी, तब कहीं जाकर मानता।

आदिल सुबह स्कूल जाता और शाम को मदरसे में क़ुरआन पढ़ने भेजा जाता। मज़ार की इतनी कमाई होने लगी थी कि उसके आने-जाने के लिए रिक्शा लगा दिया गया था। एक सुबह उसे घर से गए आधा घंटा भी नहीं हुआ था कि रिक्शा उसे लिए वापिस लौट आया। बढ़ती महँगाई के विरोध में भारत बन्द था।

पेड़ों की झुरमुट में, सुबह पाँच बजे से कमरतोड़ मेहनत कर रही औरतें, नौ बजे के क़रीब ज़रा दम लेने को बैठी थीं। मई का महीना शुरू हो गया था और खोपड़ी चटका देनेवाली धूप पूरे ज़ोर पर पहुँच रही थी। उखड़ी साँस पर क़ाबू पाने के लिए और टूटते शरीर को ज़रा सहारा देने के लिए दो सिगरेटें एक साथ निकाली गईं और थोड़ा बहुत, 'अरे ना ना! शाम के लिए भी तो रख!', 'और हैंगी तुम जलाओ तो सही' के बीच दोनों सुलगा ली गईं।

आदिल रिक्शे से उतरने ही वाला था कि रिक्शे वाले ने पीछे मुड़कर खीसें निपोरते हुए कहा—"बाबा रे! क्या चुरट चौकड़ी जमी है! मज़ार की तो शान इन जनानियों से है! कोई मर्द नहीं है ना रोकने-टोकने के लिए!"

बस फिर क्या था! उछल कर आदिल रिक्शे से कूदा और दौड़ता हुआ उन औरतों के पास पहुँच कर सबसे पासवाली के सर पर पूरी ताक़त से रैपट जमाते हुए चिल्लाया, "चुड़ैलों! कोई और जगह नहीं मिलती तुमको इस गन्दे काम को करने के लिए। इस पाक मज़ार को नापाक करोगी? किसकी इजाज़त से यहाँ बैठती हो? और किसने कहा यहाँ सिगरेट पी सकती हो?"

फिर वह मज़ार वाली औरतों पर पलटा, "तुम्हें शर्म नहीं आती; इज़्ज़तदार सैयद घराने की होकर इन नीच औरतों के साथ घुलती-मिलती हो! अन्दर जाओ सबकी सब और तुम सब निकलो यहाँ से! सब दफा हो! कभी अपनी मनहूस सूरत मत दिखाना यहाँ; मज़ार को नशाखोरी का अड्डा बना रखा है! दूर हो!"

औरतें, मज़ार वाली और बाहर वाली, सब की सब हड़बड़ाई, सकपकाई एक-दूसरे का मुँह ताक रही थीं और दस बरस के बच्चे के मुँह से गालियाँ सुन रही थीं। अपने और एक-दूसरे के कपड़े, दुपट्टे ठीक कर रही थीं। सब चौकस और सतर्क हो गई थीं। औरत को शर्म और हया, इज़्ज़त और सलीक़ा सिखाने के लिए इनसानों की बस्ती में से एक इनसान मर्द होने की तैयारी कर रहा था। ज़ाहिर है, वे इनसान जो औरतें बन गई थीं उन्हें अब सावधान तो रहना ही पड़ेगा!